믿음인가, 미신인가

믿음인가, 미신인가

지은이 조성노
펴낸이 김명식
펴낸곳 (주)넥서스

초판 1쇄 인쇄 2015년 5월 15일
초판 1쇄 발행 2015년 5월 20일

출판신고 1992년 4월 3일 제311-2002-2호
121-893 서울시 마포구 양화로 8길 24
Tel (02)330-5500 Fax (02)330-5555

ISBN 979-11-5752-342-9 03230

www.nexusbook.com
넥서스CROSS는 (주)넥서스의 기독 브랜드입니다.

설교로 배우는
기독교 교리

믿음인가, 미신인가

조성노 지음

넥서스CROSS

'지식과 믿음'은 어떤 관계일까요? 지식은 정보고 믿음은 신념인데 '정보와 신념'은 서로 무슨 상관이 있을까요?

지난해 9월, 86세를 일기로 세상을 떠난 독일의 신학자 볼프하르트 판넨베르크(Wolfhart Pannenberg, 1928 - 2014) 교수는 "믿음의 근거에 대한 이성적인 지식의 중요성이 강조되어야 하는 이유는 순전히 믿음의 순수성을 위해서다"라고 하며, "그게 비록 의문시되고 다소 혼란스럽더라도 오직 하나님의 계시에 대한 지식만이 믿음의 참된 기반이 될 수 있다"고 역설했습니다. 또한 그는 "만약 그런 객관적인 정보나 지식이 없을 경우 기독교 신앙은 필연적으로 맹신이나 미신, 고달픈 행위, 혹은 속임수 등에 빠지게 될 것이라"는 경고도 잊지 않았습니다. 1972년에 출간한 《신앙고백》에서도 그는 믿음의 성격을 분석하며 믿음이란 근본적으로 "신뢰"(Vertrauen)라고 규정했습니다. 따라서 "누구나 경솔하게 그 대상을 신뢰해서는 안 되며, 먼저 역사적 이성적 탐구를 통해 믿음의 근거에 대한 최선의 지식이 담보되어야 한다"라고 강변했습니다.

저는 판넨베르크 교수의 이런 주장에 깊이 공감합니다. 130년에 불과한 한국 개신교가 이미 답보와 위기에 직면하였습니다. 이러한 현실은 그동안 계시와 성서에 대한 정직한 지식, 기독교의 오랜 전통, 교리들에 대한 바른 해석 없이 그야말로 모래 위에 집 짓는 일에만 열심을 낸 데 따른 필연의 결과라는 지적에 대해서도 진심으로 동의해 마지않습니다. 이제 한국교회는 통렬한 자성을 바탕으로 성서와 교리를 보다 진지하게 접근하여 기초부터 새롭게 점검하고 다져야 합니다. 그것만이 자아도취나 자기 최면에 빠지지 않고 맹목이나 미신으로 가는 것도 미연에 막을 수 있을 것입니다.

제 설교에는 임팩트가 있습니다.

건조하여 감동은 적지만 간결하고 명쾌하며 독하기까지 합니다.

솔직히 저는 남의 설교가 성에 덜 찹니다. 꼭 그런 이유만은 아니지만, 이미 설교집으로 흐드러진 교계에 부끄러움을 무릅쓰고 또 한 권의 설교집을 보탭니다. 이런 설교도 있으니 한 번쯤 들어 보시라는 뜻과 함께 "지금 내 신앙은 믿음인가, 미신인가? 내 욕망을 투사하고 있는가, 성서적 하나님을 믿는가?"를 죽도록 고민해 보시라는 도발적인 의미도 내포하고 있습니다.

영산홍 붉게 타는 분당에서
조 성 노 목사

Contents

인간 imago Dei

구원 Eli Eli lema sabachthani

Part 7 종말 maranatha

Elohim
엘로힘

1

하나님

신앙의 대상인 하나님을 바로 아는 일이 가장 중요합니다. 하나님에 대한 바른 지식이 우리의 신앙을 결정합니다. 기독교 신앙의 특징은 아는 만큼만 믿는다는 겁니다. 삼위 일체라는 하나님의 고유한 존재 방식을 제대로 이해하고 확신하여 더욱 깊고 성숙한 믿음으로 나아갑시다.

엘로힘과 삼위일체

Chapter 01

¹태초에 하나님이 천지를 창조하시니라 ²땅이 혼돈하고 공허하며
흑암이 깊음 위에 있고 하나님의 영은 수면 위에 운행하시니라_〈창세기〉1:1-2

인간의 언어로 하나님을 표현하는 일

사실 교회에서 가르치는 여러 교리 가운데서 '삼위일체'보다
더 난감하고 복잡한 주제도 없습니다. 생각해 보십시오. 어떻게 인간이 하
나님을 논할 수 있을까요? 어떻게 지극히 제한적인 인간이 무한하고 초월
적인 하나님의 존재를 이렇게 혹은 저렇게 규정할 수 있을까요? 그런 시도
자체가 이미 무모하고 가당치 않습니다. 하나님은 결코 인간의 언어나 개
념, 규정 속에 갇히는 분이 아니십니다. 만일 우리가 하나님을 우리의 어떤
때 묻은 언어나 잣대로 규정하고 정의한다면, 그 하나님은 이미 하나님이

아닙니다. 그 하나님은 무한하신 초월자가 아니라 인간이 가진 협소한 개념의 틀에 갇힌 유한한 존재일 뿐입니다.

하나님은 인간의 표현이나 묘사로 규정하기에는 너무도 크신 분이십니다. 따라서 우리가 믿고 고백하는 '삼위일체'라는 기독교의 전통적인 용어와 교리도 잠정적인 것일 뿐 절대적으로 완전하거나 최종적인 게 아님은 두말할 필요가 없습니다. 신비 중에 신비요 비밀 중에 비밀이요 수수께끼 중에 수수께끼인 하나님의 존재 양식을 어떻게 감히 '삼위일체'라는 용어 하나로 다 규정할 수 있겠습니까? 그것은 환상이요 오만일 뿐입니다.

사도 요한은 〈요한계시록〉에서 자신이 직접 목격한 천국에 대해 서술합니다. 대단합니다. 성은 정금이고, 성곽은 벽옥이고, 기초석은 각종 보석, 열두 대문은 다 진주로 되어 있습니다. 또 수정같이 맑은 생명수 강이 흐릅니다. 그런데 실제 천국은 결코 그렇지 않습니다. 〈요한계시록〉에 나오는 천국보다 천만 배는 더 아름다운 곳입니다. 천국이라는 세계는 초월 세계이기 때문에 절대 인간의 언어로 다 표현할 수 없습니다. 요한이 보기는 했지만 말이나 글로 옮길 수는 없었습니다. 그걸 표현할 언어와 개념이 없기 때문입니다. 확언컨대 천국은 〈요한계시록〉에 묘사된 것 그 이상입니다. 요한은 자기가 본 것을 그저 그가 알고 있는 언어와 개념과 경험과 이미지의 최상급을 동원해 묘사했을 뿐입니다. 삼위일체라는 개념도 마찬가집니다. 도저히 표현 불가능한 하나님의 존재 양식을 인간적인 방법과 개념으로 최선을 다해 규정해 본 것일 뿐입니다. 그렇다면 '삼위일체'란 대체 무슨 뜻일까요?

하나님들이 천지를 창조하시니라

태초에 하나님이 천지를 창조하시니라 _ 창 1:1

성경의 처음, 〈창세기〉 1장 1절 말씀입니다. 여기 나오는 하나님은 히브리어 '엘로힘'입니다. 이 말씀을 원어를 음역하면 아래와 같습니다.

"베레쉬트 바라 엘로힘"

그런데 하나님의 이름이 단수 명사인 '엘'이 아니라 복수인 '엘로힘'입니다. 그래서 이를 직역하면 "하나님들이 천지를 창조하시니라"가 됩니다.

땅이 혼돈하고 공허하며 흑암이 깊음 위에 있고 하나님의 영은 수면 위에 운행하시니라 _ 창 1:2

여호와 하나님이 땅의 흙으로 사람을 지으시고 생기를 그 코에 불어넣으시니 사람이 생령이 되니라 _ 창 2:7

위에서 인용한 말씀의 "하나님의 영"과 "생기"는 히브리어 '루아흐'(ruach)와 '네솨마'(neshamah)로 곧 성령을 뜻합니다.

¹태초에 말씀이 계시니라 이 말씀이 하나님과 함께 계셨으니 이 말씀은 곧 하나님이시니라 ²그가 태초에 하나님과 함께 계셨고 ³만물이 그로 말미암아 지은 바 되었으니 지은 것이 하나도 그가 없이는 된 것이 없느니라 _ 요 1:1-3

또 여기에 나오는 "말씀"은 헬라어 '로고스'입니다. 태초에 말씀이 하나님과 함께 계셨고, 그 말씀이 곧 하나님이시고, 만물이 다 그 말씀을 통해 지어졌다고 하는데 그렇다면 그 말씀은 누구실까요?

말씀이 육신이 되어 우리 가운데 거하시매 우리가 그의 영광을 보니 아버지의 독생자의 영광이요 은혜와 진리가 충만하더라 _ 요 1 : 14

말씀이 곧 하나님의 독생자 그리스도시라는 겁니다. 그러니까 보십시오! 이미 태초부터, 천지 창조 때부터 성부, 성자, 성령이 함께하신 것입니다. 이미 창조 사역을 세 분이 같이하셨다는 겁니다. 그러므로 '엘'이 아니라 '엘로힘'입니다. 우리가 믿는 기독교의 하나님은 단수 하나님이 아니고 복수 하나님이십니다. 성부, 성자, 성령 이 세 분의 하나님을 우리가 믿는 겁니다.

하나님이 이르시되 우리의 형상을 따라 우리의 모양대로 우리가 사람을 만들고 그들로 바다의 물고기와 하늘의 새와 가축과 온 땅과 땅에 기는 모든 것을 다스리게 하자 하시고 _ 창 1 : 26

여기에 나오는 하나님도 엘로힘입니다. 이 대목은 하나님이 천지를 창조하시면서 엿샛날에 인간을 창조하기 전에 숙고하시는 대목입니다. 인간을 어떻게 만들까 궁리하고 계시는 장면입니다. 그런데 뭐라고 하십니까? "우리의 형상을 따라 우리의 모양대로 우리가 사람을 만들자"고 합니다. '내'가 아닙니다. '우리'입니다. 성부, 성자, 성령입니다. 하나님은 다른 피조물을 창조하실 때는 고민 없이 말씀 한마디로 만드십니다. 그러나 사람을 창조하실 때는 고민하며 세 분 하나님이 회담까지 하십니다. "어떻게 만드는 게 좋을까? 어떻게 만들어야 최상의 걸작이 나올까? 그래! 우리의 모습대로, 우리의 형상대로 사람을 만들자"고 하신 겁니다. 이처럼 기독교의 하나님, 성경이 말하는 하나님은 한 분이 아닙니다.

기독교의 신관은 소위 단일신론이 아닙니다. 유대교는 야훼 하나님만 믿습니다. 따라서 유대교의 신관은 단일신론입니다. 아직까지도 그들은 예수님을 인정하지 않습니다. 이슬람도 알라만 믿습니다. 거기도 단일신론입니다. 그러나 우리 기독교는 단일신론이 아닙니다.

트리니타스_단일신론과 삼신론을 넘어

그렇다면 기독교는 하나님이 셋이라는 삼신론입니까? 그것도 아닙니다. 원래 우리나라의 전통 신관이 삼신론입니다. 유교를 보십시오. '천·지·인' '삼재'(三才)입니다. 불교도 '불보·법보·승보' '삼보'(三寶)입니다. 단군신앙도 '환인·환웅·환검'입니다. 삼신할매도 '태신·산신·육신' 세 상제라는 뜻입니다. 다 '삼신론'입니다. 그러나 우리 기독교는 세 분 하나님을 믿지만 삼신론은 아닙니다.

어째서 그럴까요? 성부, 성자, 성령 세 분 하나님을 믿는데 왜 삼신론이 아닐까요? 세 분이면서 동시에 한 분이고, 한 분이면서 동시에 세 분이시기 때문입니다. 그래서 단일신론도 삼신론도 아닌 트리니타스(Trinitas), 곧 '삼위일체'라고 합니다. '삼위'라는 말은 세 분 각각의 독자적인 위상을 가리킵니다. 수적 개념으로는 분명 세 분이라는 뜻입니다. 머릿수는 셋이라는 겁니다. 그렇다고 몸은 하나고 머리가 셋이라는 의미는 아닙니다. 그건 괴물입니다. 성부, 성자, 성령이 독자적으로 각각 완전한 하나님이십니다. 그런데 본체상으로는 완전하고도 완벽하게 하나시라는 겁니다.

> [6]그는 근본 하나님의 본체시나 하나님과 동등됨을 취할 것으로 여기지 아니하시고 [7]오히려 자기를 비워 종의 형체를 가지사 사람들과 같이 되셨고 _ 빌 2:6-7

성부, 성자, 성령이 각각 고유하게 셋으로 나뉘었지만 본질상, 본체상으로는 아무런 괴리도 갈등도 모순도 차이도 계급도 없는 완벽하고도 절대적인 하나로 존재하신다는 것입니다. 이렇게 수적으로는 세 분, 본질적으로는 한 분이신 하나님을 전통적으로 삼위일체 하나님이라고 고백해 왔습니다. 우리가 믿는 성경의 하나님은 '일신'(一神)도 '삼신'(三神)도 아닌 한 분이면서 동시에 세 분이고, 세 분이면서 동시에 한 분이신 삼위일체(三位一體) 하나님이십니다.

삼위일체에 대한 오해들_양태론, 군주신론

삼위일체에 대한 몇 가지 오해를 짚어 보겠습니다. 가장 대표적인 게 양태론입니다. 하나님이 본래는 한 분이신데, 시대마다 그 모습을 달리하여 나타나셨다는 주장입니다. 구약 시대 때는 성부 하나님으로, 신약 때는 성자 하나님으로, 교회 시대인 지금은 성령 하나님으로 변신하여 출현하셨다는 겁니다. 어떤 한 사람이 부모에게는 아들이고, 아내에게는 남편이고, 자식들에게는 아버지가 된다는 얘기입니다. 그러나 성경은 삼위일체를 결코 그렇게 말하지 않습니다.

²¹백성이 다 세례를 받을새 예수도 세례를 받으시고 기도하실 때에 하늘이 열리며 ²²성령이 비둘기 같은 형체로 그의 위에 강림하시더니 하늘로부터 소리가 나기를 너는 내 사랑하는 아들이라 내가 너를 기뻐하노라 하시니라 _ 눅 3:21-22

예수님께서 세례받으시는 대목입니다. 성부 하나님과 성령 하나님, 성자 하나님이 한 장소에 동시적으로 나타나시지 않습니까? '성자'는 요단 강에서 세례를 받으시고, '성령'은 비둘기같이 성자 위에 내리시고, '성부'는 하늘에서 "너는 내 사랑하는 아들이라"고 말씀하십니다. 따라서 양태론은 맞지 않습니다.

또 어떤 이들은 나무와 강을 예로 삼위일체를 설명합니다. 나무는 뿌리, 줄기, 가지로 형성되고, 강은 하류, 중류, 상류로 나뉘는데 삼위일체도 이와 같다는 겁니다. 이것도 틀린 설명입니다. 성부, 성자, 성령이 기껏해야 1/3 하나님밖에는 안 됩니다. 그래서 세 분이 다 모여야 비로소 한 분 하나님이 성립됩니다. 그러나 성경의 하나님은 독자적으로도 다 완전하고 완벽하신 하나님이십니다.

또 군주신론이라는 것도 있습니다. 이것은 성부, 성자, 성령의 존재는 인정하지만 그 권위와 신성에는 어디까지나 위계가 있다는 논리입니다. 성경이 성부는 아버지로, 성자는 아들로, 성령은 보혜사로 말씀하고 있으므로 그 세 분의 위상이 똑같지는 않다는 겁니다. 성부가 제일 높고, 그다음이 성자고, 성령은 심부름꾼이라는 겁니다. 그래서 어떤 분들은 성령을 열등한 하나님으로 치부하며 마치 제 종 부리듯 합니다. 그것은 명백한 신성 모독

Part 1 하나님

입니다. 성부와 성자와 성령의 권위는 다 같습니다. 하나님의 존재 양식을 어떻게 표현할 길이 없어 계시적으로 아버지, 아들, 보혜사라고 부른 것뿐 그게 곧 위계질서를 뜻하는 것은 아닙니다. 하나님께는 절대 수직적인 계급이 없습니다. 다만 각자의 고유한 역할과 사역이 있을 뿐입니다.

성부는 창조하셨고, 성자는 구원하셨고, 성령은 지금도 우리를 견인하고 계십니다. 그러나 이런 역할이나 사역조차도 각 하나님이 그 사역에 주체가 되신다는 뜻일 뿐 태초의 창조 사역에서 보듯 세 분 하나님이 언제나 완벽하게 연대하며 하나 되어 사역하십니다. 홀로 하지만 같이하시고, 같이하지만 세 분이 각각 주체적이십니다. 그래서 삼위일체입니다.

우리 한국 개신교는 구약성경에 나오는 히브리어 하나님 호칭인 '엘로힘'과 신약성경에 나오는 헬라어 하나님 호칭인 '데오스'를 '하나님'이라고 번역했습니다. 유일신 사상을 강조하기 위해 '하나'라는 숫자에 존칭을 붙여 인격화한 것입니다. 반면 개신교보다 백 년 먼저 들어온 가톨릭은 신구약성경의 하나님 호칭을 '하느님'이라고 번역했습니다. 이것은 과거 우리 조상들이 신봉해 온 무속 신앙의 '천신', '하늘님'을 그대로 차용한 것입니다.

그래서 한국 기독교는 같은 성경의 하나님을 구교와 신교가 전혀 다른 뜻으로 호칭하는 지구촌 유일의 교회가 되었습니다. '하나님'과 '하느님'은 표음은 비슷하지만 그 뜻은 완전히 다릅니다. 더구나 '하나님'이라는 개신교의 칭호는 지금도 은연 중 많은 사람에게 하나님이 수적으로 한 분이라는 인식을 갖게 하여 삼위일체 개념 이해를 더욱 난감하게 하고 있습니다. 하나님이 유일하시다는 것은 오직 하나님만이 참 신이라는 뜻이지 결코 수적으로 한 분이라는 의미는 아닙니다. 삼위일체에 대한 이해와 믿음을 바르게 정립합시다.

삼위일체 _ 하나님의 고유한 존재 방식

어떤 분들은 그냥 믿으면 됐지 그게 뭐가 그리 중요하냐고 합니다. 그러나 우리가 믿는 하나님이 어떤 분이고, 어떤 모습으로 존재하고 계시는지를 알고 믿는 것은 대단히 중요합니다. 예를 들어 미신이나 무속이나 여러 우상 종교는 그 대상이 그리 중요하지 않습니다. '천지신명'이란 특정한 신이 아니라 천지간에 있는 모든 제신을 뜻합니다. 어떤 신이든 상관없으니 오직 내 소원만 들어달라고 목욕재계하고 정화수 떠놓고 열심히 비는 겁니다. "비나이다 비나이다 천지신명께 비나이다!" 하고 말입니다. 거기는 중요한 게 신앙의 대상이 아니라 내가 드리는 치성입니다. 그러나 우리는 아닙니다. 신앙의 대상인 하나님을 바로 아는 일이 가장 중요합니다. 하나님에 대한 바른 지식이 우리의 신앙을 결정합니다. 기독교 신앙의 특징은 아는 만큼만 믿는다는 겁니다. 모르면 모르는 만큼 못 믿습니다. 기독교 신앙도 모르고 믿으면 미신일 뿐입니다. 삼위일체라는 하나님의 고유한 존재 방식을 제대로 이해하고 확신하여 더욱 깊고 성숙한 믿음으로 나아갑시다.

✝ 한걸음 더

1 하나님이 본래는 한 분이신데, 시대마다 그 모습을 달리하여 나타나셨다는 '양태론'은 왜 잘못인가?

2 하나님이 유일하시다는 것은 오직 하나님만이 참 신이라는 뜻이지 결코 수적으로 한 분이라는 의미는 아니다. 그럼 하나님은 몇 분이신가?

3 삼위일체라는 하나님의 고유한 존재 방식을 제대로 이해하고 확신해야 하는 이유는 무엇인가?

자유 의지와 절대 주권

²⁶이와 같이 성령도 우리의 연약함을 도우시나니 우리는 마땅히 기도할 바를 알지 못하나 오직 성령이 말할 수 없는 탄식으로 우리를 위하여 친히 간구하시느니라 ²⁷마음을 살피시는 이가 성령의 생각을 아시나니 이는 성령이 하나님의 뜻대로 성도를 위하여 간구하심이니라 ²⁸우리가 알거니와 하나님을 사랑하는 자 곧 그의 뜻대로 부르심을 입은 자들에게는 모든 것이 합력하여 선을 이루느니라 … ³⁰또 미리 정하신 그들을 또한 부르시고 부르신 그들을 또한 의롭다 하시고 의롭다 하신 그들을 또한 영화롭게 하셨느니라 _ 〈로마서〉 8:26-30

알미니안주의와 칼빈주의

인간의 '자유 의지'와 하나님의 '절대 주권'에 대해 성경은 우리에게 어떻게 말하고 있을까요? 〈로마서〉 8장 28절은 "우리가 알거니와 하나님을 사랑하는 자 곧 그의 뜻대로 부르심을 입은 자들에게는 모든 것이 합력하여 선을 이루느니라"고 말씀합니다. 여기에 나오는 "하나님을 사랑하는 자"에서 인간의 자유 의지를 볼 수 있습니다. 우리는 하나님을 사랑할 수도 있고 미워할 수도 있습니다. 그게 인간에게 보장된 자유 의지입니다. 그리고 "그의 뜻대로 부르심을 입은 자"에서 하나님의 절대 주권을 봅니다. 하나님은 그분의 고유한 주권 행위로 우리를 택하셨습니다. 우리를 그분의 자녀로 삼으신 것은 전적인 하나님의 주권 행사입니다.

인간의 자유 의지와 하나님의 절대 주권 가운데서 어느 쪽에 무게 중심을 더 두느냐에 따라 신학과 교리와 교단이 갈립니다. 하나님의 절대 주권보다 인간의 자유 의지를 강조하면 그건 알미니안주의입니다. 그리고 인간의 자유 의지보다 하나님의 절대 주권을 더 강조하면 그건 칼빈주의입니다. 알미니안주의는 16세기 네덜란드의 신학자 알미니우스의 가르침을 따르는 교파들이고, 칼빈주의는 종교 개혁가 칼빈의 사상을 추종하는 교파들입니다. 감리교, 침례교, 오순절 교단 등은 알미니안주의이고, 장로교, 유럽 쪽의 개혁교회(Reformed Church)들은 칼빈주의에 속한 교회들이라고 보면 됩니다.

알미니안주의는 왜 인간의 자유 의지를 더 강조하며, 칼빈주의는 왜 하나님의 절대 주권에 더 무게 중심을 둘까요? 알미니안주의는 인간이 타락한 것은 사실이지만, 완전히 타락한 것으로는 보지 않습니다. 많이 일그러지고 망가졌지만 그래도 여전히 하나님을 추구할 수 있는 능력이 남아 있다고 보는 겁니다. 그런데 칼빈주의는 그와 반대입니다. 인간이 완전히 타락했다고 보는 전적 타락설을 주장합니다. 그래서 절대로 자기 의지를 발동해 하나님을 사랑하거나 믿을 수 없다고 보는 겁니다. 그래서 하나님이 우리로 하여금 그분을 사랑할 수 있도록 강제하셔야 비로소 우리가 하나님을 사랑하고 믿을 수 있다고 봅니다.

나사로의 무덤 앞에서 주님이 "나사로야 나오라"고 하셨습니다. 그러나 죽은 사람은 아무리 불러도 듣지 못합니다. 이미 시체에서 냄새가 났다고 하지 않았습니까? 그런데도 그가 걸어 나왔습니다! 그것은 하나님이 그로

하여금 듣게 하시고 걸어 나오게 하신 것입니다. 식탁이 있습니다. 그리고 하나님께서 그 위에 진수성찬을 잔뜩 차려 놓으셨습니다. 알미니안주의는 그게 아무리 하나님이 차리신 풍성한 구원의 식탁이지만, 스스로 자기의 의지를 발동해 집어 먹어야 비로소 내 살이 되고 피가 되고 구원이 된다고 합니다. 그런데 칼빈주의는 그렇게 말하지 않습니다. 우리에게는 하나님께서 구원의 식탁에 차리신 것들을 제힘으로 가져다 먹을 능력이 없다고 합니다. 전적으로 하나님이 우리의 입을 벌리고 먹여 주셔야 가능하다고 합니다. 여러분은 어떻게 생각하십니까? 어느 쪽을 지지하십니까?

하나님을 사랑하는 자 곧 그의 뜻대로 부르심을 입은 자

성경은 무엇이라고 합니까? 〈로마서〉 8장 28절은 "하나님을 사랑하는 자 곧 그의 뜻대로 부르심을 입은 자들에게는 모든 것이 합력하여 선을 이루느니라"고 합니다. 여기서 "곧"은 '같다'는 말입니다. "하나님을 사랑하는 자"가 곧 "그의 뜻대로 부르심을 입은 자"고, "그의 뜻대로 부르심을 입은 자"가 곧 "하나님을 사랑하는 자"라는 것입니다. 이렇게 성경은 인간의 자유 의지와 하나님의 절대 주권을 구분하지 않습니다. 서로 맞물려 있다고 봅니다. 우리는 알미니안주의니 칼빈주의니 하며 이 둘을 칼처럼 양분하지만, 성경은 "곧"이라는 부사로 그 둘을 하나로 묶어 놓았습니다.

그런데 알미니안주의는 궁극적인 선인 구원이야말로 하나님과 인간이 합작해 만들어 낸 작품이라고 합니다. 결국 인간이 자기 의지를 발동해 하나님을 사랑하고 주님이 이룩하신 구원을 믿어야 한다는 것입니다. 그러나 칼빈주의는 오직 하나님의 절대 주권만을 주장합니다. 그래서 구원은 완벽한 하나님의 선물이요 일방적인 은혜라고 합니다. 즉 하나님이 믿게 하셔야 우리가 믿을 수 있고 하나님이 사랑하게 하셔야 우리가 하나님을 사랑할 수 있다는 것입니다.

누가 하나님의 뜻대로 부르심을 입은 자입니까? 하나님을 사랑하는 자입니다. 여러분은 내가 과연 선택된 자인지 그렇지 않은지 몹시 궁금하실 겁니다. 그러나 그건 내가 지금 하나님을 사랑하는가를 자문해 보시면 압니다. 내가 하나님을 사랑한다는 것은 곧 하나님이 나를 택하셨다는 사실을 의미하기 때문입니다. 하나님이 그분의 절대 주권으로 나를 택해 주신 사실은 반드시 나의 자유 의지의 발동인 하나님 사랑을 통해 확인돼야 한다고 성경은 말합니다. 성경은 인간의 자유 의지와 하나님의 절대 주권이 실은 둘이 아니라 하나라고 가르칩니다.

죽은 나무와 살아 있는 나무

그러면 "하나님을 사랑하는 자 곧 그의 뜻대로 부르심을 입은 자들"에게 약속된 축복을 확인해 보겠습니다. 〈로마서〉 8장 28절의 하반절, "모든 것이 합력하여 선을 이루는 것"입니다. 여기서 가장 중요한 것은 "모든 것"입니다. 우리의 아픔, 기쁨, 성공, 실패 등 그야말로 삶의 모든 것이 결국은 다 내게 은혜가 되고 축복이 되며 구원이 된다는 것입니다. 내 추한 것, 부끄러운 것, 허물과 슬픔과 눈물조차도 궁극적으로는 다 내게 복이 된다는 겁니다. 이게 하나님을 사랑하는 자 곧 그의 뜻대로 부르심을 입은 자들에게 약속된 축복입니다. 지금은 내 몸을 찌르는 가시요 슬픔인 듯해도 결국은 이 모든 게 내게 복이 된다는 겁니다.

여러분, 죽은 나무와 살아 있는 나무의 차이가 무엇일까요? 죽은 나무는 비가 와도 해가 나도 거름을 줘도 그 모든 것이 나무에게 아무런 도움이 되지 않습니다. 그러나 살아 있는 나무는 비가 와도 도움이 되고 해가 나도 도움이 됩니다. 바람이 불면 뿌리를 더 깊이 내리고, 온갖 더러운 오물과 배설물로 만든 퇴비도 자양분으로 삼아 잘 자랍니다.

요셉을 보십시오. 아버지의 사랑을 독차지하며 살았는데, 결국은 형제들의 배신으로 애굽에 팔려가 노예살이를 합니다. 그러다 보디발의 아내에게 모함받아 감옥에 갇힙니다. 하지만 왕의 난해한 꿈을 명쾌하게 해몽해 결국은 감옥에 갇힌 이방인 노예 신분에서 하루아침에 대국 애굽의 국무총리가 됩니다. 그 과정과 고비를 보면 견딜 수 없는 비애요 아픔입니다. 형들에게 버림받고, 노예로 팔리고, 종살이를 하고, 억울하게 옥살이까지 합니다. 그러나 그런 모든 과정이 결국은 그로 하여금 애굽의 국무총리가 되게 했습니다. 형들에게 배신당하지 않고 애굽으로 팔려가지 않고 억울하게 옥살이를 하지 않았다면 어떻게 그가 애굽의 국무총리가 될 수 있었겠습니까? 알고 보니 하나도 버릴 게 없었습니다. 다 하나님의 뜻이요 필연이요 축복이었습니다.

> 당신들이 나를 이곳에 팔았다고 해서 근심하지 마소서 한탄하지 마소서 하나님이 생명을 구원하시려고 나를 당신들보다 먼저 보내셨나이다 _ 창 45:5

나중에 요셉이 형들을 만나 고백한 내용입니다. 하나님께서 나를 이곳에 먼저 보내셨다는 그의 고백은 하나님의 뜻대로 부르심을 입은 자의 삶은 모든 것이 합력하여 선을 이룬다는 것을 여실히 보여 줍니다.

그렇다면 어떻게 하나님을 사랑하는 자 곧 그의 뜻대로 부르심을 입은 자들의 모든 것이 합력하여 실제 선을 이루게 될까요?

26이와 같이 성령도 우리의 연약함을 도우시나니 우리는 마땅히 기도할 바를 알지 못하나 오직 성령이 말할 수 없는 탄식으로 우리를 위하여 친히 간구하시느니라 27마음을 살피시는 이가 성령의 생각을 아시나니 이는 성령이 하나님의 뜻대로 성도를 위하여 간구하심이니라 _ 롬 8:26-27

성령께서 기도할 줄 모르는 우리를 위해 지금도 탄식하며 중보 기도를 하고 계신다고 합니다. 하나님의 뜻대로 성도를 위하여 간구하신다는 것입니다. 이렇게 성령이 우리를 위해 쉬지 않고 간구하고 계시기 때문에 결국은 모든 것이 합력하여 선을 이룰 수밖에 없다는 것입니다.

31그런즉 이 일에 대하여 우리가 무슨 말 하리요 만일 하나님이 우리를 위하시면 누가 우리를 대적하리요 32자기 아들을 아끼지 아니하시고 우리 모든 사람을 위하여 내주신 이가 어찌 그 아들과 함께 모든 것을 우리에게 주시지 아니하겠느냐 _ 롬 8:31-32

여기에 나오는 하나님은 성부 하나님입니다. 성령이 기도할 줄 모르는 우리를 위해 탄식하며 중보 기도하고 계시고, 성부 하나님이 우리의 모든 필요를 공급하고 채워 주시는데 어찌 만사가 합력하여 선을 이루지 못하겠습니까?

34누가 정죄하리요 죽으실 뿐 아니라 다시 살아나신 이는 그리스도 예수시니 그는 하

나님 우편에 계신 자요 우리를 위하여 간구하시는 자시니라 _ 롬 8:34

성자 하나님도 우리를 위해 탄원하고 계신다고 합니다. 그러니 보십시오! 성부, 성자, 성령 하나님이 다 우리를 위하고 계십니다. 그래서 우리는 망할 수 없고 모든 것이 합력하여 선을 이룰 수밖에 없다는 것입니다.

[35]누가 우리를 그리스도의 사랑에서 끊으리요 환난이나 곤고나 박해나 기근이나 적신이나 위험이나 칼이랴 … [37]그러나 이 모든 일에 우리를 사랑하시는 이로 말미암아 우리가 넉넉히 이기느니라 [38]내가 확신하노니 사망이나 생명이나 천사들이나 권세자들이나 현재 일이나 장래 일이나 능력이나 [39]높음이나 깊음이나 다른 어떤 피조물이라도 우리를 우리 주 그리스도 예수 안에 있는 하나님의 사랑에서 끊을 수 없으리라

_ 롬 8:35-39

하나님을 사랑하는 자 곧 그 뜻대로 부르심을 입은 자들에게 보장된 놀라운 은혜와 축복입니다.

✝ 한걸음 더

1 인간의 자유 의지와 하나님의 절대 주권 가운데서 어느 쪽에 더 무게 중심을 두느냐에 따라 알미니안주의와 칼빈주의가 나뉜다. 두 가지 의견은 무엇이며 성경은 어떻게 주장하는지 기록해 보자.

2 하나님을 사랑하는 자 곧 그 뜻대로 부르심을 입은 자들에게 보장된 은혜와 축복은 무엇인가?

공정한 잣대

Chapter

¹²무릇 율법 없이 범죄한 자는 또한 율법 없이 망하고 무릇 율법이 있고 범죄한 자는 율법으로 말미암아 심판을 받으리라 ¹³하나님 앞에서는 율법을 듣는 자가 의인이 아니요 오직 율법을 행하는 자라야 의롭다 하심을 얻으리니 ¹⁴(율법 없는 이방인이 본성으로 율법의 일을 행할 때에는 이 사람은 율법이 없어도 자기가 자기에게 율법이 되나니 ¹⁵이런 이들은 그 양심이 증거가 되어 그 생각들이 서로 혹은 고발하며 혹은 변명하여 그 마음에 새긴 율법의 행위를 나타내느니라) ¹⁶곧 나의 복음에 이른 바와 같이 하나님이 예수 그리스도로 말미암아 사람들의 은밀한 것을 심판하시는 그 날이라 _ 〈로마서〉 2:12-16

시대별 심판의 기준

예수를 안 믿으면 어떻게 될까요? 당연히 구원받지 못합니다. 그래서 그런 분들은 훗날 천국을 못 갑니다. 우리는 다 그렇게 믿고 성경의 가르침도 그렇다고 확신하고 있습니다.

그럼, 옛날 사람들, 삼국 시대나 조선 시대에 살던 우리 조상들은 어떻게 되는 겁니까? 기독교가 우리나라에 들어온 건 그리 오래 된 일이 아닙니다. 개신교는 한 130년쯤 됐고 가톨릭은 개신교보다 100년쯤 앞서 들어왔습니다. 그러니까 우리나라 역사는 반만년이고 대다수 우리 선조들은 성경이 무엇이고 기독교가 무엇인지, 예수가 누구고 하나님이 어떤 분이신지도 모른 채 살다 세상을 떠났습니다. 지금 그 분들은 다 어디 계실까요? 광개토대왕, 세종대왕, 이순신 장군, 퇴계 선생 같은 분은 다 지옥에 가셨을까요? 누구든 예수를 믿어야 천국에 가는 것인데, 복음이 뭔지 기독교가 뭔지 듣도 보도 못한 채로 죽은 옛날 사람들이 다 지옥 가야 한다면 그건 너무 억울하잖습니까? 그 분들은 원천적으로 복음을 접할 기회가 없었습니다. 그럼에도 오직 복음이라는 잣대로만 심판한다는 것은 불공평하지 않습니까?

그런데 신구약성경 가운데서 가장 '믿음'을 강조하는 〈로마서〉가 뜻밖에도 이런 문제를 제기하고 있습니다. 오늘 본문이 바로 그 내용인데, 한 마디로 복음을 듣고 믿은 사람과 복음을 듣지 못해서 못 믿은 사람을 같은 잣대로 심판하는 것은 공의롭지 못하다는 겁니다.

> 무릇 율법 없이 범죄한 자는 또한 율법 없이 망하고 무릇 율법이 있고 범죄한 자는 율법으로 말미암아 심판을 받으리라 _롬 2:12

보십시오! 율법 시대의 범죄는 율법으로 심판하시지만, 율법이 없던 시대는 율법으로 심판하시지 않는다고 합니다. 그래야 맞지 않습니까? 위의 12절 말씀이 바로 그런 뜻입니다.

그럼, 율법이 없던 시대, 율법 이전 시대에는 심판의 잣대가 무엇입니까? 14절을 보면 "율법 없는 이방인의 본성"이라는 말씀이 나오고, 또 15절에는 "이런 이들은 그 양심이 증거가 된다"는 말씀도 나옵니다. 그러니까 율법 이전 시대라든가 율법의 시대였다고 해도 율법으로부터 소외돼 있었던 이방인들에 대해서는 율법이 아니라 '인간의 본성과 양심'이 그 심판의 기준이 된다는 뜻입니다. 그러면 율법 이후 복음 시대에는 어떻게 되는 겁니까? 무엇이 심판의 기준입니까? 복음, 믿음입니다! 다시 한 번 정리하면 지금과 같은 복음 시대에는 당연히 믿음이 절대적인 심판의 기준이 되고, 율법 시대에는 율법, 곧 행함이 잣대가 됩니다. 그리고 율법 이전 시대에는 인간의 본성, 양심이 심판의 기준이라는 겁니다.

[45]만일 그 종이 마음에 생각하기를 주인이 더디 오리라 하여 남녀 종들을 때리며 먹고 마시고 취하게 되면 [46]생각하지 않은 날 알지 못하는 시각에 그 종의 주인이 이르러 엄히 때리고 신실하지 아니한 자의 받는 벌에 처하리니 [47]주인의 뜻을 알고도 준비하지 아니하고 그 뜻대로 행하지 아니한 종은 많이 맞을 것이요 [48]알지 못하고 맞을 일을 행한 종은 적게 맞으리라 무릇 많이 받은 자에게는 많이 요구할 것이요 많이 맡은 자에게는 많이 달라 할 것이니라 _ 눅 12:45-48

〈누가복음〉 12장에는 심판과 최후 결산의 중요한 원칙이 나오는데, 그 기준이 다 다릅니다. 몰라서 행치 못한 종은 적게 맞고, 알고도 행치 않은 종은 많이 맞습니다. 큰 것, 많은 것을 받은 자에게는 많이 요구하시고, 적은 것을 맡은 자에게는 적은 것을 요구하신다고 합니다. 복음 시대의 사람에게 율법의 잣대를 적용하지 않고, 율법 시대 사람에게 복음 시대의 잣대를 적용하지 않습니다. 마지막 때는 모든 민족, 모든 문화에 대해 가장 공정한 심판이 이루어지기 때문에 누구도 거기에 이의를 제기할 사람이 없다는 것입니다. 하나님은 절대 공명정대하시고, 공평무사하셔서 칼처럼 정의로운 심판을 하십니다. 그러므로 염려할 필요가 없습니다. 누구도 손해 보지 않게, 아무리 큰 벌을 받아도 억울하게 생각하지 않게 심판하십니다.

고등학교 다닐 때 침을 튀기며 진화론을 가르치던 생물 선생님은 저만 보면 "하나님을 믿느니 내 주먹을 믿으라"고 했습니다. 그런데도 하나님은 그 선생님을 끝까지 그냥 놔두셨습니다. 더구나 34세 노총각 선생님에게 24세인 예쁜 부인까지도 주셨습니다. 저는 하나님이 저런 악당에게 어떻게 저렇게 잘해 주시나 싶어서 얼마나 약이 올랐는지 모릅니다. 그런데 그때 제 마음속에 "얘야 너무 속상해하지 말아라. 어차피 저 사람은 나중에 힘든 곳에 갈 텐데 살아 있을 동안이라도 좀 잘 먹고 잘 살아야 하지 않겠니?" 하는 음성이 들렸습니다. 놀랍게도 그날 이후 그 말씀이 제게 큰 위로와 힘이 되었습니다. 하나님은 안 믿는 사람에게도 그렇듯 공평하십니다.

다만 하나님의 뜻대로 행하는 자

자, 그럼 믿음이 모든 시대를 심판하는 절대적 잣대는 아니니까 공자나 부처, 세종대왕이나 이순신 장군 같은 분들은 다 안정적으로 천국에 갔겠죠? 대단한 분들이니까 당연히 그렇겠죠? 죄송하지만 그건 누구도 모릅니다. 그건 마치 우리가 훌륭하다고 생각하는 목사나 신부, 성자가 반드시 다 천국에 갔다고 장담할 수 없는 것과 꼭 같습니다. 공자님이나 부처님이 정말 양심대로 살고, 인간 본연의 심성대로 살았는지 그렇지 못했는지는 오직 한 분 하나님만이 아십니다.

오늘 본문 바로 앞절인 11절을 보면 "하나님은 외모를 취하지 않으신다"고 했고, 또 16절 하반절을 보면, "사람들의 은밀한 것을 심판하시는 그날"이라는 말씀도 나옵니다. 가장 도덕적이고 윤리적이며 가장 양심적인 외모에도 불구하고 그가 양의 탈을 쓴 이리인지, 빛의 천사를 가장한 악마인지는 오직 하나님만이 아십니다. 하나님만이 우리 중심을 꿰뚫어 보시기 때문입니다.

율법 지키는 일에 목숨까지 걸었던 바리새인과 서기관들을 향해 주님이 뭐라고 하셨습니까?

화 있을진저 외식하는 서기관들과 바리새인들이여 너희는 천국 문을 사람들 앞에서 닫고 너희도 들어가지 않고 들어가려 하는 자도 들어가지 못하게 하는도다 _ 마 23:13

뱀들아 독사의 새끼들아 너희가 어떻게 지옥의 판결을 피하겠느냐 _ 마 23:23

자타가 공인한 의인들이요 율법의 화신들이었지만 주님은 그들이 지옥 판결을 피할 수 없다고 말씀하셨습니다. 마찬가지로 성인군자라 해도 하나님이 보실 때는 얼마든지 독사의 자식일 수 있고 회칠한 무덤일 수 있습니다. 주여 주여 한다고 다 천국 가는 게 아니지 않습니까? 선지자 노릇하고 주의 이름으로 귀신을 쫓아내고 많은 권능을 행했다고 다 천국 가는 것도 아닙니다. 다만 하나님의 뜻대로 행하는 자라야 천국에 들어간다고 하셨습니다.

반면 이런 말씀도 있습니다. 주님이 예루살렘 성전에서 대제사장과 장로들을 향해 "세리들과 창녀들이 너희보다 먼저 하나님의 나라에 들어가리라"(마 21:31)고 하셨습니다. 예루살렘 성전은 유대교의 본산이요, 대제사장은 유대교의 수장이고, 장로는 유대교의 원로입니다. 그런 의인들이 없습니다. 그러나 그것으로 구원이 보장되는 것은 아니라고 말씀하신 것입니다. 목사나 장로라고, 유명한 설교가라고, 기도원 원장이라고 자동으로 천국 가지는 못 합니다. 아무리 성자고 도덕군자고 종교 창시자라 해도 하나님의 척도에 합당해야 합니다. 그게 율법이든 복음이든 양심이든 인간의 본성이든 하나님의 기준에 맞아야 합니다. 유대교의 기준으로는 절대 세리와 창녀는 구원받을 수 없습니다. 그런데 주님은 그들이 먼저 하늘나라에 들어간다고 하셨습니다.

심판과 저주의 책임은 누구에게 있나

어쨌든 지금 이 시대는 복음 시대입니다. 따라서 이 시대를 심판하시는 하나님의 잣대는 오직 믿음입니다. 선포된 복음, 주님이 십자가와 부활을 통해 이룩하신 구원을 믿느냐 믿지 않느냐가 천국과 지옥을 가르게 됩니다.

그런데 복음 시대의 불신자도 두 부류입니다. 우선 복음을 전했는데 안 믿는 사람들입니다. 아무리 권해도 안 받아들이는 겁니다. 이런 경우에는 두 말할 것도 없이 그 자신이 전적으로 책임을 져야 합니다. 그런데 문제는 복음 시대를 살면서도 제대로 전해 주는 사람이 없어서 못 믿은 사람들입니다. 전도한 사람이 없어서 십자가가 무엇인지, 구원이 무엇인지를 모르는 사람들도 있습니다. 이런 경우는 어떻게 되느냐는 겁니다. 이런 사람들에 대한 심판과 저주의 책임은 누가 지느냐는 거죠.

[17]인자야 내가 너를 이스라엘 족속의 파수꾼으로 세웠으니 너는 내 입의 말을 듣고 나를 대신하여 그들을 깨우치라 [18]가령 내가 악인에게 말하기를 너는 꼭 죽으리라 할 때에 네가 깨우치지 아니하거나 말로 악인에게 일러서 그의 악한 길을 떠나 생명을 구원

하게 하지 아니하면 그 악인은 그의 죄악 중에서 죽으려니와 내가 그의 핏값을 네 손에
서 찾을 것이고 ¹⁹네가 악인을 깨우치되 그가 그의 악한 마음과 악한 행위에서 돌이키
지 아니하면 그는 그의 죄악 중에서 죽으려니와 너는 네 생명을 보존하리라

_ 겔 3:17-19

에스겔 선지자에게 임하신 하나님의 말씀입니다. 내가 전했음에도 불구
하고 안 믿으면 내게는 책임이 없습니다. 그러나 내가 복음을 전하지 않아
서 내 이웃이나 부모나 형제나 동족이 죽어 불행해졌다면 그 핏값을 하나
님이 내게 물으시겠다는 경고입니다. 책임을 내 손에서 찾겠다는 겁니다.

하나님은 우리를 우리 시대의 복음의 파수꾼으로, 복음의 나팔수로 부르
고 세우셨습니다. 우리 믿는 사람들은 그저 나 하나 믿고 구원받는 것으로
족한 사람들이 아닙니다. 하나님이 다른 사람보다 나를 먼저 부르신 것은
곧 나로 하여금 그들에게 가서 복음의 나팔을 불라고 소명자로 부르셨다는
뜻입니다. 먼저 믿은 사람들은 무조건 다 복음의 나팔수들입니다. 우리에
게는 누구나 그런 사명이 있습니다. 그런데 우리는 이 사실을 망각하고 소
명감, 책임감을 느끼지 못한 채 살아갑니다. 내가 복음을 전하지 않아 내 주
변 사람이 죽어 그의 영원한 운명이 불행해졌다면 하나님께서는 그 사람이
멸망한 책임을 내게 묻겠다고 하셨습니다. 이 말씀을 꼭 기억하십시오. 이
시대의 모든 불신자는 그들과 동시대를 사는 우리 모두의 연대 책임입니
다. 생각해 보십시오! 이 시대의 불신자들을 어느 시대 사람들이 전도할 수
있겠습니까? 이게 바로 신자 개인과 이 시대에 존재하는 모든 교회의 가장
원초적인 사명이요 존재 이유입니다.

여러분, 다시 한 번 진지하게 우리의 모습을 성찰하십시다. 훗날 우리가
하나님의 심판대 앞에 서서 다른 사람의 핏값에 대해 자유하려면 반드시

전도해야 합니다. 복음의 나팔을 힘껏 불어야 합니다. 아직도 우리나라에는 열 명 중 겨우 두 명 정도만 예수를 믿을 뿐입니다. 절대 다수는 여전히 예수를 믿지 않습니다. 우리의 책임과 사명을 진지하게 되짚어 보고 모두 하나님 앞에서 새롭게 결단합시다.

✝ 한걸음더

1 복음 시대에 절대적인 심판의 기준은 믿음이다. 그렇다면 복음 이전 시대의 사람들에게 하나님은 어떤 잣대를 드리우실까?

2 율법이든 복음이든 양심이든 인간의 본성이든 하나님의 기준에 맞아야 구원을 얻을 수 있다. 하나님의 기준은 무엇일까?

3 복음의 시대에 복음을 듣지 못해 심판과 저주의 길에 오른 사람들이 있다. 그들의 심판과 저주는 누구의 책임인가?

로고스와 싸르크스

04 Chapter

¹²영접하는 자 곧 그 이름을 믿는 자들에게는 하나님의 자녀가 되는 권세를 주셨으니 ¹³이는 혈통으로나 육정으로나 사람의 뜻으로 나지 아니하고 오직 하나님께로부터 난 자들이니라 ¹⁴말씀이 육신이 되어 우리 가운데 거하시매 우리가 그의 영광을 보니 아버지의 독생자의 영광이요 은혜와 진리가 충만하더라 _〈요한복음〉 1:12-14

말씀이 육신이 되었다

'성탄'은 무엇입니까? 오늘 본문에 따르면 "말씀이 육신이 되신" 사건입니다. "말씀이 육신이 되어 우리 가운데 거하신" 것을 우리는 '성육신'이라고 합니다. 이룰 성(成)을 써서 육신이 되셨다는 겁니다. 이를 도성인신(道成人身)이라고도 합니다. 영어로는 인카네이션(incarnation)인데, 라틴말 카네이션(canation)은 살, 몸입니다. 여기에 in이 붙어 '성육신'이 되었습니다. 독일어로는 인카나치온(Inkarnation), 헬라어로는 "호 로고스 싸르크스 에게네토"입니다. 로고스는 말씀이고, 싸르크스는 육체입니다. 로고스가 싸르크스가 됐다는 겁니다. 그런데 여러분은 "말씀이 육신이 되었다"는 성경의 이 대목을 어떻게 생각하십니까?

이 〈요한복음〉을 처음 접했던 헬라 사람은 엄청난 충격을 받았을 겁니다. 〈요한복음〉은 원래 헬라 문화권의 사람을 위해 기록된 복음서입니다. 그런데 '로고스'는 헬레니즘 전통에서 고도의 관념적이고 초월적이며 형이상학적 개념입니다. 플라톤이 말하는 이데아, 우주의 제1 원인자로서의 절대적 존재가 바로 로고스입니다.

> 태초에 말씀이 계시니라 이 말씀이 하나님과 함께 계셨으니 이 말씀은 곧 하나님이시
> 니라 _ 요 1:1

〈요한복음〉은 로고스가 곧 하나님이라고 합니다. 〈요한복음〉의 저자가 헬라 사람의 전통적 관념인 로고스를 기독교식으로 재해석한 겁니다. 우리가 무속에서 수천 년 동안 써온 하늘님을 가톨릭이 차용해 성경에 나오는 신을 '하느님'으로 명명한 것과 꼭 같습니다.

그런데 그 로고스가 싸르크스로 육화되었다는 것입니다. 그리고 이 사건이 바로 성탄이라고 합니다. 문제는 헬라 사람들이 이것을 수용할 수가 없었다는 것입니다. 그들은 영과 육을 구분하고, 빛과 어둠을 구분하는 철저한 이원론자들입니다. 로고스는 영으로 지고지순한 절대적 존재요 빛인 반면, 싸르크스는 사악한 어둠입니다. 로고스가 진리라면, 싸르크스는 거짓이요 영혼을 가두는 감옥입니다. 그런데 로고스가 싸르크스가 됐다니 헬라 사람들로서는 말이 안 되는 겁니다. 그들에게는 영이 참이고, 영이 구원을 받고, 영이 천국을 가고, 영이 영원히 삽니다. 육은 거짓이고, 악마적이고,

어둠입니다. 따라서 신인 로고스가 거짓되고 악마적인 육으로 탄생했다는 것은 도저히 있을 수 없는 일이라는 겁니다.

그럼에도 성경은 분명 말씀이 육신이 되셨다고 합니다. 로고스가 싸르크스가 되어 성탄하셨다고 합니다. 하나님이 인간이 되셨다는 겁니다. 그리고 그 구체적인 실체가 바로 예수 그리스도라는 겁니다. 그래서 그를 영접하는 자는 곧 하나님의 자녀가 되게 하신다고 했습니다. 이게 바로 〈요한복음〉 1장 12절 말씀입니다.

어쨌든 헬라 사람도 구원은 받아야겠으므로 일단 기독교에는 입문합니다. 그러나 곧 반기를 듭니다. 로고스가 싸르크스가 되었다는 〈요한복음〉의 가르침을 헬라 철학적으로 재해석한 것입니다. 로고스가 싸르크스가 된 게 아니라 단지 우리 눈에 그렇게 보였을 뿐이라고 말입니다. 이게 소위 '도케티즘'이라는 가현설입니다. 그리고 이러한 주장을 편 사람들이 바로 초대교회 최대 이단이었던 '영지주의'입니다. 초대교회에 큰 위협이 될 만큼 그들의 세력과 영향력은 대단했습니다. 그래서 일부 학자들은 〈요한복음〉이 이런 영지주의자들을 반박하기 위해 기록됐다고까지 했습니다. 아무튼 말씀이 육신이 되어 성탄했다는 성경의 가르침은 실로 어려운 진리지만 사실입니다. 주님이 바로 육신이 되신 말씀입니다. 따라서 성탄은 하나님이 자신을 맨 밑바닥까지, 어둠에까지 자기를 낮추시고 비하하신 전대미문의 사건입니다. 로고스가 싸르크스의 자리까지 자기를 완전히 비운 전무후무한 기적이요 역설입니다.

¹⁰그가 세상에 계셨으며 세상은 그로 말미암아 지은 바 되었으되 세상이 그를 알지 못하였고 ¹¹자기 땅에 오매 자기 백성이 영접하지 아니하였으나 ¹²영접하는 자 곧 그 이

름을 믿는 자들에게는 하나님의 자녀가 되는 권세를 주셨으니 _ 요 1:10-12

존재론적 불통의 관계를 깨뜨리시다

그렇다면 왜 하나님이 사람이 되셔서 이 누추한 땅에 성탄하셨을까요? 누구도 알아보지 못하고, 누구도 영접하지 않아 가장 초라하고 구차한 외양간을 통해 오시면서까지 성탄하셔야 했던 이유가 무엇이었을까요? 바로 '소통' 때문이었습니다. 어느 시대 어느 공동체나 소통이 이뤄지지 않으면 더 이상 대화도 공감도 없습니다. 누구의 지지도 얻을 수 없습니다. 거기에는 어떤 이해나 교감이 일어날 수 없기 때문입니다.

만일 로고스가 싸르크스가 되지 않았다면 어떻게 됐을까요? 하나님과 인간은 영원한 절대 타자로 남았을 겁니다. 영원히 만날 수 없었을 것이고, 양자 간의 소통도 불가능했을 것이고, 따라서 둘 사이의 교감이나 교제 역시 원천적으로 막혔을 겁니다. 생각해 보십시오. 같은 차원에 살고 있어도 서로 종이 다르면 대화가 불가능하지 않습니까? 사람과 유전자 구조가 가장 유사하다는 오랑우탄과도 우리는 대화하지 못합니다. 종이 다르면 코드가 다릅니다. 그래서 우리는 그저 "개가 짖는다, 새가 노래한다"고 할 뿐 그들의 대화 내용은 모릅니다. 그런데 하나님과 사람과의 관계는 이보다 훨씬 더 극단적입니다. 종이 아니라 존재론적 차원이 다르기 때문에 원초적으로 소통이 불가능합니다. 그럼에도 하나님이 사람과 대화하기를 원하신 것입니다.

[1]옛적에 선지자들을 통하여 여러 부분과 여러 모양으로 우리 조상들에게 말씀하신 하

나님이 [2]이 모든 날 마지막에는 아들을 통하여 우리에게 말씀하셨으니 이 아들을 만유의 상속자로 세우시고 또 그로 말미암아 모든 세계를 지으셨느니라 _ 히 1:1-2

인간과의 소통을 위해 하나님께서는 옛적 구약 시대에는 간접적인 방식으로 대화를 시도하셨습니다. 선지자를 통해 말씀하신 것입니다. 그러나 소통이 제대로 이뤄지지 않았습니다. 그래서 좀 더 직접적인 방식이 필요했습니다. 여러분, 사람이 어떻게 개와 대화할 수 있을까요? 존재론적 차원을 같게 하면 됩니다. 즉 사람이 개가 되든가 개가 사람이 되면 대화와 진정한 소통이 가능해집니다. 하나님과 사람 사이도 마찬가집니다. 하나님이 사람이 되시든가 사람이 하나님이 되어 그 존재론적 차원을 같게 하면 비로소 소통할 수 있습니다. 결국 하나님은 인간이 되는 길을 택하시고 이를 결행하셨습니다. 그게 바로 성육신입니다. 우리를 제대로 만나기 위해, 우리에게 그분의 뜻을 충실히 전달하기 위해, 그래서 우리가 다 구원에 이르도록 하나님이 자신을 비우셨습니다.

말씀이 육신이 되셨다는 것은 하나님이 그분의 존재론적 차원을 사람의 눈높이에 맞추셨다는 뜻입니다. 그래서 드디어 주님과 우리의 정서가 같아지고, 언어가 같아졌습니다. 주님이 우리에게 주시는 말씀은 그 모두가 생생한 하나님의 육성입니다. 33년간 주님의 삶은 그 자체가 걸어 다니신 하나님의 말씀이었습니다. 어떤 경우든 주님의 말씀은 다 우리를 향하신 하나님의 메시지입니다. 주님이 사람의 언어로 하나님의 말씀을 우리에게 주신 겁니다. 이게 성탄을 통해 이루어진 가장 위대한 축복입니다.

여러분, 성육신은 하나님이 우리를 만나고 우리와 소통하시기 위해 자신을 맨 밑바닥까지 낮추시고 완전히 비우신 초유의 사건입니다. 우리도 새롭게 성탄하실 주님을 뵈려면 반드시 자신을 비워야 합니다. 오만한 사람은 절대 성탄하시는 주님을 뵙지 못합니다. 로고스가 싸르크스가 된 것처럼 자신을 완전히 내려놓아야 합니다. 그래서 가장 낮은 모습으로 오신 주님을 우리도 겸손함으로 뵙고 모두가 하나님과 깊이 소통하는 복을 누립시다.

✝한걸음더

1 말씀이 육신이 되신 성육신의 사건은 곧 성탄이다. 로고스가 싸르크스가 되었다는 선언을 당시 헬라 사람들은 어떻게 받아들였는가?

2 존재론적 불통을 깨뜨리신 하나님의 은혜를 기억하며 지금 내게 하시는 말씀은 무엇인지 귀 기울여 보자.

3 낮은 모습으로 오신 주님을 만나기 위해 오늘 내가 준비할 것은 무엇인가?

creatio ex nihilo

크 레 아 치 오   엑 스   니 힐 로

Part

2
창조

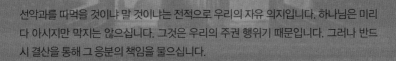

선악과를 따먹을 것이냐 말 것이냐는 전적으로 우리의 자유 의지입니다. 하나님은 미리
다 아시지만 막지는 않으십니다. 그것은 우리의 주권 행위기 때문입니다. 그러나 반드
시 결산을 통해 그 응분의 책임을 물으십니다.

무로부터의 창조

05 Chapter

¹태초에 하나님이 천지를 창조하시니라 ²땅이 혼돈하고 공허하며 흑암이 깊음 위에 있고 하나님의 영은 수면 위에 운행하시니라 ³하나님이 이르시되 빛이 있으라 하시니 빛이 있었고 ⁴빛이 하나님이 보시기에 좋았더라 하나님이 빛과 어둠을 나누사 ⁵하나님이 빛을 낮이라 부르시고 어둠을 밤이라 부르시니라 저녁이 되고 아침이 되니 이는 첫째 날이니라
_〈창세기〉 1:1-5

태초에 하나님이 천지를 창조하셨다

과학자들은 이 우주의 기원을 빅뱅으로 설명합니다. 그러나 〈창세기〉는 "태초에 하나님이 천지를 창조하셨다"라고 합니다. 진화론자들의 얘기처럼 무생물에서 생물로, 바이러스에서 박테리아로, 단세포에서 다세포로, 유인원에서 사람으로 진화된 게 아니라 하나님이 처음부터 완전하게 창조하셨다고 합니다. 이것을 교리적으로 '무로부터의 창조', 라틴말로는 '크레아치오 엑스 니힐로'(creatio ex nihilo)라고 합니다. 태초에 하나님이 이미 존재하던 어떤 초자연적 질료들을 조합해서 이 세상을 만드신 게

아니라 완벽한 무(無)로부터 가시적이고도 조화로운 이 세계를 창조하셨다는 게 기독교의 전통적인 신앙고백입니다. 아우구스티누스에 의하면 그것도 그냥 무(無)가 아니라, '절대 무'(우크 온)입니다.

태초에 하나님이 천지를 창조하실 때 가장 먼저 창조하신 것은 빛이었습니다.

> [3]하나님이 이르시되 빛이 있으라 하시니 빛이 있었고 [4]빛이 하나님이 보시기에 좋았더라 하나님이 빛과 어둠을 나누사 [5]하나님이 빛을 낮이라 부르시고 어둠을 밤이라 부르시니라 저녁이 되고 아침이 되니 이는 첫째 날이니라 _창 1:3-5

하나님이 절대 무(無)로부터 첫째 날 제일 먼저 빛을 창조하셨다면, 빛을 창조하신 〈창세기〉 1장 3절 앞에는 아무것도 없어야 합니다. 그런데 땅이 혼돈하고 공허하며 흑암이 깊음 위에 있고 하나님의 영은 수면 위에 운행하셨습니다(창 1:2). 여러분, 이걸 어떻게 이해해야 합니까? '절대 무로부터의 창조'가 맞습니까? 〈창세기〉 1장 3절 '빛' 이전에 이미 뭔가가 많이 있었습니다. 소위 '절대 무'가 아닙니다.

아우구스티누스는 이 난제를 '절대 무'(우크 온)와 '상대 무'(메 온) 개념으로 해석했습니다. 태초에 하나님이 '절대 무(無)'에서 곧장 3절 첫째 날로 가신 게 아니라 2절, 곧 '상대 무(無)'를 경유하셨다는 것입니다. 따라서 2절은 '상대 무(無)' 상태입니다. 빛이란 이미 상대적 개념 아닙니까? 어둠이 있었다는 겁니다. 빛에 이어 하나님이 하나하나 아름답고 질서 있게 조화로운 세계를 창조하셨다는 것도 이미 그전에 혼돈이 있었다는 것을 의미합니다. 이렇게 빛 이전 〈창세기〉 1장 2절의 상태를 아우구스티누스는 '메

온' 즉 '상대 무'라고 규정하고, 하나님의 창조 행위는 '우크 온' 곧 '절대 무'로부터 '메 온' 곧 '상대 무'를 거쳐 첫째 날 빛을 창조하시는 것으로 시작됐다고 주석합니다. 따라서 우리는 '무로부터의 창조'라는 이 고전적인 명제에서 다음과 같은 몇 가지 중요한 사실을 확인할 수 있습니다.

세상에 대한 하나님의 절대 주권

먼저 이 세상에 대한 하나님의 절대 주권의 문제입니다. 우주에 대한 소유권이 전적으로 하나님께 있다는 것입니다. 하나님이 '절대 무'로부터 이 세상을 창조하셨기 때문입니다. 따라서 이 우주의 모든 존재, 심지어는 시간과 역사까지도 다 하나님의 것입니다. 사람도 당연히 하나님의 것입니다. 내 자식도 내 심장도 내 것이 아니라 하나님의 것입니다. 자연도 환경도 다 하나님의 것입니다. 그래서 절대 인간의 마음대로 할 수 없습니다.

하나님이 이르시되 우리의 형상을 따라 우리의 모양대로 우리가 사람을 만들고 그들로 바다의 물고기와 하늘의 새와 가축과 온 땅과 땅에 기는 모든 것을 다스리게 하자 하시고 _ 창 1:26

하나님이 그들에게 복을 주시며 하나님이 그들에게 이르시되 생육하고 번성하여 땅에 충만하라, 땅을 정복하라, 바다의 물고기와 하늘의 새와 땅에 움직이는 모든 생물을 다스리라 하시니라 _ 창 1:28

하나님께서는 창조하신 자연을 인간에게 맡기며 다스리고 정복하라고 하십니다. 이것은 하나님이 인간을 자연과 환경의 관리자, 곧 청지기로 세우셨다는 뜻입니다. 폭군이 되라는 얘기가 아니라 잘 보호하고 보존하라는 것입니다. 하나님이 인간에게 소유권이 아닌 관리권을 위탁하신 겁니다. 그러므로 우리는 주인의 뜻에 따라 자연을 잘 돌봐야 합니다. 주인 행세를 하면 안 됩니다. '갑질'하지 마라는 겁니다. 그것은 월권입니다. 내 모든 것이 다 내 소유가 아닙니다. 생명도 건강도 마찬가지입니다. 하나님이 오늘이라도 회수하시겠다면 누구도 거역하지 못합니다.

따라서 절대 무에서 창조된 이 피조 세계에 대한 하나님의 절대 주권, 소유권을 바르게 인식하며 자신의 존재와 자연과 환경에 대한 투철한 청지기 의식을 가지고 살아간다는 것은 대단히 중요한 삶의 원리가 아닐 수 없습니다. 우리는 하나님 동산의 관리인일 뿐 그 이상도 그 이하도 아닙니다. 생태학적 파국이 인류의 발등에 떨어진 가장 절박한 생존의 문제가 된 요즘, 이런 투철한 성서적 인식으로 돌아가지 않는 한 파괴된 자연의 회복은 기대하기 어려울 것입니다.

절대 무에서 온 인간의 원초적 정서

다음은 우리의 정서와 본능에 관한 문제입니다. 우리는 다 천국에서 살다 이 세상에 태어난 게 아닙니다. '절대 무' 곧 허무에서 왔습니다. 윤회설을 믿는 불교도들이나 힌두교도들은 우리가 전생에서 왔다고 합니다. 그들은 모든 중생이 3계 6도를 윤회한다고 믿습니다. 각자의 업보에 따라 돌고 돈다는 것입니다.

그러나 우리 기독교는 전생이 아니라 '절대 무'에서 왔다고 합니다. 그러므로 우리에게는 원초적 정서 가운데 이 무(無)에 대한 향수와 동경이 있습니다. 연어에게만 회귀 본능이 있는 게 아닙니다. 코끼리에게만 귀소 본능이 있는 게 아닙니다. 사람에게도 원적지에 대한 그리움이 있습니다. 실향민들은 고향을 잊지 못합니다. 명절 때마다 나타나는 민족 대이동 현상을 보십시오. 그것은 사회학적 현상 이전에 원초적인 본능의 발로, 고향에 대한 그리움입니다. 우리는 무(無)에서 왔기 때문에 무(無)에 대한 향수가 있습니다.

불안이란 무엇일까요? 불안은 두려움이 아닙니다. 불안이 무서운 것은 두려움이 아니기 때문입니다. 두려움은 물리적 개념입니다. 대상이 있습니다. 따라서 그 대상만 제거되면 해소됩니다. 그러나 불안은 막연히 우울하고 두려운 겁니다. 대상이 없습니다. 견딜 수 없이 외로운 것입니다. 그래서 폴 틸리히는 불안을 존재론적 개념이라고 했습니다. 실체가 없기 때문입니다. 허무가 나를 유혹하고 위협하는 현상이 불안입니다. 누구나 불안을 극복하지 못하면 우울증에 걸리고 그러다가 결국은 허무에 자신을 던지게 됩니다. 자살은 특별한 사람이 하는 게 아닙니다. 누구나 자살할 수 있습니다. 우리는 다 허무에서 왔기 때문입니다. 따라서 우리는 모두 잠재적 자살자들입니다.

정도의 차이는 있지만 우리는 누구나 허무의 유혹에 시달리고 있습니다.

땅이 혼돈하고 공허하며 흑암이 깊음 위에 있고 하나님의 영은 수면 위에 운행하시니라_창 1:2

흑암, 혼돈, 공허, 심연이 나옵니다. 이게 허무 아닙니까? 여기에 빠지면 누구도 헤어나지 못합니다. 이런 허무의 유혹이나 위협이 불안이고 우울증이며, 거기서 헤어나지 못하고 허무에 투신하는 행위가 바로 자살입니다. 경찰청에서 발표한 작년 자살자 통계를 보면 우리나라가 여전히 OECD 국가 중 제 1위입니다. 하루 평균 34명이 자살했습니다. 42분마다 한 명이 자살한 것입니다. 어떻게 하면 이 자살을 막을 수 있을 수 있을까요? 어떻게 해야 자살의 주범인 불안과 우울증으로부터 사람을 구할 수 있을까요?

불안을 이기고 평안을 누리는 법

　　우리에게는 허무에 대한 향수만 있는 게 아니라 아버지 품에 대한 그리움도 있습니다. 이게 바로 인간의 본성에 속한 종교심입니다. 이것 없는 사람은 없습니다. 그 종교심은 나를 창조하신 아버지 하나님에 대한 회상입니다. 그래서 틸리히는 인간 실존을 "경계선상의 존재"라고 했습니다. 절대 무에서 왔기에 허무에도 참여하고 있지만, 동시에 참 존재이신 하나님에 의해 지음받았기 때문에 존재에도 참여하고 있다는 겁니다. 그래서 한 발은 허무에, 또 한 발은 존재에 걸치고 있습니다. 따라서 인간은 불안하고, 결단이 필요한 존재라는 것입니다. 다시 말해 경계선상에서 어느 쪽으로 결단하느냐가 자신의 영원한 운명을 결정한다는 것입니다.

　　아우구스티누스는《고백록》1권 서두에서 "인간은 누구나 아버지의 품에 안기기 전에는 절대 평안이 없다"고 했습니다. 이것이 바로《고백록》의 전체 주제입니다. 그는 온갖 사상과 종교와 쾌락과 향락을 다 전전해 봤지만 어디에서도 얻을 수 없었던 참 평안을 아버지의 품에 돌아왔을 때 비로소 누릴 수 있었다는 것입니다. 그렇습니다. 참 존재이신 아버지의 품에 안

겨야 합니다. 그래야 불안을 이기고 평안을 누립니다. 허무의 유혹과 위험에 시달리다 모든 게 끝났다고 생각하고 자신을 허무에 던졌다가는 끝은커녕 현실보다 천 배, 만 배 더 고통스러운 시작이 기다리고 있다는 사실을 결코 잊어서는 안 될 것입니다.

✝한걸음더

1 절대 무에서 상대 무를 거쳐 빛을 창조하셨다는 아우구스티누스의 주석을 자신의 말로 설명해 보자.

2 절대 무에서 창조된 인간의 특징은 무엇인가?

3 "인간은 누구나 아버지의 품에 안기기 전에는 절대 평안이 없다"고 아우구스티누스는 고백한다. 동의하는가?

선악과 이야기

¹그런데 뱀은 여호와 하나님이 지으신 들짐승 중에 가장 간교하니라 뱀이 여자에게 물어 이르되 하나님이 참으로 너희에게 동산 모든 나무의 열매를 먹지 마라 하시더냐 ²여자가 뱀에게 말하되 동산 나무의 열매를 우리가 먹을 수 있으나 ³동산 중앙에 있는 나무의 열매는 하나님의 말씀에 너희는 먹지도 말고 만지지도 마라 너희가 죽을까 하노라 하셨느니라 ⁴뱀이 여자에게 이르되 너희가 결코 죽지 아니하리라 ⁵너희가 그것을 먹는 날에는 너희 눈이 밝아져 하나님과 같이 되어 선악을 알 줄 하나님이 아심이니라 ⁶여자가 그 나무를 본즉 먹음직도 하고 보암직도 하고 지혜롭게 할 만큼 탐스럽기도 한 나무인지라 여자가 그 열매를 따먹고 자기와 함께 있는 남편에게도 주매 그도 먹은지라 … ⁸그들이 그날 바람이 불 때 동산에 거니시는 여호와 하나님의 소리를 듣고 아담과 그의 아내가 여호와 하나님의 낯을 피하여 동산 나무 사이에 숨은지라 … ¹¹이르시되 누가 너의 벗었음을 네게 알렸느냐 내가 네게 먹지 마라 명한 그 나무 열매를 네가 먹었느냐 ¹²아담이 이르되 하나님이 주셔서 나와 함께 있게 하신 여자 그가 그 나무 열매를 내게 주므로 내가 먹었나이다 ¹³여호와 하나님이 여자에게 이르시되 네가 어찌하여 이렇게 하였느냐 여자가 이르되 뱀이 나를 꾀므로 내가 먹었나이다 … ¹⁶또 여자에게 이르시되 내가 네게 임신하는 고통을 크게 더하리니 네가 수고하고 자식을 낳을 것이며 너는 남편을 원하고 남편은 너를 다스릴 것이니라 하시고 ¹⁷아담에게 이르시되 네가 네 아내의 말을 듣고 내가 네게 먹지 마라 한 나무의 열매를 먹었은즉 땅은 너로 말미암아 저주를 받고 너는 네 평생에 수고하여야 그 소산을 먹으리라 ¹⁸땅이 네게 가시덤불과 엉겅퀴를 낼 것이라 네가 먹을 것은 밭의 채소인즉 … ²¹여호와 하나님이 아담과 그의 아내를 위하여 가죽옷을 지어 입히시니라 _〈창세기〉 3:1-21

열매 하나 따먹었을 뿐인데

무슨 살인을 한 것도 아니고 먹지 마라는 열매 하나를 따먹었을 뿐인데, 아담을 저주하시고 낙원에서 쫓아내셨다는 건 너무 가혹하지 않습니까? 선악과가 그렇게도 위험한 것이었다면 동산 중앙에 두지 말고 가장자리에 두거나 아니면 철조망이라도 치셨어야 옳지 않았을까요? 또 인간의 타락조차도 다 하나님의 예정 가운데 든 것이라면 인간이 아니라 오히려 하나님이 그 죄에 대한 책임을 지셔야 맞지 않습니까?

그런데 죄는 양(量)의 문제가 아니라 어디까지나 질(質)의 문제입니다. 살인을 한 죄든 열매를 하나 먹은 죄든 죄는 치명적입니다. 죄는 마치 청산가리처럼 조금만 먹어도 죽습니다. 죄는 독처럼 온 인류를 저주와 허무와 죽음으로 내몰 만큼 무서운 것입니다. 선악과가 동산 중앙에 있었다는 사실도 유혹과 시험은 언제나 우리의 삶 한복판에 있다는 의미입니다. 우리가 늘 오가는 바로 그곳에 죄와 유혹이 있습니다. 그러므로 죄는 피할 수 없고 맞서서 이겨야 합니다. 또한 하나님은 인간이 선악과를 범하지 않게 하실 수도 있었지만, 애당초 우리를 로봇으로 만드시지 않고 자유 의지를 가진 존재로 창조하셨습니다. 따라서 판단과 선택과 결단은 오로지 자유 의지를 가진 우리들의 몫입니다. 다만 하나님은 우리의 선택과 결단에 대해 책임을 물으십니다. 그래서 훗날 우리는 다 하나님의 심판대 앞에 섭니다.

하나님의 예정과 인간의 자유 의지

우리는 하나님의 예정을 기계적으로, 너무 도식적으로 생각합니다. 오늘 내가 예배드릴 때 몇째 줄에 앉을 것인가는 하나님의 예정 속에 없습니다. 그것은 내가 선택하고 판단하는 것입니다. 그런 것마저 하나님의 예정 속에 있다면 우리는 기계일 뿐입니다. 하나님은 우리에게 자유의지를 주셨습니다. 우리가 생각하고 판단하고 결단하는 것입니다. 우리는 인격체지 로봇이나 기계가 아닙니다. 하나님이 우리에게 주신 자유 의지로 선택하고 결단할 수 있습니다. 그러나 책임을 물으시기에 신중하게 생각하고, 바르게 선택해야 합니다. 우리는 책임적 주체입니다. 그렇지 않다면 하나님이 태초에 자유 의지를 주셔서 창조하셨다는 것은 아무런 의미가 없습니다.

따라서 하나님의 예정은 큰 틀로 이해해야 합니다. 그 틀 안에서 우리가 책임적인 주체로, 진정한 자유인으로 사는 것입니다. 하나님의 예정과 인간의 자유 의지는 서로 충돌하지 않습니다. 하나님의 예정은 총론이요 인간의 자유 의지는 각론입니다. 하나님은 우리의 신분과 소속과 영원한 운명을 결정하십니다. 우리는 그 안에서 살아가되 훗날 우리가 누린 그 자유에 대해 반드시 결산해야 한다는 것입니다. 레일 위에서는 빨리 갈 수도, 늦게 갈 수도, 가다가 설 수도 있습니다. 레일이 하나님의 예정이라면 완급을 조절하는 것은 우리의 자유 의지입니다.

물론 하나님은 인간이 타락할 줄 아셨습니다. 하나님은 전지전능하시기에 우리가 선악과를 따먹을 줄 이미 아셨습니다. 그러나 하나님이 그렇게 정해 놓으신 것은 아닙니다. 따먹을 것을 아셨을 뿐이지 그렇게 예정해 놓으신 것은 아닙니다. 따먹을 것이냐 말 것이냐는 전적으로 우리의 자유 의지입니다. 하나님은 미리 다 아시지만 막지는 않으십니다. 그것은 우리의 주권 행위기 때문입니다. 그러나 반드시 결산을 통해 그 응분의 책임을 물으십니다.

천수를 다한 아담과 하와

인간은 "정녕 죽으리라는" 하나님의 사전 경고에도 불구하고 결국 선악과를 따먹었습니다. 그렇다면 정말 그 경고대로 아담과 하와가 죽었습니까? 죽기는커녕 선악과를 범한 이후에도 그들은 천수를 다했습니다.

> [4]아담은 셋을 낳은 후 팔백 년을 지내며 자녀들을 낳았으며 [5]그는 구백삼십 세를 살고 죽었더라 _ 창 5:4-5

그렇다면 선악과를 먹으면 정녕 죽는다고 하신 말씀의 뜻은 무엇이었을까요? 단순한 협박이었습니까? 그게 아니라 영적인 죽음, 즉 하나님과의 단절을 의미하는 말씀이었습니다.

> 그들이 날이 서늘할 때에 동산에 거니시는 여호와 하나님의 음성을 듣고 아담과 그 아내가 여호와 하나님의 낯을 피하여 동산 나무 사이에 숨은지라 _ 창 3:8

여기에는 중요한 동사 두 개가 나옵니다. '피했다'와 '숨었다'입니다. 선악과를 먹은 아담과 하와가 하나님의 음성을 듣고 기뻐하지 않고 피하고 숨은 것입니다. 이것은 곧 하나님과 관계가 끝났다는 것을 의미합니다. 하나님과의 관계에 파국이 왔다는 뜻입니다. 그래서 하나님이 무서워 피하고 숨은 것입니다. 하나님은 계속 찾고 부르시는데 타락한 인간은 하나님의 음성을 피하여 계속 달아납니다. 이제는 하나님이 사랑의 대상이 아니라 공포와 두려움의 대상이 된 것입니다.

이렇게 아담과 하와로부터 시작된 숨고 달아나는 역사가 오늘날까지도 계속되고 있는 것입니다. 이제 사람들은 어디서부터 왔는지 어디로, 왜 가고 있는지 모릅니다. 이제 하나님은 너무 까마득하고 아주 낯선 존재가 되어 버리고 말았습니다. "어디서 왔냐?"고 물으면 멀쩡한 표정으로, 과학의 이름으로 "원숭이나 고릴라에게서 왔다"고 대답할 정도입니다. 이게 바로 영적인 죽음을 뜻합니다. 죄는 이렇게 하나님과의 관계를 우선적으로 망가뜨립니다. 이게 진정한 죽음입니다.

아담과 하와의 범죄로 말미암아

아담과 하와의 범죄는 인간의 지적인 타락을 불렀습니다. 선악과를 먹은 후 그들의 눈이 밝아져 자기들이 벗은 줄을 알고 무화과나무 잎을 엮어 치마를 하였다고 합니다(창 3:7). 사실 그들은 그때까지 벗은 줄을 몰랐습니다. 입은 적이 없었기 때문입니다. 그런데 이제는 그것을 알게 되었다는 것입니다. 죄를 짓자 부끄러움을 느끼게 되면서 치부를 가리게 된 것입니다. 그래서 무화과나무 잎으로 치마를 만들어 입었다는 것입니다. 안다는 것은 실로 무섭습니다. 도박을 모르는 사람은 도박하지 않습니다. 담배를 모르는 사람은 담배를 안 피웁니다. 마약을 모르는 사람은 마약을 안 합니다. 그러나 알고 나면 그게 파멸이요 죽음이라는 사실을 알면서도 안 하고는 못 배깁니다. 금단의 열매를 범한 사람도 계속 범해야 합니다.

아담과 하와의 범죄는 사회적 관계의 타락도 가져왔습니다. 하나님이 아담을 추궁하시자 아담이 "하나님이 주신 여자가 주어서 먹었다"(창 3:12)고 했습니다. 하나님께 책임을 묻고 여자에 대한 원망도 담았습니다. 하나님이 여자를 안 주셨으면 이런 일이 일어나지 않았을 거라는 뜻입니다. 이로써 하나님과의 관계뿐만 아니라 아담과 하와의 관계도 끝장이 납니다. 처음 아담이 하와를 봤을 때는 "내 살 중의 살, 내 뼈 중의 뼈"라며 찬사를 아끼지 않았는데, 선악과를 범하고 나자 그 둘의 관계가 '저 여자 때문에', 또 '하나님이 저 여자를 주셔서'라며 책임을 전가하고 탓하는 관계로 변질되고 만 것입니다. 그다음 대에 가서는 형 가인이 동생 아벨을 죽이는 인류 최초의 살인극까지 벌어집니다. 이게 다 죗값입니다. 인간과 하나님과의 관계가 파탄 나고, 부부 사이에 파국이 오고, 형제 사이에 살인이 발생했습니다. 이 모든 게 다 죄로 인해 온 것입니다.

아담과 하와의 타락은 자연의 저주까지 가져왔습니다. "땅이 저주를 받고 가시와 엉겅퀴를 낸다"(창 3:17-18)고 합니다. 인간의 타락이 생태학적 파국을 가져왔습니다. 자연이 약육강식의 살벌한 현장이 된 것입니다. 인간의 죄 때문에 땅이 저주받았다는 사실을 우리는 요즘 실감하고 있습니다. 인간이 자연의 천적이 되었습니다. 그동안 자연을 무자비하게 파괴한 나머지 이제는 자연이 대반격에 나섰습니다. 미얀마의 싸이클론, 중국의 대지진, 조류 독감, 광우병 같은 것들이 천재가 아니라 다 인재라는 말이 맞습니다. 우리가 그동안 자연을 파괴한 결과들입니다. 이제는 자연이 인간 생존의 요람이 아니라 큰 위협이 되고 있습니다. 그럼에도 이렇다 할 대책이 없습니다. "피조물은 하나님의 아들들이 나타나기를 고대한다"(롬 8:19)고 바울은 말했습니다. 땅의 저주가 인간의 타락으로부터 왔다면, 그 회복도 인간의 회복에서부터 시작된다는 뜻입니다. 인간이 하나님의 아들의 지위를 회복할 때만 땅도 회복됩니다. 그러므로 자연의 회복은 인간의 회복에서부터 시작돼야 합니다. 인간이 먼저 죄를 회개하고 죄를 멀리하며 살아야 합니다. 그래야 파괴된 자연이 회복됩니다. 그런 의미에서 지금 자연이, 피조물들이 신음하며 하나님의 자녀들이 나타나기를 고대하고 있다는 것입니다.

이렇듯 인간의 타락은 총체적인 파국을 불렀습니다. 이게 바로 "정녕 죽으리라"는 말씀의 진정한 의미입니다. 오늘날 우리에게도 금단의 열매가 있습니다. 도처에 보암직하고 먹음직한 열매들이 널려 있습니다. 그러나 마귀의 유혹이 아무리 집요하다 해도 하나님이 금하신 실과를 따먹으면 정녕 죽습니다. 이 시대 우리에게는 무엇이 금단의 열매인지, 또 그것을 범한다는 것은 무엇을 뜻하는지를 깊이 생각해 봅시다. 우리 모두가 피조물들이 고대하는 이 시대의 진정한 하나님의 자녀들로 새로워지기를 진심으로 기원합니다.

✝한걸음더

1 하나님은 우리를 로봇으로 만들지 않고 자유 의지를 가진 존재로 창조하셨다. 판단과 선택과 결단은 우리들의 몫이고, 하나님은 우리의 선택과 결단에 대해 책임을 물으신다. 자유 의지가 하나님께서 주신 선물이라는 것에 동의하는가?

2 아담과 하와의 범죄/타락이 가져온 결과들을 정리해 보자.

3 최근에 경험한 유혹은 어떤 것이었나?

성서적 자연관

07
Chapter

¹⁹피조물이 고대하는 바는 하나님의 아들들이 나타나는 것이니 ²⁰피조물이 허무한 데 굴복하는 것은 자기 뜻이 아니요 오직 굴복하게 하시는 이로 말미암음이라 ²¹그 바라는 것은 피조물도 썩어짐의 종노릇한 데서 해방되어 하나님의 자녀들의 영광의 자유에 이르는 것이니라 ²²피조물이 다 이제까지 함께 탄식하며 함께 고통을 겪고 있는 것을 우리가 아느니라 ²³그뿐 아니라 또한 우리 곧 성령의 처음 익은 열매를 받은 우리까지도 속으로 탄식하여 양자 될 것 곧 우리 몸의 속량을 기다리느니라 _〈로마서〉 8:19-23

들에 핀 백합이 탄식하며 고통을 겪는 이유

〈로마서〉8장 19절부터 23절 말씀은 성서의 자연관, 더 구체적으로는 바울 사도의 자연관을 보여 줍니다. 그런데 참 놀랍습니다. 22절을 보면 지금 모든 자연이 "탄식하며 고통을 겪고" 있다고 합니다. 여러분, 이게 무슨 말입니까? 들에 핀 한 송이 백합을 보며 그 꽃이 하나님의 솜씨를 뽐내고 있다거나 하나님을 찬양하고 있다고 하지 않고 신음하고 있다고 합니다. 여러분은 이걸 어떻게 이해하십니까? 바울이 이 글을 쓴 것은 지금으로부터 2,000년 전인데 그때 무슨 공해가 있었겠으며 오염이 있었겠습니까? 환경 파괴라는 말이나 생태학적 파국이라는 말이 있기나 했겠습니까? 그럼에도 바울은 피조물이 지금 허무와 파멸의 종살이를 하면서 하루속히 하나님의 아들들이 나타나 자기들을 구해 주기를 소망하고 있다고 합니다. 여러분, 이런 부정적이고도 충격적인 바울의 자연관은 대체 어디서 온 것일까요? 그 근거가 무엇일까요?

> [17]아담에게 이르시되 네가 네 아내의 말을 듣고 내가 네게 먹지 마라 한 나무의 열매를 먹었은즉 땅은 너로 말미암아 저주를 받고 너는 네 평생에 수고하여야 그 소산을 먹으리라 [18]땅이 네게 가시덤불과 엉겅퀴를 낼 것이라 _ 창 3:17-18

아니, 하나님의 말씀을 어긴 건 아담인데 왜 애꿎은 땅까지 저주를 받습니까? 선악과를 따먹은 아담과 하와가 저주를 받은 것은 이해가 되는데, 왜 자연까지 덩달아 저주를 받아야 합니까? 부당하지 않습니까? 실제 그때부터 땅이 저주를 받아 가시덤불과 엉겅퀴를 내게 됐고, 누구도 이마에 땀이 흐르도록 땅과 씨름하지 않으면 먹고 살 수가 없게 되었습니다. 범죄하기 전에는 땀을 안 흘려도 얼마든지 자연을 즐기며 먹고 살 수 있었습니다. 며칠 전 교회 밭에서 풀을 뽑았습니다. 잡초는 씨를 뿌린 적도 없는데 훨씬 더 잘 자랍니다. 그래서 이마에 땀이 흐르도록 열심히 잡초를 제거해야 제철 쌈 채소라도 먹을 수 있습니다. 수고하지 않으면 잡초 때문에 수확할 게 없습니다. 그게 다 땅이 저주를 받아서 그렇습니다.

> [5]여호와께서 사람의 죄악이 세상에 가득함과 그의 마음으로 생각하는 모든 계획이 항상 악할 뿐임을 보시고 [6]땅 위에 사람 지으셨음을 한탄하사 마음에 근심하시고 [7]이르

시되 내가 창조한 사람을 내가 지면에서 쓸어버리되 사람으로부터 가축과 기는 것과 공중의 새까지 그리하리니 이는 내가 그것들을 지었음을 한탄함이니라 하시니라

_창 6:5-7

노아 때도 그랬습니다. 사람의 죄가 세상에 가득한데 왜 육축과 공중의 새까지 쓸어버리겠다고 하십니까? 〈창세기〉 1장과 2장을 보면 세상 창조에 관한 기사가 나옵니다. 하나님이 천지를 창조하실 때 다른 피조물들은 다 말씀으로 지으십니다. 그런데 사람만큼은 그렇게 하지 않고 특별히 그분의 형상을 따라 흙으로 지으십니다. 이것은 사람도 자연이라는 말입니다. 자연은 사람이 아니지만, 사람은 자연입니다. "네가 흙으로 돌아갈 때까지 얼굴에 땀을 흘려야 먹을 것을 먹으리니 네가 그것에서 취함을 입었음이라 너는 흙이니 흙으로 돌아갈 것이니라 하시니라"(창 3:19) 하는 말씀은 허무의 노래가 아니라 인간도 자연임을 분명히 하신 말씀입니다.

이렇듯 인간과 자연은 원래 하나입니다. 우리말에도 신토불이(身土不二)라는 말이 있는데, 사람과 자연은 한 몸입니다. 그래서 사람이 타락하면 자연도 타락하고, 사람이 저주받으면 자연도 저주받고, 사람이 새로워지면 자연도 새로워집니다. 따라서 자연이 신음하며 구속을 기다린다고 한 바울의 자연관이야말로 진리입니다. 자연과 인간의 관계를 이보다 더 탁월하게 해석한 말씀은 없습니다. 자연과 인간은 한 배를 탄 운명 공동체입니다.

자연을 돌보고 관리하라

> 하나님이 그들에게 복을 주시며 하나님이 그들에게 이르시되 생육하고
> 번성하여 땅에 충만하라, 땅을 정복하라, 바다의 물고기와 하늘의 새와 땅에 움직이는
> 모든 생물을 다스리라 하시니라 _ 창 1:28

이 말씀은 자연을 지배하라는 뜻이 아니라 돌보고 관리하라는 말씀입니다. 자연에 대한 선한 청지기, 착하고 신실한 관리자가 되라는 것입니다. 자연에 대한 소유권은 당연히 '무로부터 이 세계를 창조'하신 하나님께 있고 관리권은 인간에게 위탁하사 처음 천지를 창조하실 때 "보시기에 좋았던" 것처럼 늘 잘 돌보라는 말씀입니다. 그러나 이 구절을 우리는 너무나도 인간중심적으로, 아전인수식으로 해석해 왔습니다. 인간을 위해서라면 자연쯤은 얼마든지 희생시킬 수도 있다고 생각한 겁니다. 그래서 이렇게 참혹하게 망가진 것입니다.

노아의 방주는 생각보다 큰 배입니다. 축구장만 한 크기의 배입니다. 이게 3층이니 연면적을 따지면 축구장 세 개 크기입니다. 왜 하나님은 120년 동안 그 큰 배를 만들게 하셨습니까? 방주를 통해 구원받은 사람은 노아의 식구 여덟 명뿐입니다. 여덟 사람 구원하자고 120년 동안 그 큰 배를 만들게 하셨습니까? 방주의 구조를 보면 1-2층은 다 짐승들이고, 3층에는 짐승들의 식량이고, 그 3층 귀퉁이에 노아의 여덟 식구가 기거했습니다. 하나님은 노아의 가족뿐 아니라 자연까지도 구하기 위해 그 큰 배를 만들게 하신 겁니다. 하나님이 인간만 사랑하신다는 생각은 착각입니다. 하나님은 벌레 한 마리도, 이름 모를 들풀 한 포기도 모두 사랑하십니다. 주님이 제자들에

게 "공중의 나는 새를 보고 들의 백합화를 보라"고 하신 것은 저런 미물까지도 다 보살피고 계시는 하나님의 긍휼과 사랑을 보라는 말씀입니다. 따라서 하나님이 허락하시지 않으면 절대 새 한 마리도 그냥 땅에 떨어지지 않는다고 하셨습니다.

천국은 어떤 곳일까?

자연은 분명 숭배의 대상도 아니지만 파괴와 학대와 약탈의 대상도 아닙니다. 관리하고 사랑하며 돌보아야 할 우리의 영원한 이웃이요 반려입니다. 절대 우리의 천적이 아닙니다. 우리와 함께 구원받고 우리와 함께 영원히 살아갈 동반자입니다. 천국은 어떤 곳일까요?

[6]그때에 이리가 어린 양과 함께 살며 표범이 어린 염소와 함께 누우며 송아지와 어린 사자와 살진 짐승이 함께 있어 어린아이에게 끌리며 [7]암소와 곰이 함께 먹으며 그것들의 새끼가 함께 엎드리며 사자가 소처럼 풀을 먹을 것이며 [8]젖 먹는 아이가 독사의 구멍에서 장난하며 젖 뗀 어린아이가 독사의 굴에 손을 넣을 것이라 [9]내 거룩한 산 모든 곳에서 해됨도 없고 상함도 없을 것이니 이는 물이 바다를 덮음같이 여호와를 아는 지식이 세상에 충만할 것임이니라 _ 사 11:6-9

[1]또 그가 수정같이 맑은 생명수의 강을 내게 보이니 하나님과 및 어린 양의 보좌로부터 나와서 [2]길 가운데로 흐르더라 강 좌우에 생명나무가 있어 열두 가지 열매를 맺되 달마다 그 열매를 맺고 그 나무 잎사귀들은 만국을 치료하기 위하여 있더라 _ 계 22:1-2

천국은 자연이 완벽하게 회복된 나라, 결코 오염이 없는 곳, 생명나무 실과가 날마다 열리는 나라, 더 이상 저주와 아픔이 없는 나라입니다. 천국은 인간들만의 공동체가 아니라 회복된 자연과 함께 영원히 살게 될 나라입니다. 그래서 성경은 천국을 '새 하늘과 새 땅'이라고 합니다. 자연은 인간의 죄 때문에 인간과 함께 저주받았습니다. 그러므로 인간이 회복되어야 자연도 회복됩니다. 인간이 치유돼야 자연도 치유됩니다. 진정한 자연 회복, 환경 운동은 인간이 새로워지는 중생 운동입니다. 그래서 오늘 본문이 "자연이 탄식하며 하나님의 아들들을 기다린다"고 한 것입니다. 얼마나 정확한 말씀입니까? 자연이 인간의 죄 때문에 저주를 받아 신음하며 구속의 날을 고대하고 있다는 이 성서적 자연관에 바르게 응답하여 더욱 관심과 애정을 가지고 자연을 지키며 돌보는 우리가 되기를 기도합니다.

✝한걸음더

1 사도 바울은 피조물이 탄식하며 고통받고 있다고 말한다. 인간과 자연의 관계를 생각하며 이 말씀의 근거를 설명해 보자.

2 자연을 회복하기 위해 지금 해야 할 것은 무엇인지 오늘 배운 말씀을 토대로 정리해 보자.

남자와 여자

¹⁸여호와 하나님이 이르시되 사람이 혼자 사는 것이 좋지 아니하니 내가 그를 위하여 돕는 배필을 지으리라 하시니라 … ²¹여호와 하나님이 아담을 깊이 잠들게 하시니 잠들매 그가 그 갈빗대 하나를 취하고 살로 대신 채우시고 ²²여호와 하나님이 아담에게서 취하신 그 갈빗대로 여자를 만드시고 그를 아담에게로 이끌어 오시니 ²³아담이 이르되 이는 내 **뼈** 중의 뼈요 살 중의 살이라 이것을 남자에게서 취하였은즉 여자라 부르리라 하니라 ²⁴이러므로 남자가 부모를 떠나 그의 아내와 합하여 둘이 한 몸을 이룰지로다 ²⁵아담과 그의 아내 두 사람이 벌거벗었으나 부끄러워하지 아니하니라 _〈창세기〉 2:18-25

사람의 창조 과정

여러분, 남자가 먼저입니까, 여자가 먼저입니까? 여자가 남자를 낳았습니까, 남자에게서 여자가 나왔습니까? 우리의 상식과는 달리 성경은 남자가 먼저라고 합니다. 여자가 남자에게서 났다고 합니다(고전 11:8). 그런데 〈창세기〉 1장 27절을 보면, "하나님이 자기 형상 곧 하나님의 형상대로 사람을 창조하시되 남자와 여자를 창조하셨다"고 합니다. 하나님이 남자와 여자를 다 그분의 형상대로 지으셨다는 것입니다. 남녀가 똑같은 하나님의 형상입니다.

사람의 창조 과정을 보겠습니다. 하나님이 흙으로 사람을 빚고 그 코에 생기를 불어넣어 비로소 살아 움직이는 존재가 되었습니다(창 2:7). 이 사람이 바로 아담입니다. 그런데 〈창세기〉 1장에 나오는 하나님의 천지 창조 과정을 보면 첫째 날 빛을 창조하시고도, 둘째 날 궁창을 창조하신 후에도 다 보시기에 좋았더라고 하셨습니다. 셋째 날 나무와 채소를 창조하시고도 역시 보시기에 좋았더라고 하셨고, 넷째 날 별, 다섯째 날 짐승들을 창조하시고도 여전히 보시기에 좋았더라고 하셨습니다. 그러고 나서 여섯째 날, 사람이 살아가기에 가장 이상적인 환경을 조성하시고 나서 비로소 아담을 창조하셨습니다. 그렇다면 아담을 창조하신 후에도 보시기에 좋았더라고 하셨습니까?

본문 2장 18절을 보면 "사람이 혼자 사는 것이 좋지 않았다"라고 하셨습니다. 다른 피조물들은 다 보시기에 좋았다고 하셨지만 아담에 대해서는 혼자 있는 게 고독해 보였다고 하셨습니다. 그래서 그를 위해 배필을 지으리라고 하십니다. 무슨 뜻일까요? 남자란 처음부터 돕는 배필이 필요했던 2% 부족한 존재였다는 것이고, 여자와 더불어 사는 존재로 지어졌다는 뜻입니다. 여기서 우리가 잊지 말아야 할 것은 아담이 하와와 더불어 살기 전에는 홀로 지냈던 고독한 존재였다는 겁니다. 그래서일까요? 우리는 홀로 있기 싫어 몸부림치기도 하지만 또 자진해서 홀로 있고 싶어하기도 합니다. 누구의 간섭도 받지 않고 홀로 자기 스스로를 마주 대하고 싶을 때가 있습니다. 그리고 그것은 확실히 일상의 잡다한 언어나 복잡한 인간관계에 휘말리는 것보다 훨씬 덜 외롭습니다.

그렇다면 하와는 어떻게 창조하셨습니까? 본문을 보면 하나님께서 아담을 깊이 잠들게 한 뒤 그의 갈빗대 하나를 취해 여자를 만드시고 그를 아담에게로 이끌어 오셨다고 합니다. 부부란 원래 한 몸이라는 뜻입니다. 그런데 실제로는 하나가 아니라 늘 각각이고 홀로입니다. 아담과 하와가 사탄의 유혹을 함께 받은 것이 아니고 하와 홀로 받았습니다. 그리고 유혹에 넘어가 금단의 열매를 범한 하와가 옆에 있던 아담도 자기처럼 변질시키기 위해 유혹합니다. 이것은 둘이 비록 한 몸은 아니지만 함께하지 않고는 못 사는 게 인간임을 가리킵니다. 범죄한 후 하나님도 아담과 하와를 같이 만나시지 않고 각각 만나시는데 그 둘은 서로 자신의 책임을 전가하고, 하나님은 그들의 운명을 각각 달리 판결하심으로써 그 둘의 갈 길이 같지 않음을 선언하셨습니다.

한 몸인 듯하나 어쩔 수 없이 둘인 관계

그러므로 〈창세기〉의 인간 창조 기사는 남녀가 한 몸인 듯 보이나 어쩔 수 없이 둘이고, 한 공간을 차지하고는 있으나 결국은 각기 홀로라는 사실을 말씀합니다. 범죄한 후 그들이 부끄러워 자기를 감추었다는 사실도 역시 인간의 고독을 말합니다. 부끄러워 자기를 감추었다는 것은 결국 자기를 남에게 공개하기 싫다는 뜻입니다. 따라서 인간은 자신만의 깊은 비밀을 간직한 채 타인의 관여를 거부하고 홀로 그 책임 앞에 섭니다.

그런데 여성들은 자신들이 나중에 만들어졌다는 사실뿐 아니라 아담의 갈빗대로 만들어졌다는 점에 대해서도 그리 유쾌하게 생각하지 않습니다. 남자들 역시도 이것 때문에 기득권을 주장하거나 여자를 자신들의 부속품 쯤으로 생각하는 경향이 없지 않습니다. 그러나 남자는 흙으로 만들어진 1차 산업이고 여자는 갈빗대로 만들어진 2차 산업입니다. 그러니까 여자가 남자보다 완성도가 더 높습니다. 여자가 더 정교하고 섬세하고 아름답습니다. 남자는 첫 작품이어서 아무래도 거칠고 세련미가 떨어집니다. 정신적으로도 여자가 더 우위에 있습니다. 선악과를 범한 것도 여자가 주범입니다. 남자는 바보 같습니다. 하나님이 따먹지 말라고 하시자 쳐다보지도 않았는데, 여자는 나무를 보고 먹음직도 하고 보암직도 하고 지혜롭게 할 만큼 탐스럽기도 하여 그 열매를 따먹고 남편에게도 주었습니다. 여자가 얼마나 적극적인지 보십시오! 먹는 날에는 정녕 죽는다고 했음에도 기어이 따먹습니다. 겁이 없습니다.

범죄한 여자에 대한 하나님의 처벌과 처방은 〈창세기〉 3장 16절에 나옵니다. 임신하는 고통, 수고하고 자식을 낳게 될 것, 남편을 원하게 되고 남편의 다스림을 받게 될 것 등입니다. 그리고 하나님은 여자들에게 남편에 대한 복종을 강조하셨습니다(엡 5:22; 골 3:18; 벧전 3:1; 딤전 2:11-14).

아내들이여 자기 남편에게 복종하기를 주께 하듯 하라 _ 엡 5:22

아내들아 남편에게 복종하라 이는 주 안에서 마땅하니라 _ 골 3:18

아내들아 이와 같이 자기 남편에게 순종하라 이는 혹 말씀을 순종하지 않는 자라도 말로 말미암지 않고 그 아내의 행실로 말미암아 구원을 받게 하려 함이니 _ 벧전 3:1

[11]여자는 일체 순종함으로 조용히 배우라 [12]여자가 가르치는 것과 남자를 주관하는 것을 허락하지 아니하노니 오직 조용할지니라 [13]이는 아담이 먼저 지음을 받고 하와가 그 후며 [14]아담이 속은 것이 아니고 여자가 속아 죄에 빠졌음이라 _ 딤전 2:11-14

하와는 남편과 아무런 상의도 없이 홀로 선악과를 따먹었습니다. 그래서 타락한 후에는 하나님이 여자를 남자의 통제 아래 두신 겁니다. 여자가 마귀와 수작하기 전에는 하나님이 이런 위계질서를 만드시지 않았습니다. 그럼에도 하나님이 제정하신 이 질서를 거역하고 여자가 남편에게 복종하지 않으면 그 가정의 행복은 깨집니다. 늘 불화와 상처뿐입니다. 하나님이 부여하신 가정의 위계질서를 부정하면 누구도 결코 행복하지 않습니다. 현대 가정의 비극은 여성들이 남편의 권위에 불복한 데서부터 시작되었습니다. 진부한 얘기가 아닙니다. 이제는 자녀들도 부모에게 순복하지 않습니다. 남편에 대한 아내의 복종이 사라졌기 때문에 아이들이 더 이상 질서를 배울 데가 없어진 겁니다. 가정의 평화를 위한답시고 남편들이 다 아내에게 설설 깁니다. 이것은 성서적으로 명백히 잘못된 것입니다. "아내들아 남편에게 복종하기를 주께 하듯 하라"(엡 5:22)는 말씀은 결코 과장이 아니고 한 가정의 행복을 위해 지금도 여전히 유효한 절대적 원칙입니다. 성경은 "새벽 기도 하라, 여전도회 회장 하라, 기도원 가라, 목사에게 잘하라"가 아니라 오직 "남편에게 주께 하듯 하라"고 명령합니다.

남편의 사랑, 아내의 순종

다음은 남편입니다. "남편들아 아내 사랑하기를 그리스도께서 교회를 사랑하시고 그 교회를 위하여 자신을 주심 같이 하라"(엡 5:25)고 명령합니다. 남편은 주께서 교회를 위하듯 아내를 사랑하라는 것입니다. 더 나아가 "이와 같이 남편들도 자기 아내 사랑하기를 자기 자신과 같이 할지니 자기 아내를 사랑하는 자는 자기를 사랑하는 것이라"(엡 5:28)고 합니다. 이게 무슨 뜻일까요? 주님은 그분의 온몸을 바쳐 교회를 사랑하셨습니다. 남자도 그렇게 희생적으로 여자를 사랑하라는 것입니다. 남자는 여자가 없으면 갈빗대 하나가 없는 장애인이고, 여자는 남자 품에 있지 않으면 그냥 초라한 갈비 한 대일 뿐입니다. 또 남자가 여자를 치는 것은 마치 자기 옆구리를 치는 것과도 같습니다. 그래서 여자를 치면 남자도 아프게 되어 있습니다. 자기 아내를 제 몸같이 사랑하라, 자기 아내를 사랑하는 자는 자기를 사랑하는 것과 같다고 한 말씀은 한 치도 틀림이 없는 하나님의 말씀입니다.

물론 남편의 사랑도 아내의 순종도 결코 쉬운 일은 아닙니다. 그러나 이 말씀에 대한 바른 응답 없이는 가정의 행복도 없습니다. 남자와 여자는 대체 무엇이고, 부부는 어떠해야 하며, 행복한 부부와 아름다운 가정의 조건은 무엇인지를 다시 한 번 깊이 생각해 보길 바랍니다.

✝ 한걸음 더

1 〈에베소서〉 5장 22절과 28절 말씀을 각각 적고, 내게 주시는 말씀을 묵상하자.
2 행복한 부부, 아름다운 가정의 조건은 무엇인가?

imago Dei
이마고 데이

Part

3

인간

물론 우리의 인격은 절대적인 하나님의 그것에 비해 상대적입니다. 더구나 우리의 인격
은 죄로 인해 망가져 지성이 형편없이 탁해졌고, 감정이 천해졌으며, 의지 역시 항상 악
한 쪽으로만 발동하는 게 사실입니다. 그럼에도 맨 처음에는 인격의 본체이신 하나님의
그 완전하신 품성의 형상대로 창조되었다는 게 성서적 인간학의 중요한 명제입니다.

성서적 인간학

09
Chapter

¹ː²⁶하나님이 이르시되 우리의 형상을 따라 우리의 모양대로 우리가 사람을 만들고 그들로 바다의 물고기와 하늘의 새와 가축과 온 땅과 땅에 기는 모든 것을 다스리게 하자 하시고 ²⁷하나님이 자기 형상 곧 하나님의 형상대로 사람을 창조하시되 남자와 여자를 창조하시고 ²⁸하나님이 그들에게 복을 주시며 하나님이 그들에게 이르시되 생육하고 번성하여 땅에 충만하라 … ²ː⁷여호와 하나님이 땅의 흙으로 사람을 지으시고 생기를 그 코에 불어넣으시니 사람이 생령이 되니라 ⁸여호와 하나님이 동방의 에덴에 동산을 창설하시고 그 지으신 사람을 거기 두시니라 … _〈창세기〉 1:26-28, 2:7-9

인간은 어디에서 왔는가?

"인간은 과연 어디에서 왔는가?" 이게 진화론자와 창조론자의 최대 관심사입니다. 여러분은 어떻게 알고, 또 어떻게 믿고 계십니까? 우리도 학교에서는 다 진화론을 배웠습니다. 다윈은 《종의 기원》에서 생명의 발생, 인간의 기원을 일곱 가지 과정을 통해 제시합니다. 처음에는 무기물뿐이었는데 그 무기물이 진화해서 유기물이 되고, 다시 유기물이 진화해서 바이러스가 되고, 박테리아가 되고, 거기서 단세포 생물이 출현하고, 원생동물인 그 단세포 생물이 다시 다세포 생물인 후생동물이 되고, 그 후생동물이 다시 무척추동물이 되고, 그게 다시 척추동물로, 또 그 척추동물에서 어류가 나오고, 그 물고기가 다시 양서류로, 양서류에서 파충류, 파충류에서 조류, 조류에서 비로소 포유류가 나오고, 그 포유류가 긴팔원숭이, 오랑우탄, 고릴라 같은 유인원으로, 그리고 그 유인원이 마침내 인간으로 진화됐다는 것입니다. 그러므로 사람은 별 게 아니고 그저 환경에 잘 적응해서 가장 모범적으로 진화해 온 적자 생물일 뿐입니다. 따라서 진화론자들은 당연히 창조론을 거부합니다. 인간은 진화 역사의 선두 주자일 뿐이지 결코 처음부터 하나님에 의해 고등한 존재로 창조된 게 아니라는 것입니다.

그런데 성경은 다르게 말합니다. 〈창세기〉 1장은 하나님이 처음부터 천지 만물을 각각 "그 종류대로" 창조하셨다고 합니다. 진화를 거듭해서 종의 다양성이 이룩된 게 아니고, 하나님이 처음부터 모든 종을 그렇게 다양하게 만드셨다는 겁니다. 그래서 만물의 기원은 진화가 아니라 하나님의 창조 행위에 있다고 말합니다.

> [11] 하나님이 이르시되 땅은 풀과 씨 맺는 채소와 각기 종류대로 씨 가진 열매 맺는 나무를 내라 하시니 그대로 되어 [12] 땅이 풀과 각기 종류대로 씨 맺는 채소와 각기 종류대로 씨 가진 열매 맺는 나무를 내니 하나님이 보시기에 좋았더라 _창 1:11-12

보십시오! 처음부터 하나님이 각기 종류대로 창조하십니다. 그리고 매번 "보시기에 좋았더라"고 하심으로써 창조하신 품목들이 앞으로 계속 진화를 거듭해야 할 불완전한 상태가 아니라 조금도 부족함이 없는 완전하고도 완벽한 모습으로 창조되었다는 사실을 분명히 하고 있습니다. 하나님이 자신의 솜씨에 스스로 감탄하실 만큼 처음부터 완벽했습니다. 그리고 〈창세기〉1장에는 태초에 하나님이 천지만물을 "그 종류대로 창조하셨다"는 말씀이 무려 10여 차례나 반복되고 있습니다. 이미 19세기에 다윈이라는 인물이 나타날 것을 알기라도 하신 듯 계속해서 "그 종류대로" 창조하셨다는 사실을 강조하십니다. 무기물, 무생물을 창조했는데 우연히 진화가 이루어져 종의 다양성이 구축되고 마침내 인간이 발생한 게 절대로 아니라는 것입니다.

성경이 말하는 인간에 대해

이번에는 성경이 말하는 인간, 창조론이 가르치는 사람에 대해 생각해 보겠습니다.

앞서 말씀드린 대로 진화론에서는 사람도 진화의 산물입니다. 그동안 가장 왕성하게 진화해 온 종으로 진화의 정점에 선 선두 주자입니다. 그러니까 인간도 본질적으로는 다른 생물과 다르지 않습니다. 그러나 그건 어디까지나 진화론자의 주장이고 성경은 그렇게 말씀하지 않습니다. 처음부터 사람은 다른 피조물과는 확연히 구별되는 존재로 창조되었다고 합니다. 하나님이 특별히 선택하신 피조물이라는 겁니다.

우선 하나님은 사람을 영적인 존재로 지으셨습니다. 하나님께서 땅의 흙으로 사람을 지으시고 생기를 그 코에 불어넣으시니 사람이 생령이 되었습니다(창 2:7). 생령이라는 말은 원어로 '네페쉬'(nefesh)인데, 이것은 산 사람을 가리킵니다. 살아 움직이는 존재라는 뜻입니다. 그러니까 하나님이 생기를 불어넣기 전에는 그야말로 흙덩이에 불과했는데, 코에 생기를 불어넣자 곧 살아 움직이는 존재가 됐다는 것입니다. 그렇다면 생기란 게 뭡니

까? 원어로는 '네쇠마'(neshamah)입니다. 이 말을 영어로는 '소울'(soul),
영혼이라고 번역합니다. 라틴어로는 '아니마'(anima)라고 하는데 역시 영
혼이라는 뜻입니다. '젤레'(Seele, 독일어), '아므'(ame, 프랑스어)도 영혼이라
는 뜻입니다. 헬라어로는 '프뉴마' 혹은 '프쉬케'라고 합니다. 그러니까 인간
이란 흙으로 지어진 다음 하나님의 생기인 '네쇠마'를 받아 비로소 영혼을
가진 존재, 즉 네페쉬가 되었다는 게 성경이 말하는 사람입니다. 이렇게 하
나님이 사람에게 영적인 것을 불어넣으셨기 때문에 사람은 처음부터 영적
인 존재로 태어났습니다. 이게 인간이 다른 피조물과 다른 점입니다. 인간만
이 영적인 존재입니다. 그 점에서 다른 피조물과는 비교할 수 없습니다.

　우리는 늘 육적인 것을 추구하면서도 영적인 것을 그리워합니다. 인간
은 원래 육적인 풍요만으로는 살 수 없습니다. 영적이고도 정신적인 충족
이 필요합니다. 하나님이 사람을 흙으로만 만드신 게 아니고, 그 코에 영을
불어넣으셨기에 영적인 것도 함께 추구해야 합니다. 영과 육이 조화를 이
룰 때 비로소 전인적인 삶이 가능합니다. 영적인 욕구가 충족되지 않으면
누구나 공허하고 삶이 무의미해집니다. 주님은 분명 사람이 떡으로만 살
것이 아니고, 하나님의 입으로 나오는 모든 말씀으로 살 것이라고 하셨습
니다. 물론 주님이 떡을 부인하신 것은 아닙니다. 다만 떡만으로는 안 되고,
영적인 것 곧 하나님의 말씀도 필요하다는 겁니다. 그럼에도 이 시대의 불
행은 다들 육적으로만 산다는 데 있습니다. 그래서 자신의 영혼에 대해서
는 무책임하기 짝이 없습니다. 기도하고, 말씀 보고, 하나님을 섬겨야 하는
데 점점 더 그런 삶과는 멀어지고 있습니다. 사람은 처음부터 다른 피조물
과는 달리 영적인 존재로, 반드시 영적인 것을 추구하며 살도록 지음받았
습니다. 따라서 영적인 삶을 살 때 비로소 행복한 인생이 됩니다.

뿐만 아니라 사람은 인격적인 존재로 창조되었습니다.

[26]하나님이 이르시되 우리의 형상을 따라 우리의 모양대로 우리가 사람을 만들고 그들로 바다의 물고기와 하늘의 새와 가축과 온 땅과 땅에 기는 모든 것을 다스리게 하자 하시고 [27]하나님이 자기 형상 곧 하나님의 형상대로 사람을 창조하시되 남자와 여자를 창조하시고 _ 창 1:26-27

하나님은 인간을 '그분의 형상'대로 창조하셨습니다. '하나님의 형상'을 라틴말로는 '이마고 데이'(Imago Dei)라고 합니다. 그런데 사실 하나님께는 형상이 없으십니다. 형상이란 일정한 시간과 공간 안에서 성립되는 입체를 뜻합니다. 하나님은 시공간을 초월해 계시는 초자연적 존재이시므로 특정한 형상이 없으시며 만약 어떤 형상을 가진 분이라면 결코 초월 신일수 없습니다. 그럼에도 〈창세기〉는 '하나님의 형상'이란 말을 쓰고 있습니다. 무슨 뜻일까요? 이 형상은 하나님의 외모를 뜻하는 것이 아니고, 하나님의 고유한 속성, 품성, 품격의 형상을 가리킵니다. 다시 말해 태초의 하나님이 그분 품성의 형상대로 우리 인간을 창조하셨다는 뜻입니다. 그렇다면 하나님의 그 고유한 품성이란 무엇일까요? '인격'을 말합니다. '신격'이라고 해야 맞겠지요. 아무튼 하나님이 그분의 고유한 품성인 '지성'과 '감정'과 '의지'라는 인격의 형상을 따라 우리 인생들을 창조하셨다는 말씀입니다. 그래서 우리가 다 하나님을 닮은 인격적인 존재가 된 것입니다. 물론 우리의 인격은 절대적인 하나님의 그것에 비해 상대적입니다. 더구나 우리의 인격은 죄로 인해 망가져 지성이 형편없이 탁해졌고, 감정이 천해졌으며, 의지 역시 항상 악한 쪽으로만 발동하는 게 사실입니다. 그럼에도 맨 처음에는 인격의 본체이신 하나님의 그 완전하신 품성의 형상대로 창조되었다는 게 성서적 인간학의 중요한 명제입니다. 다른 피조물에게는 영혼도 없지만 인격도 없습니다. 오직 인간에게만 지성과 감정과 의지가 있습니다. 인간만이 하나님의 형상대로 지음받은 존재기 때문입니다.

영적, 인격적, 관계적 존재

또한 하나님은 우리 인간을 관계적 존재로 창조하셨습니다. "하나님이 이르시되 우리의 형상을 따라 우리의 모양대로 우리가 사람을 만들고"(창 1:26)에서 보듯 하나님이 자신을 가리켜 '우리'라고 하십니다.

하나님은 본체상 한 분이시지만 수적으로는 한 분이 아니라 엄연히 세 분이십니다. 분명 성부, 성자, 성령 세 분이신데, 이 세 분이 완벽하고도 완전한 하나를 이루고 계시기에 한 분이십니다. 절대적인 일체이십니다. 이렇게 수적으로는 세 분이면서 본질상으로는 한 분이라는 하나님의 고유한 존재 양식을 우리는 교리적으로 '삼위일체'라고 합니다. 세 분 하나님이 완전한 하나의 공동체를 이루어 가시는 것입니다. 삼위일체 하나님은 사회적 존재, 관계적 존재입니다. 성부, 성자, 성령이 '우리' 혹은 '엘로힘'이라는 공동체로 존재하신다는 겁니다.

그런 하나님이 "우리와 같은 사람을 만들자"고 하셨습니다. 그래서 탄생한 게 바로 인간이므로 우리 역시도 관계적 존재입니다. '천상천하 유아독존'이 아닙니다. 세 분이 완벽한 하나로 존재하듯, 우리도 하나님과 이웃과 자연과 더불어 공생해야 합니다. 상생해야 합니다. 그게 행복의 비결입니다. 그게 더불어 사는 삶입니다. 그러니까 하나님이 삼위일체로 존재하시듯 우리도 하나님과 이웃과 자연과 함께 하나 되어 살아야 합니다. 그게 인간 본연의 삶입니다. 진화론은 약육강식, 적자생존을 말합니다. 그것은 밀림의 법칙이요 힘의 논리입니다. 성경은 결코 그렇게 말씀하지 않습니다. 더불어 살라고 합니다. 그게 가장 아름다운 삶이라고 합니다.

✝ 한걸음더

1 창조론과 진화론은 오래된 논제다. 무엇을 믿는가? 그리고 그 믿음이 정의하는 '나'는 누구인가?

2 성경이 말하는 인간은 영적, 인격적, 관계적 존재다. 각각 무슨 의미인지 정리해 보자.

3 지금 더불어 살아야 할 존재는 누구인가?

공중의 새처럼
들의 백합처럼

²⁵그러므로 내가 너희에게 이르노니 목숨을 위하여 무엇을 먹을까 무엇을 마실까 몸을 위하여 무엇을 입을까 염려하지 마라 목숨이 음식보다 중하지 아니하며 몸이 의복보다 중하지 아니하냐 … ³¹그러므로 염려하여 이르기를 무엇을 먹을까 무엇을 마실까 무엇을 입을까 하지 마라 ³²이는 다 이방인들이 구하는 것이라 너희 하늘 아버지께서 이 모든 것이 너희에게 있어야 할 줄을 아시느니라 ³³그런즉 너희는 먼저 그의 나라와 그의 의를 구하라 그리하면 이 모든 것을 너희에게 더하시리라 ³⁴그러므로 내일 일을 위하여 염려하지 마라 내일 일은 내일이 염려할 것이요 한 날의 괴로움은 그날로 족하니라 _〈마태복음〉 6:25-34

염려하지 마라

염려하지 말라고 하십니다. 세상에서 이보다 더 위로가 되고 격려가 되는 말씀이 또 있을까요? 그러나 다른 한편으로 생각해 보면 또 이 말씀처럼 황당하고 무책임한 말씀도 없습니다. 그렇지 않습니까? 어떻게 사람이 염려하지 않고 살아갈 수 있습니까? 어떻게 먹고 입고 쓰고 살아가는 삶의 여러 조건에 대해 염려하지 않고 책임적으로 자기 인생을 살 수 있을까요? 내일 일을 염려하지 말라니, 그럼 장래를 위한 계획이나 설계 같은 것도 불필요하다는 얘깁니까? 그리고 우리가 염려하지 않고 살아가기 위해서는 삶의 모든 부조리나 모순이 해소돼야 하는데, 그게 현실적으로 가능하냐는 것입니다.

그런데 우리가 아무리 이렇게 염려의 불가피성을 주장한다 해도 주님은 여전히 우리에게 염려는 백해무익이라고 하십니다. 주님은 "너희 중에 누가 염려함으로 그 키를 한 자라도 더할 수 있겠느냐"(마 6:27)며 염려의 비생산성을 지적하십니다. 유대인은 로마 사람보다 상대적으로 키가 작았습니다. 그래서 신체적 콤플렉스가 적지 않았습니다. 그러나 아무리 고민하고 염려해 봤자 그런다고 키가 더 자라는 것은 아닙니다. 염려한다고 키가 자란다면야 제가 왜 지금 여기 있겠습니까? NBA에 가서 조던과 덩크슛하고 있지. 제가 죽도록 해봐서 알지만 키는 아무리 염려해도 1cm도 더 자라지 않습니다.

또한 주님은 염려의 비신앙성을 지적하십니다. "오늘 있다가 내일 아궁이에 던져지는 들풀도 하나님이 이렇게 입히시거든 하물며 너희일까 보냐 믿음이 작은 자들아"(마 6:30) 하고 책망하십니다. 어린아이들이 염려하지 않는 것은 모든 것을 엄마 아빠가 다 해결할 것이라고 믿기 때문입니다. 부모를 전적으로 신뢰하기 때문입니다. 주님은 어린아이와 같지 않으면 결단코 천국에 못 들어간다고 하셨습니다. 그 말씀은 어린아이들처럼 순진하고 순수해야 한다는 뜻이 아니라 어린아이가 전적으로 부모를 믿고 아무런 염려도 하지 않듯 그렇게 하나님을 전적으로 신뢰하고 의존해야 천국에 간다는 말씀입니다. 엄마 아빠가 멀쩡한데 어린 것이 먹을 것, 마실 것, 입을 것을 염려한다면 그 아이가 어찌 정상이겠습니까? 염려는 결국 내가 주님을 못 믿기 때문에 하는 것입니다. 내 삶을 끝까지 내가 지고 가겠다는 뜻입니다. 무슨 재주로요? 그래서 염려는 신앙의 반대말이자 불신앙의 동의어입니다. 주님을 신뢰하지 못하는 겁니다.

삶의 근거를 어디에 두었는가

그렇다면 어떻게 해야 이 비생산적이고 비신앙적인 염려를 극복할 수 있을까요? 주님의 처방은 이렇습니다. 내 삶의 근거가 전적으로 하나님께 있음을 확신하라는 것입니다. "공중의 새를 보라"고, "들의 백합화가 어떻게 자라는가 생각하여 보라"고 주님은 말씀하십니다. 이것은 새가 살아가는 탁월한 능력을 살피라거나, 새 깃털에 무슨 성경 구절이 적혀 있는지를 보라는 게 아니라 새와 백합화의 생존의 원리를 보라는 것입니다. 삶의 법칙을 보라는 겁니다. 저 공중의 새는 거저 살아가는 게 아닙니다. 한 포기의 백합화도 자기 능력과 재주로 저렇듯 아름다운 향기를 풍기며 살아가는 게 아닙니다. 다 하나님이 돌보시고 기르시는 겁니다. 바로 그 하나님의 은혜의 손길을 보라는 것입니다. 새는 씨를 뿌리지 않습니다. 수확을 하거나 양식을 창고에 쌓아 두지도 않습니다. 그런데도 굶지 않고 잘 자랍니다. 밤낮 걱정하고 염려하고 고뇌하는 우리보다 더 건강하고 아름답게 살아가고 있습니다. 다 하나님이 먹이시고 입히신 겁니다.

자, 그렇다면 한 번 생각해 봅시다. 한두 푼에 팔리는 미물의 새 한 마리도 하나님이 저토록 완벽하게 돌보시고, 또 오늘 있다가 내일 아궁이에 던져질 들풀 한 포기도 저렇게 건강하고 아름답게 입히시고 키우십니다. 그러니 우리 인생들을 어찌 더 잘 돌보시지 않겠느냐며 염려를 붙들어 매라는 것입니다. 제발 날아가는 새와 들의 백합을 보고 깊이 깨달으라는 것입니다. 특히 여기 나오는 공중의 새는 독수리가 아닙니다. 번역상 참새라고 했는데, 아주 작은 새를 말합니다. 저 작디작은 새 한 마리의 생명도 하나님이 다 지키시고 관리하십니다.

그러므로 염려는 불신앙입니다. 믿음 없는 자의 필연적인 고뇌가 바로 염려입니다. 참새, 딱새 한 마리의 운명도 다 하나님이 주관하십니다. 그런데 뭘 그리 염려하십니까? 참새에게는 하나님이 그냥 조물주시지만, 우리에게는 하나님이 아버지입니다. 우리는 다 아버지 하나님의 형상을 닮은 그의 분신들입니다. 들의 풀 한 포기, 날아가는 새 한 마리도 다 지키고 먹이시는 분이 어찌 당신의 자녀들을 외면하시겠습니까? 그럴 수는 없습니다. 따라서 염려하지 말고 아버지께 다 맡기라는 겁니다.

혹시 고아십니까? 사생자십니까? 아버지가 안 계십니까? 왜 그렇게 염려가 많으십니까? 아버지가 우리 가장 가까이에 계십니다. 남편보다, 아내보다, 자식보다 내 심장보다 더 가까이 계십니다. 부디 주님을 전적으로 신뢰하십시오. 어린아이들이 자기 부모를 태산같이 믿으며 일절 염려하지 않듯 그렇게 사십시오. 하루라도 속히 모든 무거운 짐을 주님 십자가 아래 내려놓으십시오. 그래야 내가 모든 염려로부터 자유할 수 있습니다.

염려하지 않을 방법

주님은 내 삶의 우선순위를 분명히 해야 염려로부터 놓여난다고 합니다.

[31] 그러므로 염려하여 이르기를 무엇을 먹을까 무엇을 마실까 무엇을 입을까 하지 마라 [32] 이는 다 이방인들이 구하는 것이라 너희 하늘 아버지께서 이 모든 것이 너희에게 있

어야 할 줄을 아시느니라 ³³그런즉 너희는 먼저 그의 나라와 그의 의를 구하라 그리하면 이 모든 것을 너희에게 더하시리라 _ 마 6:31-33

우리에겐 의식주보다 그의 나라와 그의 의를 구하는 게 먼저입니다. 그리하면 먹고 마시고 입는 것을 하나님이 해결해 주신다고 합니다. 그러나 우리는 결코 그렇게 하지 못합니다. 언제나 이게 문제입니다. 주님이 말씀하신 내 삶의 순위는 분명합니다. 그의 나라와 그의 의가 삶의 1순위입니다. 그럼에도 우리는 의식주가 1순위라고 합니다. 먹고 살기도 바쁜데 무슨 하나님의 나라냐고 합니다. 우리의 논리는 항상 그렇습니다. 그러나 그렇게 사는 한 절대 염려로부터 놓여날 수 없다는 게 주님의 가르침입니다.

우리는 거꾸로 살아야 합니다. 세상 사람들과는 다르게 살아야 합니다. 세상 사람들이야 당연히 의식주가 삶의 1순위지요. 그러나 우리는 그 반대입니다. 주님이 분명 그런 것은 다 이방인들이 구하는 것이라고 하셨습니다. 의식주가 1순위라고 고집하는 삶의 행태는 불신자들의 것이라는 말씀입니다. 우리는 그들과는 거꾸로 하나님의 나라와 의를 먼저 추구해야 합니다. 부디 가치관을 바꿉시다. 내 삶의 우선순위를 새롭게 합시다. 먹고 마시고 입는 게 아니라 하나님의 나라와 의를 먼저 구합시다. 그게 우리가 이 땅에서 추구해야 할 최고의 가치입니다.

우리는 절대 먹고 마시고 입는 것만을 위해 살 수는 없습니다. 의식주를 내 삶의 우선순위로 살 수는 없습니다. 하나님의 나라, 하나님의 의가 내 인생의 최고의 가치요 내 삶의 0순위입니다. 이게 우리 믿는 자들의 역설적 삶이고, 또 그렇게 살아야 모든 염려에서 해방된다는 것이 주님의 가르침입니다. 정말 그렇게 살아도 될까요? 부디 하나님의 나라와 그의 의를 내 삶의 1순위로 삼으면 하나님이 우리의 모든 필요를 다 채우신다고 하신 말씀을 깊이 신뢰하기 바랍니다.

다음은 일용할 양식에 자족하며 살라고 하십니다.

> 그러므로 내일 일을 위하여 염려하지 마라 내일 일은 내일이 염려할 것이요 한 날의 괴로움은 그날로 족하니라 _ 마 6:34

새나 들꽃은 오직 일용할 양식으로 삽니다. 은행이나 곳간에 먹을 것을 쌓아 두고 살지 않습니다. 그때그때 주시는 하나님의 은혜와 복으로만 삽니다. 이스라엘 백성도 광야에서 그렇게 살았습니다. 이스라엘은 40년간 만나를 먹었습니다. 만나가 그들의 일용할 양식이었으므로 그날의 양식은 반드시 그날 새벽에 나가 거두게 되어 있었습니다. 안식일 전날만 이틀분이 허용됐을 뿐입니다. 그러나 요즘 우리는 절대 일용할 양식으로 만족하지 못합니다. 창고를 헐더라도 더 많이 쌓아 놔야 합니다. 우리는 다 탐욕의 화신들입니다.

누구도 일용할 양식에 감사할 뜻이 없습니다. 일용할 양식이 없어서가 아니라 더 많이 쌓아 두지 못해 늘 불평이고 불만입니다. 성경은 일용할 양식으로 살라고 했고, 그것에 자족하며 감사하라고 했는데, 우리는 더 많이 갖지 못해 안달하며 감사하지 못합니다. 주기도문도 일용할 양식에 감사하지 않습니까? 부디 자족하십시오. 본래 우리 기독교의 전통은 무소유입니다. 주님도 바울도 그랬습니다. 아우구스티누스, 프란체스코도 다 그랬습니다. 기독교의 여러 덕목 가운데 청빈이 가장 으뜸가는 미덕이었습니다. 그런데 요즘은 무소유가 복이 아닙니다. 모든 사람이 가장 두려워하는 저주입니다. 그래서 문제가 많습니다.

한국교회도 돈이 많아지면서 타락하기 시작했습니다. 한때 우리 사회에 많이 기여한 한국교회가 이제는 천덕꾸러기가 됐습니다. 하도 돈 달라고 해서 하나님이 왕창 주시는 바람에 완전히 망했습니다. 초기에는 주로 가난한 사람들, 여성들, 천민들이 예수를 믿었습니다. 그런데 이 사람들이 예수 믿고 3, 4대 지나면서 부자가 되자 급속하게 타락하기 시작했습니다. 걷잡을 수 없이 본질을 잃기 시작했습니다. 주님은 가난하게 살기를 바라시고, 일용할 양식으로 살 것을 주문하셨습니다. 통장에 돈을 잔뜩 넣어 두고 사는 것은 다 비성서적입니다. 그렇게 되면 그 통장을 믿고 살지 주님을 믿지 않습니다. 또 절대 감사할 줄도 모릅니다. 오히려 더 많이 주시지 않는다고 불평합니다. 이런 죄악이 없습니다. 그래서 한국교회가 더 심각해지는 겁니다. 이미 많이 가졌습니다. 제발 가진 것으로 감사하며 자족하며 사십시오. 그래야 염려로부터 해방됩니다. 염려가 아닌 믿음으로, 탐욕과 불평이 아닌 자족하고 감사하며 살아야 하는 것입니다.

✝ 한걸음더

1 염려는 비신앙적이고 비성서적이다. 왜 그런가?

2 성서가 말하는 우선 순위에 내 삶을 비춰 보자.

3 지금 가장 큰 염려는 무엇인가? 왜 염려하는지 돌아보고 해결 방법을 찾아보자.

자유에 대하여

Chapter 11

[1]내가 또 말하노니 유업을 이을 자가 모든 것의 주인이나 어렸을 동안에는 종과 다름이 없어서 [2]그 아버지가 정한 때까지 후견인과 청지기 아래에 있나니 … [6]너희가 아들이므로 하나님이 그 아들의 영을 우리 마음 가운데 보내사 아빠 아버지라 부르게 하셨느니라 [7]그러므로 네가 이 후로는 종이 아니요 아들이니 아들이면 하나님으로 말미암아 유업을 받을 자니라 … [9]이제는 너희가 하나님을 알 뿐 아니라 더욱이 하나님이 아신 바 되었거늘 어찌하여 다시 약하고 천박한 초등 학문으로 돌아가서 다시 그들에게 종노릇하려 하느냐 … [11]내가 너희를 위하여 수고한 것이 헛될까 두려워하노라 _〈갈라디아서〉 4:1-11

자유를 위하여 부르심을 받다

사르트르의 작품 가운데 《자유의 길》이라는 장편소설이 있습니다. 주인공은 철학 교사인데, 가정이라는 굴레가 싫어 독신주의를 고집합니다. 그러나 그는 곧 성적 욕망의 노예가 되어 밤마다 도둑고양이처럼 어느 소녀의 방을 드나들다 결국 그 소녀를 임신시킵니다. 그리고 다시 그 책임으로부터 자유하기 위해 유산시키려고 애쓰다 필요한 돈을 구하기 위해 일의 노예가 됩니다. 이처럼 그는 계속해서 자유를 위해 자유의 노예가 되어 비겁한 삶을 전전하다 생애 딱 한 번 자유를 만끽합니다. 파리에 진격한 독일군을 피해 숨어 있다가 순간적으로 총을 난사하며 광장 한가운데로 뛰어나가 죽음에 자신을 내맡겼을 땝니다. 실존주의가 말하는 진정한 자유란 살아 있을 동안에는 불가능하고 죽음에 자신을 내던질 때만 가능하다는 결론을 내린 셈입니다. 그러나 죽은 자의 자유는 이미 자유가 아닙니다. 그럼에도 이런 실존주의의 영향으로 한때 유럽의 젊은이들이 유행처럼 자살했습니다.

성경의 중심 메시지 가운데 하나도 '자유'입니다.

그리스도께서 우리를 자유롭게 하려고 자유를 주셨으니 그러므로 굳건하게 서서 다시는 종의 멍에를 메지 마라 _ 갈 5:1

형제들아 너희가 자유를 위하여 부르심을 입었으나 _ 갈 5:13

우리가 자유인이 되도록, 자유를 누리며 살도록 주님이 우리를 그분의 자녀로 부르셨다는 겁니다.

그런데 바울은 이 '자유'라는 개념을 설명하기 위해 오늘 본문을 통해 어린아이와 성인을 비교합니다. 유업을 잇는 자가 모든 것의 주인이지만 어렸을 때는 종과 다름없어서 정한 때까지 후견인과 청지기 아래 있다고 말합니다. 어린아이는 종이 아닙니다. 그렇다고 아직 완전한 자유인도 아닙니다. 유대 사회에서 12세까지는 법적으로 아직 자유인이 아닙니다. 아들이기는 하지만 후견인의 통제를 받아야 합니다. 그러다가 12세가 지나면 성인식을 치르고 한 사람의 어엿한 자유인이 됩니다. 종은 아닌데 거의 종이나 다름없는 상태가 유대 사회에서의 어린아이입니다. 그럼 오늘 우리는 어떤 자유인입니까? 어린아이입니까, 성인입니까? 우리는 성인으로서의 자유를 가진 사람들입니다. 주님이 우리에게 주신 자유는 완전한 성인의 자유입니다.

그런데 바울은 다시 종과 아들을 비유합니다. 종과 아들은 어떻게 구분됩니까? 아들은 아무리 못나도 아들이고, 종은 아무리 착해도 종이라는 겁니다. 아들은 날마다 사고를 쳐도 사고뭉치 아들이지 그렇다고 종이 되는 법은 없습니다. 마찬가지로 종은 아무리 착하고 부지런해도 끝까지 종일 뿐 아들이 되는 법은 없습니다. 주인에게 종이란 하나의 기능이요 재산일 뿐입니다. 그러나 아들은 고유한 인격이고 주체며, 주인의 분신이고, 후에 주인의 모든 것을 물려받을 상속자입니다. 그런데 바울은 우리가 어린아이가 아니고 성인이라고 합니다. 종이 아니라 아들이라고 합니다. 완전한 자유인이고 주체적 인격이라는 것입니다.

율법으로부터의 자유

그런데 사실 자유니 해방이니 하는 말처럼 막연하고 추상적인 말도 없습니다. 그래서 바울은 주님이 우리에게 주신 '자유'라는 개념을 아주 구체적으로 밝히고 있습니다. 즉 무엇으로부터의 자유며 해방인지를 분명히 합니다. 우선 율법으로부터의 자유라고 합니다. 바울 당시 갈라디아교회가 안고 있던 가장 큰 문제는 율법주의였습니다. 율법주의는 복음뿐만 아니라 율법도 행해야 구원을 얻는다는 가르침입니다. 세례도 받아야 하지만 할례도 필요하다는 것입니다. 이에 대해 바울은 말합니다.

²보라 나 바울은 너희에게 말하노니 너희가 만일 할례를 받으면 그리스도께서 너희에게 아무 유익이 없으리라 ³내가 할례를 받는 각 사람에게 다시 증언하노니 그는 율법 전체를 행할 의무를 가진 자라 ⁴율법 안에서 의롭다 함을 얻으려 하는 너희는 그리스도에게서 끊어지고 은혜에서 떨어진 자로다 _ 갈 5:2-4

실로 통렬한 비판이고 극단적인 책망입니다. 우리는 다 율법으로부터 해방된 사람들입니다. 우리는 더는 율법을 행함으로 구원받지 않습니다. 지금은 복음의 시대, 은혜의 시대입니다. 전에는 율법을 지킴으로써 의로워지고 구원을 얻을 수 있었습니다. 그러나 지금은 아닙니다. 오늘날도 고행이나 수도를 강조하는 가톨릭에는 여전히 율법주의적인 요소가 남아 있는 게 사실입니다. 바울의 비판은 바로 그런 율법주의자들을 향한 것입니다. 율법주의는 주님의 십자가를 무효화하는 범죄입니다. 도덕이나 윤리, 치성 등을 강조하는 세상의 모든 종교는 다 율법주의입니다. 착하게 살아야 죽어서 좋은 데 간다는 종교는 다 율법주의입니다. 인간의 정성이나 노력으로는 절대 구원받을 수 없다는 게 복음주의입니다. 하나님의 율법적 기준을 충족시켜 천국 갈 수 있는 사람은 아무도 없기 때문입니다. 하나님이 보실 때는 다 똑같습니다. '도토리 키 재기'입니다. 율법의 행위로써는 의롭다 함을 얻을 육체가 없다는 게 성경의 가르침입니다.

그럼 율법으로 구원받는 게 아니라면 더는 율법이 필요 없나요? 율법 폐기론, 율법 무용론이 맞습니까? 그렇지는 않습니다. 전에는 구원을 위해 율법이 필요했다면, 지금은 성화 때문에 여전히 율법이 유효합니다. 구원받은 사람의 지상 목표는 성화입니다. 우리는 율법을 지키는 만큼 거룩해집니다. 그래서 율법주의도 틀린 거지만, 율법이 더는 불필요하다는 주장도 잘못된 것입니다.

이제 우리는 그리스도를 통해 아들이 되고 성인이 됨으로써 모든 율법과 관습법 같은 후견인으로부터 자유하게 되었습니다. 전에는 아버지의 뜻이 곧 율법이었고 거기에 마치 종이 복종하듯 타율적으로 따라야 했습니다. 그러나 이제는 아들이 아버지의 뜻 앞에서 주체적으로 결단할 수 있게 된 것입니다.

죄로부터의 자유

[1]그러므로 이제 그리스도 예수 안에 있는 자에게는 결코 정죄함이 없나니 [2]이는 그리스도 예수 안에 있는 생명의 성령의 법이 죄와 사망의 법에서 너를 해방하였음이라 _ 롬 8:1-2

사실 이보다 더 놀라운 자유의 의미, 경이로운 해방의 의미는 없습니다. 죄로부터의 자유요 해방입니다. 우리는 진정한 자유인입니다. 죄로부터 해방되었기 때문입니다. 더는 정죄받지 않습니다. 얼마나 놀랍습니까? 우리는 예수를 믿으면서도 여전히 죄를 잘 짓습니다. 죄로부터 해방이 되었는데도 여전히 열심히 죄 지으며 삽니다. 바울 같은 위대한 사도도 이렇게 외쳤습니다.

[23]내 지체 속에서 한 다른 법이 내 마음의 법과 싸워 내 지체 속에 있는 죄의 법으로 나를 사로잡는 것을 보는도다 [24]오호라 나는 곤고한 사람이로다 이 사망의 몸에서 누가 나를 건져내랴 _ 롬 7:23-24

구원파에서는 이런 상태를 아직 완전한 구원을 받지 못했기 때문이라고 합니다. 그럼 바울이 죄 때문에 그토록 괴로워한 것도 아직 완전한 구원을 받지 못했기 때문이었습니까? 아닙니다. 옛 습성, 옛 삶의 관성 때문이었습니다. 그동안 맹렬하게 죄지으며 달렸는데, 어떻게 한순간에 딱 설 수 있겠습니까? 우리가 죄에서 해방되었다는 것은 우리의 신분, 정체성, 소속이 새로워졌다는 뜻이지 우리의 정서, 기호, 죄에 대한 미련이나 향수까지도 완전히 해소됐다는 뜻은 아닙니다. 우리에겐 아직도 죄에 대한 욕구가 있습니다. 이스라엘은 애굽에서 완전히 해방되어 광야로 나왔습니다. 그런데도 툭하면 애굽 생활을 그리워하며 다시 돌아가자고 작당하고 선동했습니다. 우리도 마찬가집니다. 분명 자유인이 되었습니다. 그러나 기회만 주어지면 아직도 죄를 즐깁니다.

그럼 죄를 지으면 다시 옛 신분으로 돌아갑니까? 아닙니다. 그런 법은 없습니다. 더는 정죄함이 없습니다. 비록 죄를 지어도 이제는 더 이상 우리를 정죄하고 단죄할 법이 없습니다. 죄와 사망의 법이 해소되었기 때문입니다. 이제 내게는 오직 생명의 법, 성령의 법만이 적용됩니다. 죄로부터의 자유라는 의미를 잘 새기십시오.

초등 학문으로부터의 자유

바울 당시 갈라디아교회 성도들은 율법과 죄 문제뿐만 아니라 세상 초등 학문으로부터도 자유하지 못했습니다. 초등 학문이란 당시 헬라 문화권에서 유행하던 점성술을 가리킵니다. 새번역성경은 이 세상 초등 학문을 원시종교, 즉 미신으로 번역했습니다. 교회에 다니면서도 사주,

궁합, 토정비결, 신문에 나오는 오늘의 운세까지 꼭 챙기는 분들이 있습니다. 그런 것에 종노릇하지 마십시오. 우리는 그것들로부터도 해방되었습니다. 손 없는 날 따지지 마시고, 차라리 손 있는 날 이사하십시오. 그러면 더 저렴합니다. 오늘의 운세 보지 마시고 그 시간에 성경을 읽으십시오. 철학관 가서 손자, 손녀 이름 짓지 마시고 제게 오십시오! 냉면 한 그릇만 사주시면 근사하게 작명해 드리겠습니다. 그래서 바울이 그들을 어리석다고 한 것입니다. 왜 멀쩡한 신앙인이 새삼 초등 학문으로 돌아가 그런 미신에 종노릇하느냐는 겁니다.

자유하십시오. 믿음에 굳게 서서 다시는 종의 멍에를 매지 마십시오. 종이 아닌 아들, 어린아이가 아닌 자유한 성인들로 사십시오. 그게 주님의 기대요 바람입니다. 그런 자유인으로, 성인으로 살아가게 하기 위해 주님이 십자가를 지셨습니다.

✝ 한걸음더

1 우리는 그리스도를 통해 아들이 되고 성인이 됨으로써 모든 율법과 관습법 같은 후견인으로부터 자유하게 되었다. 그렇다면 율법은 더 이상 필요 없는가?

2 우리가 죄에서 해방되었다는 것은 우리의 신분, 정체성, 소속이 새로워졌다는 뜻이지 우리의 정서, 기호, 죄에 대한 미련이나 향수까지도 완전히 해소됐다는 뜻은 아니다. 여전히 죄를 짓는 우리에게 필요한 것은 무엇일까?

3 혹시 지금 종노릇하고 있는 초등 학문은 없는지 살펴보자. 이유는 무엇인가?

항상 기뻐하라

⁴주 안에서 항상 기뻐하라 내가 다시 말하노니 기뻐하라 ⁵너희 관용을 모든 사람에게 알게 하라 주께서 가까우시니라 ⁶아무것도 염려하지 말고 오직 모든 일에 기도와 간구로, 너희 구할 것을 감사함으로 하나님께 아뢰라 ⁷그리하면 모든 지각에 뛰어난 하나님의 평강이 그리스도 예수 안에서 너희 마음과 생각을 지키시리라 _〈빌립보서〉 4:4-7

기쁨이란 무엇인가

"주 안에서 항상 기뻐하라 내가 다시 말하노니 기뻐하라"는 바울의 권면입니다. 그냥 "기뻐하라"가 아닙니다. "항상 기뻐하라"입니다. 바울은 〈데살로니가전서〉 5장 16절에서도 "항상 기뻐하라"고 했습니다. 좋은 말씀이지만 이해하기가 쉬운 말씀은 아닙니다. 사람이 어떻게 항상 기뻐할 수 있을까요? 현실은 기뻐할 일보다 우울한 일, 슬퍼할 일이 더 많지 않습니까? 또 굳이 기뻐하라고 하지 않아도 기쁜 일이 생기면 누구나 반사적으로 기뻐합니다. 그리고 꼭 기뻐하는 것만이 미덕일 수는 없습니다.

그렇지 않습니까? 다 슬퍼하는데 나만 기뻐하는 것도 삶을 조롱하는 것이 될 수 있습니다. 아니, 항상 기뻐하라고 한 바울 자신도 그렇습니다. 기쁨보다는 오히려 고난이나 슬픔을 더 많이 의식하며 산 사람입니다. 그렇다면 바울이 여기서 말하는 기쁨이란 대체 어떤 것일까요? 우리가 일반적으로 말하는 기쁨과는 다른 겁니까? 이 문제를 제대로 이해하려면 먼저 당시 바울이 처했던 사정과 형편을 살펴봐야 합니다.

우선 바울과 당시 고린도교회와의 관계입니다. 고린도교회는 바울이 세웠습니다. 그럼에도 고린도교회는 바울에게 모진 아픔을 많이 주었습니다. 그중에서도 가장 치명적인 것은 바울의 사도권을 부정한 것입니다. 바울이 전도해서 설립한 교회인데도, 작당하여 바울을 사도가 아니라고 했습니다. 바울은 사도의 자격이 없다는 것입니다. 사도는 주님의 직계 제자를 뜻하고, 주님의 부활을 목격한 증인을 의미하는데, 바울은 열두 제자 가운데 하나도 아닐뿐더러 주님이 이 땅에 계실 때는 일면식도 없었던 사람이었기에 한마디로 자격 미달이라는 겁니다.

그들의 말이 그의 편지들은 무게가 있고 힘이 있으나 그가 몸으로 대할 때는 약하고 그 말도 시원하지 않다 하니 _ 고후 10:10

뿐만 아니라 바울의 글이나 편지에는 깊이가 있고 무게감이 있지만, 막상 대면하여 보면 신체가 너무 약하고 특히 말이 시원찮다며 바울에게 사도의 품위가 없다고 했습니다. 바울의 외모와 언변에서 사도로서의 카리스마가 안 느껴진다는 것입니다.

바울은 작은 키에 대머리고, 매부리코에 안구도 돌출돼 있습니다. 2세기

말에 기록된 〈바울과 테클라의 행전〉이라는 외경은 바울을 "키가 작고 대머리며 안짱다리에다 매부리코를 가졌으나 몹시 온화했다"고 묘사합니다. 역시 2세기 문서인 〈바울행전〉이란 외경에도 거의 이와 비슷한 진술이 있습니다.

자, 외모는 그렇다 치고 그럼 "말이 시원찮았다"고 한 것은 또 무슨 뜻입니까? 누구보다도 탁월한 웅변가였을 법한 바울이지만 실은 그렇지 않았던 것 같습니다. 놀랍게도 바울은 그 점을 스스로 시인합니다.

> 내가 비록 말에는 부족하나 지식에는 그렇지 아니하니 이것을 우리가 모든 사람 가운데서 모든 일로 너희에게 나타내었노라 _고후 11:6

이것은 바울이 실제 달변이 못되고 어눌했다는 뜻일 수도 있지만 라이첸슈타인이나 케제만 같은 신학자들은 그렇게 해석하지 않습니다. 그들은 당시 고린도 지방을 지배했던 헬레니즘의 신비주의를 주목합니다. 헬레니즘의 신비주의에서는 이상한 목소리로 사람들을 흥분시키면서 순식간에 황홀경으로 몰아가는 주술적인 웅변술을 신에게 사로잡힌 증거라고 믿었습니다. 그런데 바울에게는 그런 열광적인 언변술이 없다는 겁니다. 따라서 바울은 하나님의 영에 붙잡힌 사도라고 보기 어렵다는 주장을 폈던 것입니다.

또한 바울은 자비량 선교사였습니다. 그런데 이것도 문제가 됐습니다. 바울은 장막 짓는 장인이었고, 그 기술로 자신의 생활비와 선교비를 스스로 조달하며 사역했습니다. 교회의 부담을 최소화하겠다는 선의로 그렇게 한 것이지만 고린도교회는 그마저도 그의 사도권을 부정하는 빌미로 삼았습니다. 바울이 무자격자기 때문에 무급 선교사로 활동한다고 주장한 것입니다.

역설적이고 초월적인 불가사의의 기쁨

이처럼 당시 바울과 고린도교회와의 관계는 참으로 고약했습니다. 그러니 얼마나 배신감과 비애감이 컸겠습니까? 그런 상황에서 어떻게 항상 기뻐하고, 범사에 감사할 수 있었을까요? 어디 그뿐입니까? 바울에게는 또 치명적인 병이 있지 않았습니까? 몸을 찌르는 아픈 가시가 있었습니다. 그게 얼마나 고통스럽고 심각했으면 스스로 "사탄의 사자"(고후 12:7)라고까지 했겠습니까? 그런데 바울은 자신의 그 병에 대해 갈라디아교회 성도들에게 이렇게 감사하는 말씀도 있습니다.

> 너희를 시험하는 것이 내 육체에 있으되 너희가 나를 업신여기지도 아니하며 버리지도 아니하고 오직 하나님의 천사와 같이 또 그리스도 예수와 같이 나를 영접하였도다
> _갈 4:14

도대체 그게 무슨 병이었을까요? 설이 많습니다. 무서운 두통이었다, 안질이었다, 또 여러 권위 있는 학자들은 간질이었을 것이라고도 합니다. 실제 바울은 눈이 좋지 않아 대부분의 편지를 대필했습니다. 또 그게 만약 간질이었다면 한 번 생각해 보십시오. 기껏 설교 잘하고 강단에서 내려가다 거품 물고 쓰러지면 그게 무슨 은혜가 됐겠습니까? 어쨌든 그것은 불치의 병이었고 바울 자신도 남도 시험에 들 만큼 치명적인 것이었습니다. 그런데 바울의 불행한 운명은 그게 다가 아닙니다. 또 있습니다.

이 글의 본문은 〈빌립보서〉인데, 이 〈빌립보서〉는 바울의 여러 서신 가운데서도 유난히 '기쁨'을 많이 강조해 어떤 이는 이걸 '기쁨의 서신'이라고도 합니다. 그래서 우리는 '아, 바울이 그의 생애 가운데서 가장 좋은 시

절에 쓴 편지인가 보다' 하고 생각할 수도 있겠습니다만, 실제로는 어디에서 썼습니까? 로마 감옥에 갇혀서 쓴 옥중서신 아닙니까? 〈에베소서〉, 〈빌립보서〉, 〈골로새서〉, 〈빌레몬서〉, 혹은 〈디모데전·후서〉 같은 게 다 가장 열악하고 가장 처절한 로마의 지하 감방에서 쓴 글들입니다. 백발이 성성한 몸으로 습기 찬 지하 감방에 갇혀 언제 끌려 나가 참수당할지 모르는 사형수로 복역하면서도 그는 좌절이나 절망, 슬픔이나 자기 연민이 아니라 도리어 감사와 기쁨을 노래하고 있습니다. 어떻게 이럴 수가 있을까요?

나를 가득 채우고 있는 것

그렇습니다. 적어도 바울이 말하는 기쁨은 일상적인 기쁨이 아니라 역설적이고도 초월적인 전천후의 기쁨이었습니다. 기뻐할 일이 있을 때 기뻐하는 것은 본능적인 기쁨입니다. 그러나 바울이 말하는 기쁨은 그런 게 아니고 누가 나를 모함하고 가시처럼 찔러도 기뻐하는 불가사의한 기쁨입니다.

그렇다면 실제 우리에게도 그런 기쁨이 가능할까요? 어떻게 생각하십니까? 폴 틸리히는 유대인으로, 독일에서 나치에게 쫓겨 미국으로 가 철학도 강의하고 신학도 강의한 실존주의 신학자였습니다. 그는 기쁨과 즐거움을 엄격히 구분합니다.

> 나의 자녀들아 너희 속에 그리스도의 형상을 이루기까지 다시 너희를 위하여 해산하는 수고를 하노니 _ 갈 4:19

바울은 여인들의 해산의 고통을 말합니다. 해산은 죽을 만큼 고통스럽다고 합니다. 따라서 그게 절대 즐거울 수는 없습니다. 그러나 즐겁지 않고 고통스럽다고 해서 기쁨마저 없다는 얘기는 아닙니다. 비록 고통의 극한까지 갈망정 거기에는 이 세상 그 무엇과도 바꿀 수 없는 기쁨과 보람과 행복이 있다는 것입니다.

다시 말하면 고통과 즐거움은 동시적일 수 없지만 고통과 기쁨은 얼마든지 동시적일 수 있다는 얘깁니다. 어머니는 자식들을 위해 온갖 고생을 다하며 아픔을 겪으면서도 더할 수 없는 보람과 기쁨을 느낍니다. 현실의 고통이 즐거움은 앗아갈 수 있을지 몰라도 기쁨마저 빼앗지는 못한다는 것입니다. 이걸 역으로 표현하면 오로지 즐거움만을 추구하는 사람이라면 그 어떤 고통도 견딜 수 없지만, 기쁨과 보람을 찾는 사람이라면 아픔 중에도 얼마든지 기쁨과 행복을 느낄 수 있다는 것입니다. 그래서 기쁨과 즐거움은 다르다고 합니다. 고통과 기쁨은 얼마든지 동시적일 수 있다고 합니다. 바울의 기쁨도 이를테면 그와 같은 것이었습니다. 그래서 최악의 상황이었지만 항상 기뻐할 수 있었던 것입니다.

그런데 여기에는 중요한 전제가 있습니다. 역설적인 기쁨, 전천후의 기쁨을 위해서는 반드시 나의 사랑의 대상이 언제나 나를 가득 채우고 있어야 한다는 것입니다. 어머니가 자식을 위해 온갖 고생을 다하면서도 기뻐하는 이유는 자식이 그 어머니의 마음을 가득 채우고 있기 때문입니다. 그래서 어머니는 자나 깨나 자식 생각을 하며 그 어떤 희생도 기쁨으로 다 감수합니다. 서로 사랑하는 사람들도 마찬가지입니다. 돈이 없어도, 부모가 반대해도, 모든 걸 다 포기할 수밖에 없는 상황에 몰려도 그들은 행복해하며 그것들을 다 감수합니다. 사랑하는 사람이 그들을 가득 채우고 있기 때문입니다. 예술가들도 그렇습니다. 고생스럽고 가난해도 예술을 사랑하는 마음으로 가득 차 있으면 그것만으로도 충분히 기쁘고 행복할 수 있습니다. 우리도 마찬가지입니다. 내 안에 주님이 가득 차면 어떤 경우에도 전천후로 기뻐할 수 있고 감사하며 자족할 수 있습니다. 내 심령이 주님으로 충일하면 어떤 고생이나 희생도 기쁨으로 접수가 됩니다. 즐겁지는 않지만 얼마든지 보람을 느끼며 기뻐할 수는 있습니다.

신앙생활이 기쁘지 않습니까? 신앙생활에 아무런 보람도 못 느끼십니까? 자꾸만 짜증이 나고 부담스럽고 본전 생각이 나십니까? 사랑이 식은 겁니다. 주님에 대한 애정이 고갈돼서 그렇습니다. 그건 사실입니다. 주님으로 충만하면 절대 아깝거나 억울하거나 고되지 않습니다. 어떤 경우에도 바울처럼 기뻐할 수 있습니다. 그러나 주님에 대한 순수한 열정이 사라지고, 장삿속이 발동하면 자꾸만 계산을 하게 됩니다.

주님의 존재 그 자체로 충만해야 합니다. 그렇지 않고 복 받기 위한 수단으로, 즐거움을 추구하기 위한 방편으로 주님을 이용하려 들면 더 이상 그 어떤 고난도 견디지 못합니다. 그 어떤 희생도 감수하지 못하고 자꾸만 뒤돌아보게 됩니다. 그러니 거기에 무슨 기쁨이 있고 보람이 있고 행복이 있겠습니까? 예술가가 예술 그 자체에 심취해야지 그걸 팔아 돈을 벌겠다고 생각하는 순간 이미 거기에는 기쁨이 없습니다. 자식 그 자체를 사랑해야지 이 놈 잘 키워 내가 호강해야겠다고 생각하면 이미 기쁨은 사라집니다. 하나님의 능력을 이용해 부자 되려고 하면 거기에는 절대 보람도 기쁨도 없습니다.

주님의 존재 자체로 충만하십시오. 그것이 진정한 신앙이고, 우리가 항상 기뻐할 수 있는 원초적인 비결입니다. 주님에 대한 사랑으로만 가득 차면 정말 누가 나를 배신하고 대적하고 비난해도, 감옥에 가도, 내 몸에 병이 들어도 우리는 기뻐할 수 있습니다. 주님으로 여러분을 가득 채우십시오. 그래서 늘 바울과 같은 역설적이고도 초월적인 기쁨으로 행복하십시오.

✝ 한걸음더

1 바울과 고린도교회의 고약한 관계를 생각해 보자. 무엇 때문이었는가?

2 즐거움은 고통과 함께할 수 없지만 고통과 기쁨은 함께할 수 있다. 지금 나에게 기쁨을 주는 것은 무엇인지 묵상하고 그것이 참 기쁨인지 정리해 보자.

3 주님의 존재 그 자체로 내 안이 충만해야 신앙생활이 기쁘고 보람 있고 행복하다. 내 안을 채우고 있는 것이 무엇인지 돌아보고 덜어 내야 할 것을 결단하자.

더불어 사는 길

³¹그사이에 제자들이 청하여 이르되 랍비여 잡수소서 ³²이르시되 내게는 너희가 알지 못하는 먹을 양식이 있느니라 … ³⁴예수께서 이르시되 나의 양식은 나를 보내신 이의 뜻을 행하며 그의 일을 온전히 이루는 이것이니라 … ³⁶거두는 자가 이미 삯도 받고 영생에 이르는 열매를 모으나니 이는 뿌리는 자와 거두는 자가 함께 즐거워하게 하려 함이라 ³⁷그런즉 한 사람이 심고 다른 사람이 거둔다 하는 말이 옳도다 ³⁸내가 너희로 노력하지 아니한 것을 거두러 보내었노니 다른 사람들은 노력하였고 너희는 그들이 노력한 것에 참여하였느니라
_요한복음 4:31-38

삶의 보람과 기쁨에 대하여

　　본문에는 주님과 제자들 사이에서 드러나는 몇 가지 뚜렷한 관점의 차이가 확인되고 있습니다. 먼저 '양식'에 대한 이해입니다. 제자들이 동네에 들어가서 사가지고 온 음식을 내놓으며 "랍비여 잡수소서" 하고 권하자 주님은 "내게는 너희가 알지 못하는 먹을 양식이 있느니라"고 하십니다. 제자들이 의아해하며 "누가 잡수실 것을 갖다 드렸는가" 하자 주님은 "나의 양식은 나를 보내신 이의 뜻을 행하며 그의 일을 온전히 이루는 것이라"고 하십니다.

다음은 '때'에 대한 인식의 차이입니다. 35절을 보면 제자들은 아직도 넉 달이 지나야 추수 때가 온다고 합니다. 그러나 주님은 "너희 눈을 들어 밭을 봐라 이미 희어져 추수하게 되었다"고 하십니다.

그리고 또 하나는 삶의 '보람'과 '기쁨'에 관한 이해의 차이입니다. 이게 바로 지금 우리가 주목하고자 하는 주제입니다. 이를테면 제자들은 오직 자기가 심은 것을 자기가 거둘 때, 자기가 뿌린 것을 자기 손으로 추수할 때 누리는 기쁨만을 알 뿐입니다. 그러나 주님은 뭐라고 하십니까? 비록 뿌리는 자와 거두는 자가 다르더라도 그 둘이 함께 누릴 수 있는 기쁨과 보람이 있다고 하십니다(요 4:36). 그러면서 38절에 가서는 가장 중요한 말씀을 하십니다. "내가 너희로 노력하지 아니한 것을 거두러 보내었노니 다른 사람들은 노력하였고 너희는 그들이 노력한 것에 참여하였느니라." 이것은 지금의 내 삶이 과연 어떤 것 위에 세워져 있으며 내가 내 삶에 대해 감사해야 할 이유가 무엇이고, 더 나아가서는 내가 대체 어떤 자세로 살아가야 옳은가를 밝히신 대단히 중요한 말씀입니다.

여러분, 우리는 대개 언제, 어떤 경우에 기뻐하고 또 보람을 느낍니까? 열심히 일하고 수고해서 그 정당한 대가를 내 손으로 거둘 때입니다. 농부가 봄부터 땀 흘려 지은 농사를 추수할 때나 사업하는 사람들이 열심히 뛰어 막대한 수익을 올릴 때 기쁨과 보람을 느끼고 또 성취감을 맛봅니다. 반면 슬플 때는 언젭니까? 내가 노력하고 애쓴 만큼 별로 거두는 게 없을 때입니다. 나름대로 열심히 뿌리고 심었는데도 정작 추수할 게 없을 때 우리는 좌절하고 허탈해합니다.

그러나 여기서 우리가 알아야 할 것은 그런 기쁨 혹은 슬픔 속에는 반드시 "내가 심은 것은 내가 거두어야 한다"는 철저한 이기심이 전제돼 있다는 겁니다. 엄밀히 말하면 그런 사람에게는 참 기쁨이 없습니다. 그에게는 '홀로' 즐기는 기쁨만 있을 뿐, '더불어'의 기쁨은 없습니다. 사실 그런 사람에게는 친구도, 진정한 사랑도 있을 수 없습니다. 모든 사람이 다 자기의 수확의 대상이요 추수의 방편일 뿐이기 때문입니다. 또한 그가 거두는 것은 모두 다 자기의 공로입니다. 오늘의 처지, 오늘의 위상, 오늘의 성공이 다 자기의 노력과 능력의 결과입니다. 따라서 그에게는 하등 감사해야 할 이유가 없습니다. 그렇지 않습니까? 모든 게 다 내가 수고한 대가인데 대체 누구에게 뭘 감사하라는 겁니까?

감사와 기쁨의 역학 관계

그렇다면 감사하는 마음이 없는데도 과연 기쁨이라는 게 있을 수 있을까요?

여러분, 누가 뭐래도 참된 기쁨은 삶의 감격에서 옵니다. 또한 삶의 감격은 반드시 은총이요 은혜라는 느낌이 있을 때, 거저 받았다는 자각이 있을 때만 가능합니다. 그럼에도 자식은 부모의 은혜를 망각하고 다 제 잘나서 오늘에 이른 줄 압니다. 하나님에 대한 우리 인생들의 배은망덕도 바로 그런 겁니다. 오늘 나를 있게 하신 하나님의 숨은 손길을 우습게 여긴다는 겁니다. 심지어는 '하나님의 은혜'라는 개념조차도 불쾌하게 생각하는 사람들이 있습니다. 무슨 자격증을 따듯, 운전면허증을 따듯 내가 노력해서 얻거나 내 손으로 심어서 거둔 것이라면 떳떳하고 당당할 텐데 아무런 대가 없이 거저 받고, 남이 심어 놓은 것을 내가 추수했다고 하니까 왠지 부도덕하게 느껴진다는 겁니다. 어떻습니까? 옳은 태도요 바른 생각입니까?

아닙니다. 도대체 인간사에 내 힘으로, 내 재주로 이룰 수 있는 게 뭐가 있을까요? 다 하나님의 은혜요 하나님의 선물 아닙니까? 우리는 소중한 것일수록 다 하나님께 거저 받습니다. 내 생명, 부모, 자식, 사랑하는 사람, 자연, 조국 등은 모두 소중한데, 무엇 하나 값을 주고 사거나 내가 심어서 거둔 게 없습니다. 오직 하나님이 선물로 거저 주신 것을 받기만 했을 뿐입니다. 바울은 "네게 있는 것 중에 받지 아니한 것이 무엇이냐"(고전 4:7)고 했는데, 정말 그렇습니다. 다 내가 심지 않은 것을 거둔 겁니다. 밥 한 그릇이 내 식탁에 오르기 위해서도 꼭 필요한 것들이 있습니다. 그런데 보십시오! 볍씨도 땅도, 햇볕과 공기와 물도 사람이 만든 게 아니고 다 하나님이 거저 주신 것입니다. 그럼에도 우리는 식탁 앞에서도 변변히 감사할 줄을 모릅니다. 진정한 기쁨과 삶의 감격은 지금의 내 삶이 하나님의 은혜라는 것을 느낄 때만 성립된다는 사실을 결코 잊지 마십시오.

노자의 《도덕경》에 나오는 경구 가운데 "공성이불거"(功成而不居)라는 말이 있습니다. "공을 세웠으면 거기에 머물지 않는다"는 뜻인데, 얼마나 통쾌하고 멋진 가르침인지 모릅니다. 주님이 "뿌리는 자와 거두는 자가 서로 다르다"고 하신 말씀과 그 의미가 같지 않습니까? 대개는 뿌린 자가 자기가 세운 공로 안에 머물며 그 열매를 따먹습니다. 키르케고르(Kierkegaard)는 그런 사람을 "거미형의 인간"이라고 했습니다. 자기가 쳐놓은 공로의 그물에 웅크리고 앉아 거기에 걸려드는 먹잇감을 추수하는 인간 유형 말입니다. 그러나 평생을 수고하고도 그 안에 머물지 않고 미련 없이 훌훌 떠나는 사람들이 있습니다. 얼마나 멋집니까?

오늘 본문은 남이 뿌린 것을 거두는 자의 기쁨만이 아니라 공을 세우되 그 안에 머물지 않는 자의 기쁨도 함께 말합니다.

이는 뿌리는 자와 거두는 자가 함께 즐거워하게 하려 함이니라 _ 요 4:36

지금 자기가 거두는 것이 자기의 공로가 아니요 은혜라고 느끼며 감사하는 자는 바로 그 감격과 기쁨 때문에 자기도 다시 심습니다. 그러나 추수를 목표로 하거나 수확을 당연한 권리로 생각하지 않습니다. 왜 그럴까요? 자기가 거저 받았기 때문이기도 하지만, 그것보다는 심고 뿌리는 일에서 이미 거두는 자의 기쁨과 보람을 함께 누리기 때문입니다. 사실 이런 자에게는 언제나 추수할 때만 있습니다. 넉 달 후가 아니라 지금이 벌써 추수 때입니다. 그에게는 추수 때와 심는 때가 따로 구분되어 있지 않기 때문입니다. "뿌리는 자와 거두는 자가 함께 즐거워한다"는 말씀이 바로 그런 뜻입니다. 그리고 이게 바로 '나 홀로의 기쁨'이 아닌 '더불어의 기쁨'입니다.

생각해 보십시오. 내가 심은 것이니까 반드시 내가 거두겠다는 데는 더이상 '너'의 설 자리가 없습니다. 그러나 내가 심은 것을 남이 거둔다는 사실에서 보람과 기쁨을 느끼는 사람에게는 심고 거두는 그 자체보다도 '너'를 만나는 공존의 기쁨, 상생의 기쁨이 있습니다.

"나는 당신이 심은 것을 거두고, 당신은 내가 심은 것을 거두고!"

여기에 바로 보람과 기쁨과 감사에 찬 삶의 원리가 있고 더불어 사는 삶의 비결이 있습니다.

그럼에도 우리의 현실은 언제나 이와는 정반대입니다. 내가 심었으니 내가 거두겠다는 것은 당연한 것이고, 문제는 네가 심은 것까지도 내가 거두겠다고 합니다. 그것도 수천 배, 수만 배로 말입니다. 이로 인해 우리 사회가 점점 황폐화, 불모화되어 가고 있습니다. 모두가 내 것, 내 권리만 찾고, 내 공로만 내세우기 때문에 어디를 가나 거두려는 사람들만 있지 심고 뿌리겠다는 사람은 없습니다. 그래서 일확천금을 노리는 사기꾼들이 득실거리고, 오늘 심고 오늘 거두려는 전시 풍조가 판을 칩니다. 그러니 여기에 무슨 감사가 있고 보람이 있고 기쁨이 있겠습니까?

심는 이와 거두는 이가 함께 기뻐하는 삶

현대인들은 풍요롭고 부유하지만 결코 행복하지 않습니다. 삶을 즐길 수 있는 모든 조건이 다 구비되어 있지만 결코 즐겁지 않습니다. 왜 그럴까요? 단 하나 그게 '더불어 사는 삶'이 아니기 때문입니다. 내가 가진 부와 풍요를 즐기기에는 가난한 사람들과 빼앗긴 사람들, 억울한 사람들의 원성이 너무 크고 그들의 불행이 내 삶에 긴 그림자를 던지기 때문입니다. 그래서 담장을 점점 더 높여 마침내는 스스로 쌓아 올린 성벽 안에서 홀로 외롭습니다. '잘산다'는 것은 소유의 개념이 아니라 '더불어 사는 삶'을 뜻해야 합니다. "심는 이와 거두는 이가 함께 기뻐하는 삶"을 가리키는 말이어야 합니다.

이제는 수확보다도 심는 일, 묵묵히 뿌리는 일에 더 많은 관심을 가집시다. "내가 거두지도 못할 텐데 뭣 때문에 심는단 말인가!" 하는 낡은 생각을 버리고 누군가가 값지게 거둘 기쁨을 미리 앞당겨 보며 언제, 어디서나 기꺼운 마음으로 심는 자가 됩시다. 〈전도서〉에는 "네 떡을 물 위에 던져라 여러 날 후에 도로 찾으리라"(전 11:1)는 말씀도 있습니다. 흐르는 물 위에 떡을 던지면 지금 당장은 버리는 것 같지만, 그러나 저 하류에서 누군가가 그 떡을 건져 허기진 배를 채울 것입니다. 약삭빠르고 똑똑하다는 사람들이 보기에는 엉뚱하고 어리석은 짓 같지만 실은 그게 바로 은혜로 사는 사람의 참 모습이라는 것입니다. 부디 공을 세우되 그 안에 들어앉지 말고, 씨를 뿌리되 반드시 내가 거두겠다는 생각을 버리고, 누군가가 기쁨으로 수확할 것을 미리 내다보며 보람과 행복을 느끼는 이 시대의 진정한 주의 제자들이 됩시다.

✝ 한걸음더

1 〈요한복음〉 4장 38절을 적어 보자. 동의하는가?

2 남이 심어 놓은 것을 추수하는 일은 부도덕하다고 느끼기 쉽다. 바른 생각인가? 왜 그런가?

3 내가 거두지는 못하지만 무언가를 심은 경험이 있는가?

Eli Eli lema sabachthani
엘리 엘리 라마 사박다니

Part

4

구원

하나님의 구원은 왔다 갔다 하지 않습니다. 여러분이 하나님의 택한 백성이라면, 지옥 가겠다고 아무리 하나님을 욕한다 해도 지옥 갈 일 없습니다. 그래서 우리가 잘 살아야 합니다. 다른 선택의 여지가 없습니다. 부끄러움 없이 주님의 면전에 서기 위해서는 제 대로 살아야 합니다.

십자가의 비밀

예수님을 십자가에 사형시킨 주범

벌써 오래된 얘기입니다. 한국교회가 선교 100주년 기념행
사를 하던 1984년 여름이었으니까 지금으로부터 30년 전입니다. 저는 그
때 독일에서 유학 중이었는데 마침 기회가 주어져 일시 귀국을 했고 교단
총회가 있는 100주년 기념관에서 그 행사에 초청된 독일 목사님 몇 분과
함께 지냈습니다. 그분들의 통역과 가이드를 맡은 것입니다. 하루는 독일
목사님들이 사찰 구경을 하겠다고 해서 멀리 경주 불국사를 찾았습니다.
그날 저는 정말 혼이 났습니다. 하여간 승려들의 머리를 깎는 이유에서부터 그들의 복장, 법당 안의 그림, 글씨까지 뭐든 눈에 띄는 것은 다 꼬치꼬치 물어서 진땀을 뺐습니다. 그중에서도 저를 가장 난감하게 한 것은 대웅전과 석굴암에 좌정한 부처님 상을 보고 "저 부처가 여자냐? 남자냐?" 하고 물었을 때였습니다. 그래서 제가 얼른 "당신 눈에는 어떻게 보이느냐"고 했더니 "여자 같기도 하고 남자 같기도 하다"는 것입니다. 그래서 제가 "그게 정답이다. 원래 여자인 듯하면서도 남자고 남자인 듯하면서도 여자인 게 바로 부처"라고 했습니다. 그러자 또 한 분이 엉뚱한 질문을 했습니다. "부처가 앉아서 손가락으로 동그라미를 그리고 있는 것은 무슨 뜻이냐"는 겁니다. 저는 잘 모르기도 했지만 다시 심각한 얘기를 하고 싶지 않아서 언젠가 들은 우스갯소리를 했습니다. "어느 날 예수님과 부처님이 도박을 했는데 예수님이 그만 지고 말았다. 그래서 부처님이 돈을 달라고 손가락으로 싸인을 보냈고, 예수님은 가진 돈이 없어서 양 팔을 벌리며 없다는 제스처를 취한 것이다" 하고 말입니다. 그 농담 덕분에 한바탕 웃음으로 위기를 잘 넘겼습니다.

아닌 게 아니라 주님의 십자가상과 부처상은 참 대조적입니다. 보십시오. 십자가는 인간이 당할 수 있는 최악의 고통과 모순의 극치입니다. 종과 횡이 교차된 그 한복판에 주님이 못 박혀 꼼짝도 못한 채 피 흘리고 있습니다. 주님의 마지막 비명인 "나의 하나님, 나의 하나님, 어찌하여 나를 버리셨습니까?" 하는 절규를 들으면 그 모습이 더욱 처절합니다. 그러나 불상은 어떻습니까? 그 어떤 모순이나 역경이나 고통도 다 초월한 너무도 평온한 모습입니다. 그래서 그의 얼굴을 한참 쳐다보고 있노라면 정말 인생의 모든 백팔 번뇌가 마치 아침 안개 사라지듯 합니다. 그러나 거기서 눈을 돌리는 순간 '아차, 속았구나!' 하는 느낌이 드는 것도 사실입니다. 왜요? 우리의 현실은 결코 그런 초연을 허락하지 않기 때문입니다. 그래서 불교는 현실을 도피하여 산으로 들어갔고, 기독교는 거리로 나왔는지도 모릅니다. 문화적으로도 불상 밑에서 자란 동양은 정적이고 십자가 밑에서 자란 서양은 동적이지 않습니까? 도대체 십자가란 뭘까요? 십자가가 뭐기에 바울이 "십자가 외에는 결코 자랑하지 않겠다"고 한 것일까요?

주님은 유대인이십니다. 유대인으로 이 땅에 오셨습니다. 그런데 정작 유대인은 주님을 안 믿습니다. 〈2010년 유엔 보고서〉에 따르면 세계 인구는 약 70억 명입니다. 그중에 기독교인 숫자는 신구교를 합쳐 21억 정도입니다. 그 21억 기독교인의 99% 이상이 유대인에게는 이방인입니다. 유대인은 지금도 메시아를 기다리고 있습니다. 그러나 올 리가 없습니다. 이미 오셨기 때문입니다.

유대인은 왜 그렇게 주님을 미워했을까요? 메시아관이 달랐기 때문입니다. 구원관이 달랐기 때문입니다. 유대인은 실로 오랫동안 메시아를 기다려 왔습니다. 그들이 기다린 메시아는 죄인은 벌하고 의인은 구원하는 메시아였습니다. 이것이 그들의 전통적인 메시아관이요 구원관이었습니다. 그런데 주님이 선포하신 구원은 의인이 아니라 죄인을 위한 것이었습니다.

너희는 가서 내가 긍휼을 원하고 제사를 원하지 아니하노라 하신 뜻이 무엇인지 배우라 나는 의인을 부르러 온 것이 아니요 죄인을 부르러 왔노라 하시니라 _마 9:13

주님이 내가 의인이 아니라 죄인을 구하기 위해 왔다고 하시자 유대인이 다 기절한 것입니다. 죄인을 벌하고 의인은 상을 줘야지 어떻게 죄인을 용서하고 의인은 고발합니까? 그런데 주님은 그렇게 하셨습니다. 끝까지 죄인들만 상대하셨습니다. 창녀, 세리, 병자, 가난한 자와 함께 지내셨습니다. 반면에 의인을 자처한 바리새인, 사두개인, 서기관, 레위인은 언제나 비판하시며 '회칠한 무덤', '독사의 자식들'이라고 성토하셨습니다. 그래서 그들이 필사적으로 예수님을 십자가에 못 박으라며 적대시한 것입니다.

그런데 주님을 십자가에 죽인 진정한 주범은 누구일까요? 유대인입니까? 빌라도입니까? 십자가형을 집행한 로마 군인입니까? 아닙니다. 하나님이십니다. 하나님이 그분의 계획대로 주님을 십자가에 다셨습니다.

> 우리가 아직 연약할 때에 기약대로 그리스도께서 경건하지 않은 자를 위하여 죽으셨도다 _ 롬 5:6

여기에 '기약대로'란 계획대로, 예정대로, 각본대로라는 뜻입니다. 그렇습니다. 하나님이 그분의 예정대로 주님을 십자가에 다셨습니다. 주님은 십자가상에서 분명 "엘리 엘리 라마 사박다니", "나의 하나님 나의 하나님 어찌하여 나를 버리셨습니까" 하며 하늘을 향해 외치셨습니다. 하나님이 자신을 버리셨다는 것입니다.

주님이 이 땅에 오셔서 33년간 온갖 고난을 다 당하시다 마지막에 십자가를 지신 것은 당연히 하나님의 계획이었습니다. 그게 얼마나 치밀한 계획이었던지 경악을 금치 못할 정도입니다.

> 그 후에 예수께서 모든 일이 이미 이루어진 줄 아시고 성경을 응하게 하려 하사 이르시되 내가 목마르다 하시니 _ 요 19:28

주님이 십자가상에서 "목마르다" 하신 것도 물과 피를 다 쏟으셨기 때문이 아니라 굳이 하나님의 각본에 따라 그렇게 말씀하신 것이라고 〈요한복음〉은 말합니다. 이어서 예수께서 신 포도주를 받으신 후에 이르시되 다 이루었다 하시고 머리를 숙이니 영혼이 떠나가셨다고 합니다(요 19:30). 보통은 죽은 후에 머리가 떨어지지만, 주님의 경우는 먼저 고개를 숙이시고 그다음에 돌아가십니다. 무슨 뜻일까요? 죽임을 당하셨다기보다는 하나님의 각본대로 죽어 주셨다는 겁니다. 주님은 이렇게까지 철저하게 하나님의 계획대로 사시다 하나님의 각본대로 십자가를 지셨습니다. 마지막 순간까지도 하나님의 연출에 충실하셨다는 겁니다.

철저한 버림과 철저한 순종_일방적으로 구원을 당하다

[53]너는 내가 내 아버지께 구하여 지금 열두 군단 더 되는 천사를 보내시게 할 수 없는 줄로 아느냐 [54]내가 만일 그렇게 하면 이런 일이 있으리라 한 성경이 어떻게 이루어지겠느냐 하시더라 _ 마 26:53-54

얼마든지 천군천사를 불러 대적자와 로마 군대를 제압하고 십자가를 피할 수도 있지만 십자가를 지는 것이 하나님의 뜻이기에 그렇게 순종하시겠다고 주님은 말씀하십니다.

그렇다면 하나님은 왜 주님을 그토록 철저하게 버리셨을까요?

[5]그가 찔림은 우리의 허물 때문이요 그가 상함은 우리의 죄악 때문이라 그가 징계를

받으므로 우리는 평화를 누리고 그가 채찍에 맞으므로 우리는 나음을 받았도다 ⁶우리는 다 양 같아서 그릇 행하여 각기 제 길로 갔거늘 여호와께서는 우리 모두의 죄악을 그에게 담당시키셨도다 _ 사 53:5-6

그렇습니다. 순전히 우리 때문입니다. 그동안 우리가 한 게 있다면 오직 미련한 양같이 각기 제 길로 간 것밖에는 없습니다. 그럼에도 하나님은 우리의 그 모든 죄악을 주님께 홀로 지우심으로 대신 우리를 살려 주신 것입니다. 〈레위기〉 1장 1절 이하를 보면 희생을 드리는 절차가 나오는데, 중요한 게 있습니다. 제물 위에 안수하는 의식입니다. 그것은 곧 제사를 드리는 사람의 죄를 그 제물에게 양도한다는 뜻입니다. 나의 모든 허물을 양에게 전가한다는 뜻의 의식입니다. 그리고 나서 그 양을 잡음으로써 내 죄를 처리하는 것입니다. 그러니까 내가 바치는 양이 죽는다는 것은 곧 내가 죽는 것입니다. 죄 없는 양이 내 죄를 대신 지고 죽어줌으로써 내가 받을 심판을 대신 받는 겁니다. 특히 제물이 되어 내 죄를 대신 지고 갈 희생양은 흠과 티가 없어야 합니다.

세례자 요한은 주님에 대해 "보라 세상 죄를 지고 가는 하나님의 어린양이라"고 했습니다. 주님은 처음부터 우리의 모든 죄를 대신 지고 가실 희생양으로 오셨습니다. 우리의 대속 제물로 오셨습니다. 우리를 구하려다가 실패해서 십자가를 진 것이 아니라 처음부터 우리 대신 십자가에서 죽으러 오신 것입니다. 흔히 사이비 교주들은 주님이 구원 사역에 실패해 십자가에 달렸기 때문에 자기가 대신 왔다며 사람들을 미혹합니다. 그러나 주님은 처음부터 이미 십자가를 지기 위해, 우리를 대신해 하나님의 심판을 받기 위해 희생양으로 오셨습니다.

그러므로 구원이란 나의 선택이나 깨달음, 혹은 내 믿음의 산물이 아닙니다. 100% 주님의 십자가를 통해 이루어진 하나님의 은혜입니다. 우리 중 누구도 40일 금식 기도하고, 철야하고, 내 몸을 남을 위해 내어 준 대가로 구원받은 사람은 없습니다. 믿고 회개하기보다는 항상 그릇 행하여 각기 제 길로 간 것뿐인데 하나님이 주님께 우리의 죄를 담당시키고 참혹한 저주를 받게 하고 대신 우리를 살려 주신 겁니다. 우리가 스스로 하나님을 생각하고, 구원의 필요를 느낄 가능성은 전혀 없습니다. 우리는 구원이 무엇인지, 왜 필요한지를 전혀 몰랐습니다. 영적으로 완전히 죽은 상태였기 때문입니다. 그런데 하나님이 주님을 통해 우리로 하여금 일방적으로 구원을 당하게 하신 겁니다.

십자가, 구원의 신비

그렇다면 왜 하필 십자가입니까? 유사 이래 사탄이 우리를 위협해 온 최대의 무기가 바로 죽음이었기 때문입니다. 사탄은 늘 죽음으로 우리를 협박합니다. 죽음 앞에서는 누구도 꼼짝하지 못합니다. 따라서 죽음은 반드시 죽음으로 이겨야 합니다. 총을 든 강도가 우리를 위협합니다. 강도가 하라는 대로 다 하지 않으면 죽습니다. 그런데 어느 날 주님이 우리 앞에 나타나셔서 그 강도를 향해 나를 대신 쏘라고 하셨습니다. 결국 강도는 쐈고, 주님은 그 총에 맞아 죽으셨습니다. 그런데 그게 다가 아니었습니다. 죽으셨던 주님이 사흘 만에 다시 부활하신 것입니다.

지금까지 오로지 총만 믿고 남의 생명을 약탈해 온 강도인데, 주님이 그의 총을 맞고도 다시 살아나셨다면 사탄은 이제 어떻게 해야 합니까? 달아

나는 수밖에 없습니다. 주님은 죽음에서의 부활을 통해 그렇게 사탄의 권세를 이기셨습니다. 더 이상 죽음으로 사람들을 위협하지 못하도록 근본적인 조치를 취하신 것입니다. 부활장인 〈고린도전서〉 15장에서 바울이 기가 막히게 고백했습니다.

사망아 너의 승리가 어디 있느냐 사망아 네가 쏘는 것이 어디 있느냐 _ 고전 15:55

이제 사망은 더 이상 우리를 위협하지 못합니다. 더 이상 총을 쏘지 못합니다. 이것이 바로 구원의 신비입니다.

이를 위해 주님은 필연적으로 십자가를 지실 수밖에 없었습니다. 그래서 바울이 자신의 그 화려한 '스펙'을 모두 배설물로 여기고 오로지 십자가만을 알고 십자가만을 자랑하겠다며 다짐하고 맹세한 것입니다. "내게는 우리 주 예수 그리스도의 십자가 외에 결코 자랑할 것이 없다"고 한 그의 고백은 결코 과장이 아니었습니다. 그에게는 정말 십자가보다 더 소중하고 더 위대한 것은 없기 때문입니다. 바울의 이런 고백과 결단이 우리 모두의 것이 되기를 진심으로 기원합니다.

✝한걸음더

1 예수님을 십자가에서 죽인 주범은 유대인도, 빌라도도, 로마 군인도 아닌 바로 하나님이시다. 왜 그러신 걸까?

2 십자가, 죽음은 인류의 구원을 위해 꼭 쟁취해야 할 승리였다. 왜 그런가?

소크라테스의 죽음과 예수의 죽음

¹⁸그리스도께서도 단번에 죄를 위하여 죽으사 의인으로서 불의한 자를 대신하셨으니 이는 우리를 하나님 앞으로 인도하려 하심이라 육체로는 죽임을 당하시고 영으로는 살리심을 받으셨으니 ¹⁹그가 또한 영으로 가서 옥에 있는 영들에게 선포하시니라 _ 베드로전서 3:18-19

영혼 불멸인가, 죽은 자의 부활인가

현대 신학의 흐름 가운데 '구속사 신학'(Heilsgeschichtliche Theologie)이 있습니다. 스위스 바젤대학에서 재직하다 지난 1999년에 소천한 오스카 쿨만(Osca Cullmann) 교수는 이 신학을 대표하는 신학자 가운데 한 분입니다. 〈영혼 불멸인가 죽은 자의 부활인가〉라는 논문을 발표해 세계적으로 큰 반향을 일으켰는데, 거기에 보면 소크라테스의 죽음과 예수님의 죽음을 아주 치밀하게 비교하는 대목이 나옵니다.

주전 470년에 태어나 399년에 독배를 마신 그리스의 소크라테스에 대해서는 여러분도 잘 아실 겁니다. 아테네 법정이 그에게 "젊은이들을 타락시키고, 국가가 숭배하는 신 외에 다른 신을 전파한다"는 죄목으로 사형을 선고했을 때 그는 얼마든지 살 수 있는 길이 있었음에도 "악법도 법이라"며 굳이 망명하지 않고 독배를 받습니다. 그의 제자 플라톤이 쓴 《소크라테스의 변명》, 《파이돈》 등에 소크라테스의 법정 최후진술이며 죽음을 앞둔 그의 행보가 잘 소개되어 있습니다. 소크라테스의 마지막 모습은 너무도 의연하고 침착했습니다. 제자들과 함께 영혼 불멸에 관한 긴 토론을 벌이고, 또 제자 크리톤에게 "내가 아스클레오피스에게 닭 한 마리 빚진 게 있으니 자네가 대신 좀 갚아 달라!"는 부탁까지 하고는 초연하게 독배를 마십니다.

그렇다면 주님의 최후는 어땠습니까? 소크라테스의 죽음과는 너무도 대조적이고 참혹했습니다. 죽음 앞에서 전혀 흐트러짐이 없었던 소크라테스와는 달리 주님은 너무도 힘들어하셨고 괴로워하시며 마지막 순간까지도 그 죽음의 잔을 피하고 싶어 하셨습니다. 잡히던 날 밤 겟세마네 동산에서는 제자들에게 "내 마음이 심히 고민하여 죽게 되었다"고 하시며 땀방울을 핏방울처럼 흘리면서 기도하셨다고 합니다.

[33]베드로와 야고보와 요한을 데리고 가실새 심히 놀라시며 슬퍼하사 [34]말씀하시되 내 마음이 심히 고민하여 죽게 되었으니 너희는 여기 머물러 깨어 있으라 하시고 [35]조금 나아가사 땅에 엎드리어 될 수 있는 대로 이때가 자기에게서 지나가기를 구하여 [36]이 르시되 아빠 아버지여 아버지께는 모든 것이 가능하오니 이 잔을 내게서 옮기시옵소서 그러나 나의 원대로 마시옵고 아버지의 원대로 하옵소서 하시고 _ 막 14:33-36

〈마가복음〉에는 14장에서는 주님이 "심히 놀라시고 슬퍼하시며" 기도 하셨다고 전하는데 〈히브리서〉 5장 7절은 그때 주님이 심한 통곡과 눈물로 하나님께 간구했다고도 합니다. 그러다 결국 십자가에 달려 "엘리 엘리 라마 사박다니, 나의 하나님 나의 하나님 어찌하여 나를 버리셨습니까?" 하며 운명하시지 않았습니까? 주님은 확실히 죽음을 두려워하셨습니다.

자, 그렇다면 너무도 침착하고 의연했던 소크라테스의 최후와 너무도 나약한 모습을 보인 주님의 최후는 대체 어디서 온 차이일까요? 그것은 죽음에 대한 소크라테스의 이해와 주님의 이해가 달랐기 때문이라고 쿨만 교수는 말합니다.

소크라테스는 죽음과 인간을 철저히 이원론적으로 이해하였습니다. 헬레니즘은 영과 육을 엄격히 구분하고 영혼이 참이고, 빛이고, 불멸하는 영원한 실체라고 합니다. 반면 육은 어둠입니다. 거짓이고, 영혼을 가두는 감옥이며, 영혼을 결박하는 족쇄입니다. 따라서 죽음을 두려워할 이유가 없습니다. 왜냐하면 인간의 참된 구원과 해방이란 내 영혼이 누추하고 거추장스럽고 악마적인 육신을 벗어던지는 것이기 때문입니다. 이게 바로 그리스 사람들이 생각한 궁극적 구원입니다. 그래서 그들은 죽음을 두려워하거나 굳이 회피할 이유가 없었습니다. 죽음으로써만 영혼이 자유로워지기 때문입니다. 적어도 당시 소크라테스가 이해한 죽음은 그런 것이었습니다. 그래서 자신의 죽음을 흐트러짐 없이 받아들일 수 있었다는 게 쿨만 교수의 해석입니다.

그럼 헬레니즘의 이원론과는 대립되는 헤브라이즘의 전통은 어떤 겁니까? 헤브라이즘의 죽음, 당시 주님이 받아들이셨던 죽음은 어떤 것이었을까요? 통전적이고도 일원론적이었습니다. 여러분, 주님은 의인으로 죽으셨습니까, 죄인으로 죽으셨습니까? 주님의 존재 자체는 의인이셨지만, 십자가에 달리실 때는 유사 이래 둘도 없는 죄인으로 죽으셨습니다. 전 인류의 죄를 홀로 지고 십자가에 달리셨기 때문입니다. 그래서 "나의 하나님 나의 하나님 어찌하여 나를 버리셨습니까?" 하신 것처럼 하나님도 실제 주님을 버리셨습니다. 그것은 인류의 죄에 대한 하나님의 진노요 심판이요 저주였습니다.

그렇다면 이제 하나 물어 보겠습니다. 여러분, 죄인이 죽으면 어디로 갑니까? 천국 갑니까? 지옥 갑니까? 연옥 갑니까? 유사 이래 최악의 죄인, 전 인류의 죄를 홀로 담당하사 하나님께 저주받아 죽으신 주님은 십자가에서 운명하신 후 그 영혼이 대체 어디로 가셨느냐는 질문입니다. 지옥에 가셨습니까? 아니면 천국에 가셨습니까? 아니면 육체와 함께 사흘간 무덤에 갇혀 계셨습니까? 그것도 아니라면 사흘간 그냥 구천을 떠돌다 다시 부활하셨습니까?

십자가에서 운명하신 주님의 영혼은 어디로 가셨나

지옥에 가셨습니다. 이 대답이 불경스럽습니까? 신성 모독입니까? 이단입니까? 차마 주님이 지옥에 가셨다는 고백만큼은 못하시겠습니까? 그렇지만 주님은 십자가를 지고 돌아가신 후 지옥에 가셨습니다. 만약 우리가 이 사실을 믿지 못하고 이걸 정직하게 고백하지 못한다면 우리의 믿음은 헛것입니다. 그렇잖습니까? "주님이 우리를 대신해 죽으셨다, 주님이 우리의 죄를 대속하셨다, 주님이 우리 대신 하나님의 진노와 저주와 심판을 당하셨다"는 고백의 참된 뜻, 원색적인 의미는 "주님이 우리의 죗값을 치르시기 위해 우리 대신 지옥의 형벌을 당하셨다"는 겁니다. 인류가 범한 죄는 오직 지옥의 형벌을 통해서만 상쇄할 수 있습니다. 따라서 주님이 정말 우리의 죄를 대속하기 위해 죽으셨다면 지옥행은 필연적이었습니다. 주님도 그분 앞에 놓인 십자가가 무엇을 의미하는지를 누구보다도 잘 알고 계셨습니다. 그래서 그토록 무서워하며 피하고 싶어 하셨고 고뇌하며 피눈물을 흘리셨던 겁니다. 단순히 십자가에 달려서 당하실 육체적 고통이 두렵고 무서워 그토록 괴로워하신 것은 아니었습니다. 지옥행이 두려우셨던 겁니다.

우리는 이 엄숙한 사실을 바르게 알고 정직하게 고백해야 합니다. 왜냐하면 이게 바로 기독교 구속론의 백미이기 때문입니다. 만일 주님이 그때 지옥에 안 가셨다면 우리가 가야 합니다. 그러나 주님이 우리 대신 지옥을 가셨기에 이제 우리는 지옥이 아니라 천국을 가게 된 것입니다. 기독교의 구속론은 우리가 당해야 할 저주와 지옥 심판을 주님이 대신 당하셨다는 것입니다. 이것이 바로 대속이요 속량이요 구속의 본질입니다. 그래서 그게 아무리 불편한 진실이라 해도 이를 확신하고 또 담대히 고백해야 합니다. 이 믿음이 구원을 보장합니다.

¹⁸그리스도께서도 단번에 죄를 위하여 죽으사 의인으로서 불의한 자를 대신하셨으니 이는 우리를 하나님 앞으로 인도하려 하심이라 육체로는 죽임을 당하시고 영으로는 살리심을 받으셨으니 ¹⁹그가 또한 영으로 가서 옥에 있는 영들에게 선포하시니라

_벧전 3:18-19

〈베드로전서〉 3장 18-19절 말씀은 대단히 난해합니다. 지금도 여전히 해석상의 논란이 많은 대목 중 하나입니다. 그럼에도 이 말씀의 요지가 뭡니까? 주님이 죽어 지옥에 가셨다는 것입니다. 베드로 사도가 말한 '옥'이란 '풀라카이', 감옥이란 말로 '지옥'을 가리킵니다. 이게 베드로의 고백입니다. 그리고 또 하나 중요한 문건이 있습니다. 사도신경입니다. 교회가 2세기부터 즉 교부 시대 때부터 고백해 온 신앙고백문을 주후 750년에 와서 공인한 것(포르마 레쳅타: Forma Recepta)이 바로 사도신경입니다. 그런데 우리나라 사도신경은 다른 나라 사도신경과 좀 다릅니다. 찬송가 앞쪽에 나와 있는 사도신경의 각주 2번을 한번 보십시오. 원문에는 있는 "장사되시어 지옥에 내려가신 지"가 우리 번역에는 빠져 있습니다. 그래도 가톨릭은 이 대목을 빼지 않고 "십자가에 못 박혀 돌아가시고 묻히셨으며 '저승에 가시어' 사흘 날에 죽은 이들 가운데서 부활하시고"라고 번역했습니다. '지옥'이란 말 대신 '저승'이라고는 했지만 그래도 우리 번역보다는 낫습니다. 놀랍게도 고신파는 작년 총회 때 이 대목을 "음부에 내려가사"라는 번역으로 사도신경에 포함시켰습니다. 왜냐하면 "주님이 지옥에 내려가셨다"는 고백은 사도신경뿐 아니라 신구교가 가장 널리 채택하고 있는 '아타나시우스 신경', '니케아 신조', '하이델베르그 교리문답서'에도 다 나오기 때문입니다. 영어나 독일어 사도신경에도 물론 이 대목이 들어가 있습니다.

그렇다면 원본에는 있는 문구를 우리는 왜 뺐을까요? 신학적, 교리적 성찰의 결과라기보다는 주님이 지옥에 가셨다는 사실이 정서적으로 용납이 안 된다는 거지요. 심정적으로 받아들이기가 어렵다는 겁니다. 원문대로 번역해 놨다가는 당장 "그 무슨 망발이냐? 주님이 지옥에 가셨다니 그 무슨 신성 모독이냐?" 하는 논란에 휩싸일 게 뻔해서 이를 피하기 위해 아예 뺀 겁니다. 오스카 쿨만 교수는 주님이 육체로만 십자가에 달리시고 영은 지옥에 가시지 않았다면 기독교의 구원론은 반쪽짜리 구원론일 뿐이라며, 그럼 우리의 영의 허물은 누가 사해 주느냐고 묻습니다. 그러면서 주님이 십자가에 달리셨을 때 그의 영이 지옥 형벌을 받지 않았다는 주장은 헤브라이즘 전통의 일원론적 인간 이해나 통전적인 성서적 구원론이 아니라 헬라적인 이원론이라고 단정합니다.

"그가 징계를 받음으로 우리가 평화를 누리고, 그가 채찍에 맞음으로 우리가 나음을 입었고, 그가 지옥에 가심으로 우리가 천국을 가고, 그가 저주를 받으시므로 우리가 축복과 구원을 받게 됐다"는 게 복음의 진수 아닙니까? 기독교는 윤리나 도덕이 아닙니다. 주님이 우리 대신 지옥 가셨다는 겁니다. 그래서 이제 우리는 지옥 갈 일이 없어졌다는 겁니다.

또 하나 의문이 생깁니다. "주님이 우리 인생의 죄를 지고 지옥에 가셨다면, 어째서 단 사흘만 계셨을까?" 하는 겁니다. 그것은 주님의 몸값, 핏값 때문입니다. 이틀만 계시기에는 우리의 죄가 너무 중했고, 나흘을 계시기에는 주님의 피가 너무 값져서 딱 사흘을 계신 겁니다.

그렇습니다. 주님은 하나님의 독생자십니다. 하나님께는 주님이 이 세상을 다 준다 해도 절대 바꿀 수 없는 존재입니다. 과거와 현재와 미래의 전 인류의 생명과도 바꿀 수 없는 존재입니다. 따라서 우리가 지옥에 간다면 그건 종신형이지만, 주님은 너무도 값비싼 분이시기에 사흘만 계시는 것으로도 전 인류의 죗값을 다 갚기에 충분하셨습니다. 그래서 주님의 피는 보혈(寶血)입니다. 우리는 주님의 부활을 통해 주님이 나의 죄 문제를 완벽하게 해결하셨다는 사실을 확인할 수 있어야 합니다. 사흘간의 지옥살이로 내 죗값을 다 치르시고 더는 거기에 계실 필요가 없어 부활하셨다는 사실을 믿어야 합니다. 따라서 주님의 부활이야말로 우리의 구원의 분명한 물증이요 담보라는 것입니다.

주님이 십자가의 죽으심과 사흘 만에 부활하심을 통해 우리의 구원을 넉넉히 이루셨음을 확신하십시오. 나를 위해 지옥까지 가시고, 거기서 내 죗값을 다 지불하신 후 다시 부활하사 내 구원을 확증해 주신 은혜에 깊이 감사합시다.

✝한걸음더

1 죽음을 인간의 구원이자 해방으로 본 헬라 철학과 헤브라이즘은 어떻게 다른가?

2 십자가에서 돌아가신 주님의 영혼은 지옥에 가셨다! 왜 그런가? 동의할 수 있나?

3 부활을 통해 주님께서 우리의 죄 문제를 완전하게 해결하셨다. 그게 믿어지는가?

하나님의 딜레마

예수께서 신 포도주를 받으신 후에 이르시되 다 이루었다 하시고 머리를 숙이니 영혼이 떠나가시니라 _ 요한복음 19:30

주님을 십자가에 다신 하나님

저는 독일에서 10년을 살았습니다. 중부 지방인 본에서 4년, 남부인 뮌헨에서 6년을 살았습니다. 뮌헨에서는 시내에서 약 24km 정도 떨어진 '하임하우젠'이란 시골에서 살았는데 뮌헨과 그곳 사이에 '다카우'라는 작은 도시가 있습니다. 다카우는 세계적으로 악명이 높습니다. 거기에 히틀러 시대에 만든 유대인 강제 수용소(kz)가 있었기 때문입니다. 폴란드는 아우슈비츠, 독일은 다카우입니다. 다카우 가스실에서 무려 20만 명이 죽었습니다. 히틀러는 시신을 화장할 때 나오는 기름으로 비누를 만들

Part 4 구원

어 군에 보급했고, 금이빨을 뽑아 금괴를 만들었습니다. 그게 지금도 그대로 전시되어 있습니다. 그래서 독일 사람들은 다카우를 참 부끄러워합니다. 그럼에도 어두운 지난 역사를 잊지 않으려고 다카우 강제 수용소를 그대로 보존하고 있습니다.

유럽 사람은 유대인을 참 싫어합니다. 얼마나 싫어하면 뱀과는 잘 수 있어도 유대인과는 같이 못 잔다고 했을까요. 히틀러는 그런 유럽인의 뿌리 깊은 반유대 감정을 이용해 600만 명이나 살해했습니다. 사실 히틀러가 혼자 600만 명을 죽인 게 아니라, 유럽 사람이 다 힘을 모은 겁니다. 그들이 다 공범입니다. 그렇다면 유럽인은 왜 유대인을 그렇게 미워했을까요? 믿거나 말거나 유대인이 예수님을 죽였기 때문이라고 합니다. 히틀러의 자서전인 《나의 투쟁》(Mein Kampf)를 보면, 실제 예수님의 십자가를 얘기하며 유대인을 성토합니다. 그런데 이미 말씀드렸듯이 십자가 사건의 주범은 하나님이십니다.

하나님이 주님을 십자가에 다셨습니다. 정말 하나님은 한 치의 오차도 없이 그분의 계획대로 주님을 십자가에 다셨습니다. 얼마나 그 계획이 철저했는지 경악을 금치 못할 정도입니다.

> 그 후에 예수께서 모든 일이 이미 이루어진 줄 아시고 성경을 응하게 하려 하사 이르시되 내가 목마르다 하시니 _요 19:28

이게 말이 됩니까? 십자가에 달려 물과 피를 다 쏟으셨기에 목마르다 하신 게 아니고, 성경을 응하게 하시려고 그랬다는 겁니다. 다시 말해 하나님이 써주신 대사대로, 하나님의 각본대로 내가 목마르다고 한 것입니다. 주님이 오전 9시에 못 박혀 물과 피를 다 쏟은 후 오후 3시에 돌아가셨으니 실제 얼마나 목이 말랐겠습니까? 그런데도 하나님의 각본대로 목마르다고 하신 겁니다. 목마르다는 비명 한마디조차도 하나님의 각본이라는 겁니다. 십자가 사건은 이렇게 정밀하게 하나님의 계획대로 일어난 사건입니다.

다 이루었다 하시고 머리를 숙이니 영혼이 떠나가시니라 _ 요 19:30

여러분, 이 대목을 어떻게 생각하십니까? 사람이 죽을 때 죽어야 고개가 떨어집니까, 아니면 고개가 떨어지고 죽습니까? 죽어야 고개가 떨어지지 않습니까? 그런데 본문은 머리를 숙이니 영혼이 떠나갔다고 합니다. 십자가에서 물과 피를 다 쏟으며 고통을 받을 대로 다 받고 진이 빠져 고개를 숙이니까 하나님이 영혼을 데려가셨다는 겁니다. 이렇게 십자가 사건은 우연이 아닙니다. 그런 의미에서 십자가 사건의 진정한 주범은 하나님입니다.

다 이루었다는 주님의 최후 선언

"다 이루었다"는 최후 선언도 마찬가지입니다. 무엇을 다 이루셨다는 겁니까? 가장 비참한 형에 처해지신 이가 마지막 순간에 "다 이루었다"고 하는 게 어울리는 말입니까? 이것은 하나님의 뜻을 다 이루시고, 하나님의 각본대로 인간 구원의 프로젝트를 다 완성하셨다는 뜻입니다. 우리가 피상적으로만 보면 예수님이 인간 구원을 위해 오셨다가 가룟 유다가 배신하는 바람에 일을 다 마치지도 못하고 본의 아니게 십자가에 달렸다고 생각되지만, 그게 아니라는 겁니다. 실패한 죽음이 아니라는 겁니다. 하나님의 각본대로 모든 것을 완벽하게 다 이루셨다는 겁니다. 그러므로 이 선언은 대단히 장엄한 것입니다.

그럼 대체 십자가가 무엇인데 그것으로 인간 구속의 사역을 다 이루셨다고 선포하신 겁니까? 이 부분을 생각해 보셨습니까? 주님이 달려 돌아가셨기에 기독교의 상징이 되고 우리의 영원한 구원의 표상이 된 것이지 십자가는 끔찍한 형틀입니다. 인간이 고안해 낸 사형틀 가운데 가장 잔인한 것입니다. 십자가 형틀의 특징이 무엇일까요? 빨리 죽는 걸 용납하지 않는다는 겁니다. 십자가가 가장 무서운 게 바로 이것 때문입니다. 아주 조금씩 죽게 합니다. 어떤 사람은 24시간 동안 서서히 죽었다고 합니다. 예수님은 6시간 만에 운명하셨습니다. 그래서 돈 있는 사람들은 로마 군인들에게 뇌물을 써 빨리 죽여 달라고 했는데, 예수님도 창에 옆구리를 한 번 찔리셨기에 빨리 운명하신 겁니다.

저는 늘 그런 의문이 있었습니다. 대체 왜 하나님이 인간 구원의 방법으로 십자가를 택하셨을까? 하나님은 전지전능한 분이신데 왜 가장 고약한 십자가라는 방법을 통해 인간을 구원하셨을까? 십자가는 너무도 엽기적이지 않습니까? 좀 더 품위 있고 우아한 방법을 택하실 수도 있을 텐데 왜 십자가였을까요? 사도 베드로는 "이것은 하늘로부터 보내신 성령을 힘입어 복음을 전하는 자들로 이제 너희에게 알린 것이요 천사들도 살펴보기를 원하는 것"(벧전 1:12)이라고 합니다. 십자가의 방법이 너무도 신비하고 오묘해서 천사들조차도 신기해한다는 말입니다. 천사들도 납득이 안 되어 좀 더 자세히 알아보기를 원하는 것이 십자가라는 겁니다.

인류를 구속하기 위한 하나님의 용의주도한 플랜

그럼 주님이 십자가를 통해 무엇을 다 이루셨다는 것인지, 하나님은 왜 우리를 굳이 십자가를 통해 구원하셨는지를 살펴보겠습니다. 이것을 이해하기 위해서는 먼저 하나님의 속성을 알아야 합니다. 하나님의 고유한 속성은 우선 '공의'입니다. 이 공의라는 속성 때문에 우리는 하나님을 거룩한 분이라고 합니다. 우리가 선을 행하면 그만큼 상을 주시고, 우리가 죄를 지으면 악을 범한 만큼 벌을 주시는 분이 하나님입니다. 어떤 경우에도 우리가 죄를 짓거나 잘못을 범하면 하나님은 우리에게 벌을 주셔야 합니다. 만약 우리가 죄를 범했는데도 징계하지 않으시면 그것은 하나님이 자신을 스스로 범하는 것입니다.

그런데 성경은 모든 사람이 죄인이라고 합니다. 왜 그럴까요? 숙명적으로 원죄를 쓰고 태어나기 때문입니다. 우리는 날 때부터 아담의 후손입니다. 그래서 또 불가항력적으로 죄를 짓습니다. 그러니까 원죄 때문에 죄인이기도 하지만 자범죄 때문에 죄인이기도 합니다. 공의로우신 하나님의 법에 의하면 "죄의 삯은 사망"입니다. 따라서 전 인류가 죽을 수밖에 없는 상황에 놓인 겁니다.

그런데 하나님의 속성 가운데는 '사랑'도 있습니다. 사랑이 하나님은 아니지만, 하나님은 사랑이십니다. 이게 하나님의 딜레마입니다. 공의를 발휘하자니 사랑에 저촉이 되고, 무조건 용서하자니 공의에 저촉됩니다. 그런데 하나님께는 제3의 속성이 있습니다. 그게 바로 '지혜'입니다. 그 지혜에서 착상된 게 십자가입니다. 서로 대립되는 사랑과 공의를 절묘하게 관철시킨 것이 바로 십자가입니다. 주님 한 분께 우리의 모든 죄를 지우고 심판하신 겁니다. 실제 하나님은 주님을 버렸고 저주했고 징계하셨습니다. 그렇게 함으로써 우리의 죄를 심판하셨고, 주님 한 분을 응징하고 심판하심으로 우리를 죽음에서 건지신 겁니다. 그렇게 우리에 대한 사랑을 관철하신 겁니다. 그러므로 수직적인 하나님의 공의와 수평적인 사랑의 교차점이 바로 십자가입니다. 인간 구원의 용의주도한 성취가 바로 십자가입니다.

구약 시대 때는 사람이 죄를 지으면 대신 죽을 제물이 필요했습니다. 그런데 주님 한 분이 십자가에 달리시는 것으로 어떻게 전 인류의 죄가 다 용서함을 받을 수 있을까요? 과거와 현재와 미래의 전 인류의 죄를 다 사할 수 있을까요? 주님의 피가 보혈이기 때문입니다. 주님은 전무후무한 존재입니다. 우리의 피는 아담의 죄로 얼룩져 있지만 주님은 다릅니다. 하나님께 주님은 전 인류와 우주를 다 주고도 바꿀 수 없습니다. 그런 존재인 주님의 피가 어떻게 인류의 죄를 사할 수 없다는 것이냐고 〈히브리서〉는 주장합니다. 보혈의 의미를 깊이 새깁시다. 주님의 피는 값진 피입니다. 부활이 바로 그 사실을 증거합니다. 우리가 주님의 부활을 볼 때 "주님이 죽음으로써 내 죄를 다 사하시고도 남았구나"를 깨닫는 것입니다. 주님이 십자가에서 다 이루셨습니다.

✝ 한걸음 더

1 예수님은 십자가에서 다 이루셨다고 선포한다. 무엇을 이루셨는가?

2 하나님의 '인간 구속 플랜'대로 주님이 십자가를 지셨다. 왜 십자가였는가?

오호라, 나는 곤고한 사람

Chapter 17

7:19내가 원하는바 선은 하지 아니하고 도리어 원치 아니하는바 악은 행하는도다 20만일 내가 원치 아니하는 그것을 하면 이를 행하는 자가 내가 아니요 내 속에 거하는 죄니라 21그러므로 내가 한 법을 깨달았노니 곧 선을 행하기 원하는 나에게 악이 함께 있는 것이로다 … 24오호라 나는 곤고한 사람이로다 이 사망의 몸에서 누가 나를 건져 내랴 … 8:1그러므로 이제 그리스도 예수 안에 있는 자에게는 결코 정죄함이 없나니 2이는 그리스도 예수 안에 있는 생명의 성령의 법이 죄와 사망의 법에서 너를 해방하였음이라 _로마서 7:19-8:2

선을 행하려는 내게 악이 함께 있다_깊고 집요한 죄의 뿌리

본문은 바울의 처절한 실존적 고백이자 오늘 우리들의 자기분열이며 자가당착이요 또 모순이고 아픔입니다. "내가 원하는바 선은 하지 아니하고 도리어 원치 아니하는바 악은 행하는도다"(롬 7:19), "선을 행하기 원하는 나에게 악이 함께 있는 것이로다"(롬 7:21), 그리고 계속해서 "내 속 사람으로는 하나님의 법을 즐거워하되 내 지체 속에서 한 다른 법이 내 마음의 법과 싸워 내 지체 속에 있는 죄의 법 아래로 나를 사로잡아 오는 것을 보는도다" 하더니 마침내 비명을 지릅니다. "오호라 나는 곤고한 사람

이로다 이 사망의 몸에서 누가 나를 건져내랴"(롬 7:24) 하고 말입니다.

그런데 바울이 언제 이렇게 죄 때문에 심각한 분열을 겪으며 괴로워서 비명을 지른 겁니까? 예수를 믿기 전이었나요? 기독교로 개종하기 전이었습니까? 사도가 되기 전이었나요? 아닙니다! 놀랍게도 예수를 믿은 지 한참 지나섭니다. 바울이 언제 회심했습니까? 주님이 부활 승천하신 다음 해인 주후 34년쯤으로 추정합니다. 그럼 이 〈로마서〉는 언제 썼습니까? 주후 57년, 제3차 전도 여행 중 고린도에 3년간 머물 때 쓴 것입니다. 그러니까 유대교에서 기독교로 개종하고, 유대교 전사에서 기독교의 사도가 된 지 벌써 20년도 더 된 시점에 쓴 글입니다. 그럼에도 그는 여전히 자기가 원하는바 선은 행치 않고, 원치 않는바 악만 행한다며 괴로워하고 있습니다.

바울은 2,000년 기독교사에서 가장 위대한 인물로 꼽히는 성자입니다. 그런 바울이 회심하고 사도가 된 이후까지도 여전히 죄 때문에 갈등하고 고통하며 절규하고 있습니다. 도대체 왜 이런 모순이 발생할까요? 이런 아픔은 어디서 오는 걸까요? 비록 예수를 믿고 새사람으로 거듭나긴 했어도 우리 몸에는 여전히 죄의 잔재가 남아 있어서 그렇습니다. 죄의 구속력, 죄의 막강한 영향력이 여전히 우리 몸을 지배하고 있어서 그렇습니다. 옛 사람의 습성, 근성이 아직도 내 몸에 배어 있는 겁니다. 그래서 우리는 여전히 선보다는 악을 더 즐깁니다. 죄에 더 익숙하고 죄가 훨씬 더 편합니다. 분명 신분은 바뀌었음에도 내 몸에는 여전히 죄의 관성이 남아 있습니다. 마치 수십 년간 피우던 담배를 끊기가 쉽지 않은 것과 꼭 같습니다. 아무리 끊었다고 해도 내 몸에 아직 니코틴의 잔재가 있어서 기회만 되면 또 피우고 싶습니다. 술이나 마약도 그렇지 않습니까? 그런데 죄는 이보다 훨씬 더 독하고 무섭습니다.

원래 우리나라 사람의 정서는 고려 시대까지만 해도 참 적극적이고 활달하고 대범하고 긍정적이었다고 합니다. 그런데 조선 시대에 들어와 유학에 얽매이면서부터 사고가 경직되기 시작했다는 것입니다. 그리고 일제 강점기 36년을 거치면서 더욱 냉소적으로 부정적으로 변해 오늘에 이르렀다고 합니다. 유대인도 그렇습니다. 바벨론 포로 시절 그들은 참으로 많은 것을 잃었습니다. 포로 귀환 이후 약 400년이 지난 주님 시대까지도 그들은 여전히 자기들의 언어인 히브리어를 쓰지 않고, 바벨론 방언인 아람어를 사용하고 있었습니다. 주님의 최후 비명인 "엘리 엘리 라마 사박다니"도 아람어입니다. 70년간의 포로 생활의 후유증 치고는 참 지독하지 않습니까?

그런데 죄가 그렇습니다. 그 뿌리가 얼마나 깊고 집요한지 모릅니다. 엄밀히 말하면 우리는 다 죄의 종에서 하나님의 자녀라는 신분으로 그 소속만 달라졌을 뿐 옛 습관이나 성품이 달라지거나 새로워진 것은 아닙니다. 누구도 예수를 믿는다고 당장 천사가 되는 것은 아닙니다. 구원파에서는 사람이 중생하면 더 이상 죄를 짓지 않는다고 합니다. 중생하면 그 순간부터 내 안에 내가 아니라 그리스도가 사시기 때문에 더 이상 죄를 지을 수 없다는 것입니다. 많은 사람이 그 집단에 쉽게 넘어가는 이유는 바로 이 교리 때문입니다. 그러나 그것은 잘못된 주장입니다. 예수를 믿는다고 당장 죄와 결별할 수 있는 것은 아닙니다. 마치 전속력으로 질주하던 사람이 그 가속도에 의해 갑자기 정지하지 못하고 계속 앞으로 뛰어나가게 되듯, 빠른 속도로 주행하던 자동차가 급브레이크에도 불구하고 긴 제동 거리를 만들듯, 죄에도 그런 관성의 법칙이 적용돼 거듭난 후에도 옛 삶의 탄력 때문에 계속 죄를 지을 수밖에 없는 불가항력적인 측면이 있다는 것입니다. 그러나 그것은 이전 죄의 종으로 살 때 마귀가 강제했던 죄와는 달리 옛 삶의 습성 때문에 본의 아니게 범하는 죄라는 점에서 이전의 죄와는 그 성격이 다소 구분됩니다. 하지만 죄는 역시 죄입니다.

우리는 여기에서 자주 회의에 빠지고 또 좌절합니다. 예수를 믿기 전이나 믿은 후나 별다른 차이가 없기 때문입니다. 오죽하면 바울 같은 사람이 다 "오호라 나는 곤고한 사람이라"며 절규를 했겠습니까.

그렇다면 이 문제를 어떻게 해야 할까요?

바울은 이 모순을 어떻게 처리했을까요?

예수 그리스도 안에 있는 자에게 결코 정죄함이 없다

사실 예수를 믿거나 안 믿거나 별다를 바가 없다면 굳이 믿어야 할 필요가 있을까요? 그런 회의 때문에 바울도 곤고한 사람이라며 절규한 것이고 오늘 우리도 그와 똑같은 분열을 겪고 있는 게 아닐까요? 솔직히 우리도 예수 믿기 전이나 후나 별로 달라진 것이 없지 않습니까? 여전히 죄 지으며 살아가고 있는 게 사실 아닙니까? 그런데 본문 25절을 보면 바울이 느닷없이 "우리 주 예수 그리스도로 말미암아 하나님께 감사하리로다" 그럽니다. 조금 전까지만 해도 괴로워하던 바울이 갑자기 분위기를 바꿔 하나님께 감사하는 것입니다. 달라진 것은 아무것도 없습니다. 그런데도 감사한다고 합니다.

[1]그러므로 이제 그리스도 예수 안에 있는 자에게는 결코 정죄함이 없나니 [2]이는 그리스도 예수 안에 있는 생명의 성령의 법이 죄와 사망의 법에서 너를 해방하였음이라

_롬 8:1-2

그렇습니다. 예수를 믿은 후에도, 위대한 사도가 된 후에도 여전히 죄 때문에 절망하던 바울이 갑자기 여기에서 무릎을 치며 감사한 것은 바로 이 놀라운 사실을 깨달았기 때문입니다. 이제 그리스도 예수 안에 있는 자에게는 결코 정죄함이 없다는 것입니다. '결코'라는 말은 '절대'(absolute)라는 말입니다. 어째서 그럴까요? 생명의 법, 성령의 법이 죄와 사망의 법에서 우리를 해방했기 때문이라고 합니다. 지금도 우리가 여전히 죄를 지으며 살아가고 있는 게 사실이지만 그러나 이제는 나의 이런 모순에 찬 삶을 죄로 규정할 법이 없어졌다는 것입니다. 현실에서도 죄는 지었지만 법이 없어서 처벌하지 못하는 경우가 있지 않습니까? 마찬가지입니다. 죄와 사망의 법이 있어야 우리의 행위가 죄로 규정되고 사망으로 처벌될 텐데 성령의 법이 죄와 사망의 법에서 우리를 해방시켰기 때문에 더 이상 우리는 죄와 사망의 법에 구속받지 않는다는 것입니다. 주님이 죄와 사망의 법을 폐기하셨기 때문입니다. 이제 우리는 오직 생명과 성령의 법의 저촉만 받습니다. 죄와 사망의 법은 우리와 아무런 상관이 없어졌습니다. "이제 그리스도 예수 안에 있는 자에게는 결코 정죄함이 없다"는 말씀은 바로 이런 의미입니다. 우리를 단죄하고 처벌하고 심판할 법이 없어졌다는 것입니다.

따라서 이제 우리는 어떤 경우에도 버림받지 않습니다. 죄지었다고 우리의 신분이 취소되거나 무효화되지 않습니다. 피뢰침 아래에 있으면 살인자도 벼락을 맞지 않지만, 피뢰침 없는 곳에 있으면 성자도 벼락을 맞습니다. 내가 십자가 아래에 있기 때문에 벼락을 맞지 않습니다. 유대인이어서 죽음의 사자가 지나간 것이 아니라 문설주에 어린 양의 피가 칠해져 있었기에 그 집을 넘어간 것입니다. 양의 피를 칠하지 않았다면 유대인이었다 해도 그 집 장자는 죽었을 것이고 만약 어린 양의 피를 칠했다면 애굽 사람의 집이었다고 해도 그 집 장자는 살았을 것입니다. 그가 누군가는 문제가 되지 않습니다. 어린 양의 피가 있느냐 없느냐가 중요합니다.

십자가가 중요합니다. 주님의 보혈이 중요합니다. 여전히 죄를 지을지라도 그리스도 안에 있다면 더 이상 죗값을 묻지 않으십니다. 주님이 십자가의 보혈로 이미 내 죗값을 다 지불하셨기 때문입니다. 주님이 이미 다 갚아 주셨습니다. 그래서 그리스도 예수 안에 있지 않은 사람은 제 아무리 착한 사람이라도 해도 착한 죄인일 뿐이고, 그리스도 예수 안에 있는 사람은 아무리 죄를 지었다 해도 나쁜 하나님의 자녀인 것이지 신분 자체가 근본적으로 무효가 되는 것은 아닙니다. 주님의 대속은 절대적이어서 그 누구도 그 무엇도 훼손할 수 없습니다. 아무도 주님이 우리에게 베푸신 구원을 무효화할 수는 없습니다. 이게 바로 바울이 "그리스도 예수 안에 있는 자에게는 결코 정죄함이 없다"고 한 말씀의 진정한 의미입니다.

밀과 가라지

물론 여기에 반론을 제기할 수 있습니다. 성경에 보면 믿다가 타락해서 결국은 구원에서 탈락한 사람들이 있기 때문입니다. 이스라엘의 초대 왕 사울이나 가룟 유다 같은 사람들이 바로 그런 경우입니다. 기름 부음을 받은 왕이었고 사도였지만 결국 그 두 사람은 자살로 생을 마감합니다. 이들을 어떻게 생각하십니까? 그들은 믿다가 타락하여 받은 구원을 취소당한 것이 아니라 처음부터 구원을 받지 못한 사람들이었다고 봐야 맞습니다. 사울과 가룟 유다 같은 사람은 잘 믿다가 중간에 실패하여 그들의 신분과 구원을 상실했다기보다는 처음부터 알곡이 아니라 가라지였다는 것입니다.

알곡이 실패해서 가라지가 된 것이 아닙니다. 주인은 알곡만 골라서 뿌렸는데 묘하게도 밀밭에는 가라지가 있고, 보리밭에는 뿌리지도 않은 깜부기가 있습니다. 좋은 볍씨만 골라 뿌렸는데도 논에는 피가 생깁니다. 농부는 좋은 땅에다 씨를 뿌렸는데 씨는 길가에도 가시떨기에도 돌밭에도 떨어집니다. 그리고 처음에는 좋은 땅뿐 아니라 길가나 가시떨기, 돌밭에서 다 움을 틔웁니다. 그러나 선택받은 좋은 땅이 아니면 결국 열매를 맺지 못합니다. 미안하지만 가룟 유다나 사울 왕은 이를테면 처음부터 알곡 가운데 섞여 있던 가라지였습니다. 처음부터 옥토가 아닌 가시떨기나 돌밭이었습니다.

그렇다면 어떻게 택함 받지 못하고 구원받지 못한 사람이 제자가 될 수 있고, 이스라엘의 초대 왕이 될 수 있었을까요? 그럴 수도 있습니다. "씨 뿌리는 사람의 비유"가 나오는 〈마태복음〉 13장에는 "그물 비유"도 나옵니다. 어부가 그물을 치는 것은 당연히 물고기를 잡기 위한 것인데, 막상 그물을 올려 보면 물고기만 든 게 아닙니다. 그래서 어부가 물고기만 골라 그릇에 담고 나머지는 버린다고 합니다. 그물 안에 든 물고기가 타락해서 불가사리가 되는 것이 아니라 불가사리는 처음부터 불가사리였습니다. 그런데도 그물 안에 들어 왔습니다. 그러나 선택받은 물고기가 아니기에 끝까지 가지는 못합니다. 결국 어부가 다 골라 폐기 처분합니다. 가룟 유다나 구약의 사울 왕 같은 인물들은 다 이런 경우에 해당된다고 봐야 합니다. 우리의 구원은 하나님의 선물이요 작품입니다. 하나님은 실패를 모르시는 분입니다. 구원받은 사람이 구원을 잘못 관리하여 실패할 경우 가룟 유다나 사울 왕같이 된다고 절대 오해하지 마십시오! 그들은 처음부터 택함받지 못하고 구원을 받지 못한 사람들이었기 때문에 결국 본색을 드러내고 제 갈 길로 간 것뿐입니다.

"그리스도 예수 안에 있는 자에게는 결코 정죄함이 없다", "생명의 성령의 법이 죄와 사망의 법에서 너를 해방했다"는 말씀의 의미를 바르게 깨달읍시다. 그리고 우리도 바울처럼 "우리 주 예수 그리스도로 말미암아 하나님께 감사하며" 죄책으로부터 자유합시다.

✝ 한걸음더

1 "오호라 나는 곤고한 사람이다" 하고 탄식했던 바울이 갑자기 하나님께 감사드린 이유는 무엇인가?

2 '착한 죄인'과 '나쁜 하나님의 자녀'가 의미하는 것은 무엇인가?

3 그리스도 예수 안에 있는 자에게는 결코 정죄함이 없다. 왜 그런가?

초보를 버리라

Chapter 18

¹그러므로 우리가 그리스도의 도의 초보를 버리고 죽은 행실을 회개함과 하나님께 대한 신앙과 ²세례들과 안수와 죽은 자의 부활과 영원한 심판에 관한 교훈의 터를 다시 닦지 말고 완전한 데로 나아갈지니라 ³하나님께서 허락하시면 우리가 이것을 하리라 ⁴한 번 빛을 받고 하늘의 은사를 맛보고 성령에 참여한바 되고 ⁵하나님의 선한 말씀과 내세의 능력을 맛보고도 ⁶타락한 자들은 다시 새롭게 하여 회개하게 할 수 없나니 이는 그들이 하나님의 아들을 다시 십자가에 못 박아 드러내 놓고 욕되게 함이라 … _ 히브리서 6:1-8

완전한 데로 나아가라

사도 바울은 "그리스도의 도의 초보를 버리라"고 하면서 '회개함'이라든가 '세례', '안수', '죽은 자의 부활', '영원한 심판' 같은 "교훈의 터를 다시 닦지 말고" 이제는 보다 완전한 데로, 보다 성숙한 데로 나아가라고 합니다. 이게 무슨 뜻입니까? 날마다 초보적인 기독교 진리의 터만 닦지 말고, 이제는 중급반, 고급반으로 좀 진급하라는 것입니다.

¹²때가 오래 되었으므로 너희가 마땅히 선생이 되었을 터인데 너희가 다시 하나님의

말씀의 초보에 대하여 누구에게서 가르침을 받아야 할 처지이니 단단한 음식은 못 먹고 젖이나 먹어야 할 자가 되었도다 [13]이는 젖을 먹는 자마다 어린아이니 의의 말씀을 경험하지 못한 자요 [14]단단한 음식은 장성한 자의 것이니 그들은 지각을 사용함으로 연단을 받아 선악을 분별하는 자들이니라 _ 히 5:12-14

마찬가지 의미입니다. 이제는 선생이 될지언정 더 이상 초등학생의 수준에 머물러서는 안 된다는 얘깁니다. 다들 신앙생활을 할 만큼 했기 때문에 여전히 젖을 먹어서는 안 되고 단단한 음식도 소화하는 장성한 중급반, 고급반이 돼야 옳다는 말씀입니다. 정곡을 찌르는 말씀 아닙니까? 우리는 수년, 수십 년 믿어도 날마다 초급반입니다. 선생이 돼도 될 연륜인데 여전히 유치한 초보들입니다. 그리스도의 도의 초보를 버리라면서 사도 바울이 던진 주제는 무엇입니까?

[4]한번 빛을 받고 하늘의 은사를 맛보고 성령에 참여한바 되고 [5]하나님의 선한 말씀과 내세의 능력을 맛보고도 [6]타락한 자들은 다시 새롭게 하여 회개하게 할 수 없나니 이는 그들이 하나님의 아들을 다시 십자가에 못 박아 드러내 놓고 욕되게 함이라

_ 히 6:4-6

이 말씀이 〈히브리서〉 10장에도 나옵니다. 거기서는 이런 죄를 '짐짓 죄'라고 합니다.

[26]우리가 진리를 아는 지식을 받은 후 짐짓 죄를 범한즉 다시 속죄하는 제사가 없고 [27]오직 무서운 마음으로 심판을 기다리는 것과 대적하는 자를 태울 맹렬한 불만 있으리라 _ 히 10:26-27

짐짓 죄가 무엇입니까? 진리를 아는 지식을 받은 후 범하는 죄입니다. 내세의 능력을 맛본 다음에 범하는 죄입니다. 죄인 줄 모르고 짓는 죄가 아니라 죄인 줄 뻔히 알고도 짓는 죄입니다. 진리를 거스르는 것인 줄 알고도 짓는 죄입니다. 〈시편〉 19편에서는 이것을 '고범 죄'라고 했습니다. 이런 짐짓 죄, 고범 죄를 지으면 다시 새롭게 할 수가 없다고 했습니다. "그들이 하나님의 아들을 다시 십자가에 못 박아 드러내 놓고 욕되게" 했기 때문입니다.

참 무서운 말씀인데, 이거 어떻게 생각하십니까?

다시 새롭게 할 수 없는 죄에 대하여

한 번 구원은 영원한 구원이고, 구원은 하나님의 일방적이고도 주권적인 은혜요 은사기 때문에 그 어떤 죄도 사탄의 역사도 그 하나님의 은혜를 무효화할 수 없다고 말씀드렸습니다. 그런데 성경은 짐짓 죄, 고범 죄는 용서받을 수 없다고 합니다. 왜 이 죄가 우리에게 심각한 주제일까요? 지금 우리가 범하는 죄가 다 짐짓 죄이기 때문입니다. 우리는 다 알고도 죄짓습니다. 우리가 범하는 죄는 다 고의성이 다분한 고범 죄입니다. 그럼 이제 우리는 어떻게 됩니까? 본문은 짐짓 죄를 지으면 "다시는 속죄하는 제사가 없고, 새롭게 하여 회개할 수 없다"고 합니다. 우리는 이 말씀을 어떻게 해석해야 합니까?

자기 자식을 때리면서 쾌감을 느끼는 부모는 없습니다. 자식을 때리면 부모 마음이 더 아픕니다. 그럼에도 때리는 부모가 진짜 부모고, 좋은 부모입니다. "네 인생 네가 알아서 하라"며 방치하는 부모는 못난 부모고 무책임한 부모입니다. "공부 열심히 안 하면 나 너 미워할꺼야!" 이건 이웃집 아저

씨의 말입니다. "야 이놈아, 너 그렇게 공부할 거면 나가 죽어!" 이게 부모의 말입니다. 성경도 마찬가집니다. 성경이라고 아름다운 말씀만 있는 게 아닙니다. 성경에도 험악한 말씀, 저주, 책망, 고발이 다 나옵니다. 성경에도 위협과 공갈이 있습니다. 엄마가 삼수한 자식에게 "이번에 너 대학 못가면 차라리 나랑 죽자"고 했다면 이게 무슨 뜻입니까? 이번에 대학 떨어지면 모자가 동반 자살하자는 얘깁니까? 아닙니다. 어떻게든 이번에는 꼭 대학 가도록 열심히 하라는 뜻입니다. 너 그럴 거면 아예 집에서 나가랬다고 가출하는 자식은 바보입니다.

초보들은 성경의 메시지가 궁극적으로 내게 말씀하고자 하는 게 무엇인지를 파악하려 하지 않고 말씀을 오로지 문자적으로만 받아들입니다. 그러나 중급반이나 고급반은 문자가 어떻든 그 말씀을 통해 주님이 내게 주시고자 하는 메시지가 무엇인지에 관심을 가집니다. 성경은 그렇게 읽어야 합니다. 어리석은 문자주의에 빠지지 말라는 겁니다. 그래서 우리는 때로 '하라'는 말씀에서 '하지 말라'를 듣고, '하지 말라'는 말씀에서 '하라'를 들어야 합니다. 그런데 초보들은 그걸 알지 못합니다.

이 글의 본문도 그렇습니다. 초급반 식으로 이해하면 자칫 "구원을 얻어도 짐짓 죄를 범하면 받았던 구원이 다 취소된다"는 식으로 오해되기 쉬운 말씀입니다. 그러나 이 말씀은 그런 뜻이 아닙니다. 아무리 구원받은 하나님의 자녀라 해도 짐짓 죄를 범하면 다시 속죄함을 받지 못하고 영원히 버림받는다는 뜻이 아닙니다. 짐짓 죄란 곧 "한 번 십자가에 못 박은 하나님의 아들을 다시 못 박는 짓에 다름 아니고 자기를 거룩하게 한 주님의 보혈을 부정하는 짓이고 은혜의 성령을 욕되게 하는 몹쓸 짓이기 때문에" 반드시 피하고 멀리해야 한다는 엄중한 경고입니다. 두 번 다시 타락하지 말라는 거룩한 공갈이지 짐짓 죄를 범하면 줬던 구원을 다시 빼앗겠다는 말씀은 아닙니다. 한번 구원받은 사람은 아무리 못나게 굴어도 개망나니 자식일 뿐이지 그렇다고 하나님의 자녀라는 신분을 잃는 것은 아닙니다. 거룩하신 아버지의 자녀답게 거룩하게 살지 못하고 날마다 짐짓 죄, 고범 죄를 범하며 성화에 실패했다 해도 천국을 못가는 것은 아닙니다. 다만 그런 사람은 차마 얼굴을 들고 천국 갈 수 없는 부끄러운 구원을 면치 못한다는 것입니다.

결코 취소되지 않는 구원

물론 제가 이렇게 말해도 심정적으로는 여전히 받아들이지 못하는 분들이 있을 겁니다. 그런데 이 말씀이 진심으로 용납되지 않는다면 솔직히 우리 가운데서 무사히 구원받고 천국 갈 사람은 아무도 없습니다. 우리는 날마다 고범 죄를 밥 먹듯 범하며 살기 때문입니다. 우리 가운데는 잘 믿다가 타락해서 온갖 짓을 다하며 살다 끝내 회개하지 않고 죽는 사람들이 있습니다. 이런 사람이야말로 짐짓 죄를 범해서 결국 버림받은 사람들이 아닌가 하고 생각할 수도 있습니다. 구원받았다가 짐짓 죄를 범해 받은 구원을 취소당한 경우가 아니냐는 겁니다. 이런 생각이 단순 소박한 초보 수준의 성경 이해입니다.

구약의 사울 왕과 신약의 가룟 유다가 있습니다. 초보들은 이 두 사람이 택함 받고 구원받아 이스라엘 초대 왕이 되고, 사도가 된 사람들이지만, 짐짓 죄를 범해 받은 선택과 구원이 취소되고 비참한 최후와 함께 지옥을 갔다고 생각합니다. 그러나 그들은 알곡이 타락해서 가라지가 된 경우가 아니라, 처음부터 가라지였는데 알곡 사이에 끼어 있다가 결국 자기 본색을 드러내고 제 갈 길로 갔을 뿐입니다. 이게 중급반 해석이고 정답입니다. 초보를 버려야 합니다.

구원받지도, 택함받지도 못한 사람이 어떻게 왕이 되고 사도가 될 수 있는가 질문할 수 있겠습니다만, 그렇게 될 수 있습니다. 가짜가 더 돋보입니다. 가라지가 벼보다 더 잘 자랍니다. 깜부기가 보리보다 더 잘 자랍니다. 뿌린 적이 없는 잡초가 밭을 점령합니다. 고기를 잡기 위해 그물을 내리지만, 그물을 올려 보면 고기는 적고 불가사리와 독 해파리만 가득 차 있습니다. 그렇다고 알곡이 타락해 가라지가 된 게 아닙니다. 물고기가 짐짓 죄를 범해 해파리가 된 게 아닙니다. 물고기는 처음부터 끝까지 물고기고, 해파리도 처음부터 끝까지 해파리입니다.

판교의 어느 교회에서 중국의 가정 교회 사역자 120여 명을 초대하여 세미나를 했습니다. 가정 교회 사역자들은 평신도들입니다. 제가 거기에 가서 구원론을 강의했는데 우리말로 강의를 하면 조선족 한 분이 통역을 했습니다. 5시간 강의하며 두 번 쉬었는데, 그 쉬는 시간에 제 강의를 통역한 조선족 사역자가 제게 상담을 요청했습니다. 그 내용은 이렇습니다. 자기 교회 어느 부인이 유방암 진단을 받고 수술 후 치료를 받았다고 합니다. 그런 가운데 이 부인이 자기 두 자녀를 가정 교회 사역자로 바치기로 하나님께 서원을 했다고 합니다. 서원 후 두 자녀는 실제 사역자가 되어 자기들의 임지에서 일을 하는데 그 환자가 회복되지 못하고 죽었답니다. 그런데 문제는 죽기 전 며칠 간 그렇게 하나님을 욕하고 저주하다가 죽었다는 겁니다. 그래서 지금은 그 자녀들도 사역에서 다 손을 떼고 낙심해 있고, 그 모친이 다니던 교회의 교인들이 다 좌절하여 깊은 시험에 빠졌다고 합니다.

사람들은 다 그 부인이 지옥 갔다고 생각하고 있다는 것입니다. 그래서 제가 그분은 천국 갔으니 염려 마시라고 했습니다. 구원은 장난이 아니기 때문에, 영원하고 절대적이기 때문에 욕 아니라 그보다 더한 짓을 해도, 죽기 전 며칠이 아니라 몇 달을 하나님 욕하고 죽어도 취소되는 게 아니라고 했습니다. 다만 죽어 주님 앞에 설 때 죽도록 송구스러울 따름이라고 했습니다. 주님은 우리에게 주셨던 구원을 다시 빼앗아 가지 않으십니다. 구원은 영원한 것이니 안심하고 가서 그 두 자녀도 위로하고 교인들에게 확신을 갖도록 설교하라고 했습니다.

제가 잘한 겁니까, 큰 실수를 한 겁니까? 물론 그 분이 지옥을 갔을 수도 있습니다. 그 분이 처음부터 택함받은 하나님의 자녀가 아닌 가라지였다면, 그래서 사울이나 가룟 유다처럼 막판에 자기의 정체를 드러내고 본색을 드러내고 죽은 거라면 지옥으로 갔겠지요. 그러나 제 말은 그 부인이 분명 주님이 택한 백성이고, 구원받은 하나님의 자녀라면 절대 욕했다고, 정신이 없어 헛소리했다고 졸지에 알곡이 가라지가 되어 불구덩이에 던져지는 일은 없다는 것입니다.

하나님의 구원은 왔다 갔다 하지 않습니다. 여러분이 하나님의 택한 백성이라면, 지옥 가겠다고 아무리 하나님을 욕한다 해도 지옥 갈 일 없습니다. 그래서 우리가 잘 살아야 합니다. 다른 선택의 여지가 없습니다. 부끄러움 없이 주님의 면전에 서기 위해서는 제대로 살아야 합니다. 우리의 구원은 완벽하고 완전하기 때문에 어떤 변수나 복병도 그것을 해소할 수 없습니다. "내가 그들에게 영생을 주노니 영원히 멸망하지 아니할 것이요 또 그들을 내 손에서 빼앗을 자가 없느니라"(요 10:28)는 말씀을 기억하십시오.

³⁵누가 우리를 그리스도의 사랑에서 끊으리요 환난이나 곤고나 박해나 기근이나 적신이나 위험이나 칼이랴 … ³⁸내가 확신하노니 사망이나 생명이나 천사들이나 권세자들이나 현재 일이나 장래 일이나 능력이나 ³⁹높음이나 깊음이나 다른 어떤 피조물이라도 우리를 우리 주 그리스도 예수 안에 있는 하나님의 사랑에서 끊을 수 없으리라

_롬 8:35, 38-39

짐짓 죄는 용서받지 못한다구요? 주님의 피가 다른 죄는 다 속해도 짐짓 죄만큼은 사할 수 없다구요? 그건 거짓말입니다. 그런 법은 없습니다. 그건 초보입니다. 그건 문자주의입니다. 부디 짐짓 죄 때문에 너무 고민하거나 힘들어 하지 말고 도리어 짐짓 죄조차도 용서하시고 결국 나를 천국으로 인도하실 주님의 은혜에 감사하기 바랍니다. 그리고 이제는 초급반이 아니라 고급반으로 살기를 바랍니다.

✝ 한걸음더

1 한번 구원은 영원하며 하나님의 일방적이고도 주권적인 은혜요 은사기 때문에 무효화할 수 없다. 동의하는가?

2 짐짓 죄를 범한즉 다시 속죄하는 제사가 없다(히 10:26)는 사도 바울의 말은 무슨 뜻인가?

3 초보를 벗어나 중급, 고급반으로 진급하려면 어떻게 해야 하나?

이스라엘과 하마스

⁷또한 아브라함의 씨가 다 그의 자녀가 아니라 오직 이삭으로부터 난 자라야 네 씨라 불리리라 하셨으니 ⁸곧 육신의 자녀가 하나님의 자녀가 아니요 오직 약속의 자녀가 씨로 여기심을 받느니라 … ¹⁰그뿐 아니라 또한 리브가가 우리 조상 이삭 한 사람으로 말미암아 임신하였는데 ¹¹그 자식들이 아직 나지도 아니하고 무슨 선이나 악을 행하지 아니한 때에 택하심을 따라 되는 하나님의 뜻이 행위로 말미암지 않고 오직 부르시는 이로 말미암아 서게 하려 하사 ¹²리브가에게 이르시되 큰 자가 어린 자를 섬기리라 하셨나니 ¹³기록된 바 내가 야곱은 사랑하고 에서는 미워하였다 하심과 같으니라 _ 로마서 9:7-13

팔레스타인 가자 지구의 전쟁

가자 지구는 팔레스타인 남단의 한 지역입니다. 이집트와 국경을 이루고 있고, 또 지중해도 끼고 있는 팔레스타인 자치구입니다. 인구 대부분이 팔레스타인 사람으로 오랫동안 대이스라엘 저항 세력의 중요한 거점이 되어 왔고, 팔레스타인인과 유대인 정착민이 서로 격리된 채 살고 있습니다.

팔레스타인 안에 반이스라엘 무장 단체 하마스가 있습니다. 팔레스타인 의회의 총 의석수는 132석인데 그중 74석을 차지하고 있는 최대 정치 세력이자 여당이기도 합니다. 1987년 법학자 출신의 아흐메드 야신이 창설해서 주로 이스라엘을 상대로 한 게릴라전을 주도해 온 무장 단체입니다. 하마스 당원은 모두 이슬람 원리주의자들입니다. 그래서 대단히 과격하고 호전적이고 극단적입니다. 이스라엘과 팔레스타인의 싸움은 절대 끝나지 않을 것 같습니다. 그야말로 종말이 와야, 주님이 재림하셔야 비로소 종지부를 찍게 될 것입니다. 그런데 이스라엘과 팔레스타인은 왜 저토록 피 터지게 싸우는 겁니까? 이스라엘은 누구며, 또 팔레스타인은 대체 누굽니까?

이스라엘은 주후 70년 로마에 완전히 패망하고 민족이 전 세계로 흩어지기 전까지만 해도 팔레스타인에서 산 원주민이었습니다. 하나님이 주신 약속의 땅 가나안이 팔레스타인 아닙니까? 그런데 로마에게 완전히 망하고 이스라엘이 뿔뿔이 흩어져 팔레스타인이 텅 비자 거기에 아랍인들이 들어가 살았습니다. 그러니까 1948년 이스라엘이 독립을 선언하고 유엔으로부터 팔레스타인에 대한 영유권을 보장받기까지 실제 그 땅에서 산 사람들은 아랍인입니다. 이스라엘로서는 원래 그 땅이 하나님께서 자기 민족에게 주신 젖과 꿀이 흐르는 가나안이고, 팔레스타인으로서는 지난 2,000년간 자기들이 실효 지배해 온 무슬림의 땅입니다.

그런데 국제 사회는 이스라엘의 손을 들어 주어 그들의 독립과 팔레스타인의 영유권을 인정했습니다. 당연히 팔레스타인은 거기에 승복하지 않았습니다. 그래서 팔레스타인은 서방 국가들에 대해 매우 적대적입니다. 이스라엘을 일방적으로 편들고 이스라엘의 후견인 노릇을 하면서 2,000년 동안이나 살아온 자기들을 삶의 터전에서 하루아침에 내쫓았다는 것입니다. 그러나 아무리 억울해도 이스라엘이나 서방을 상대로 전면전을 벌일 능력은 없습니다. 그래서 국지전, 게릴라전, 자살 테러 같은 것을 통해 이스라엘과 미국을 위시한 서방 국가들을 불편하게 하고 타격을 입혀 이슈화하려는 것입니다.

그런데 이스라엘과 팔레스타인의 갈등과 반목은 사실 이보다 훨씬 더 뿌리가 깊고 오래된 싸움입니다. 2,000년 전이 아니라 지금부터 4,000년 전인 아브라함 시대까지 소급됩니다. 본문에 이삭이 나옵니다. 아브라함의 아들, 100세에 얻은 독자입니다. 성경은 어디서나 그를 그렇게 표현합니다. 그리고 이스마엘이 있습니다. 이스마엘도 아브라함의 아들입니다. 첩이지만 하갈에게서 이삭보다 먼저 얻은 아브라함의 장자입니다. 아브라함도 그렇게 생각했습니다. 그러나 하나님은 아니었습니다. 〈창세기〉 21장 9절 이하를 보면, 하나님이 아브라함에게 하갈과 이스마엘을 쫓아내라고 하십니다. 그래서 "아브라함이 그 아들을 인해 깊이 근심했다"고 합니다. 아브라함은 이스마엘도 자기의 아들이라고 생각했는데 하나님이 그들을 쫓아내라고 하시니 고민했다는 것입니다.

그런데 아브라함의 두 아들 이삭과 이스마엘이 바로 오늘날 이스라엘과 팔레스타인의 원조입니다. 이삭의 아들은 야곱이요, 야곱의 후손이 바로 이스라엘입니다. 이스라엘이란 국호는 야곱의 새 이름입니다. 지금도 이스라엘 사람은 자기의 조상이 아브라함, 이삭, 야곱이라 고백합니다. 그러나 팔레스타인은 자신들이 아브라함과 이스마엘의 자손이라고 고백합니다. 그때 쫓겨난 이스마엘의 후손이 아직도 사막에 살고 있는 중동 지역의 무슬림입니다. 그리고 그들 중 일부가 바로 팔레스타인인이며 하마스입니다. '이슬람'이란 이스마엘 자손들의 종교, 신앙이란 뜻입니다.

이삭과 이스마엘, 야곱과 에서

그런데 우리의 의문은 아브라함조차 자기 아들로 여긴 이스마엘을 하나님은 어째서 부인하시고 오직 이삭만을 아들로 여기며 독자라고 하셨는가 하는 겁니다. 이스마엘은 첩의 아들이고, 이삭은 정실의 아들이어서 그렇습니까? 그렇다면 이삭의 두 아들 에서와 야곱의 경우는 어떻습니까? 둘 다 같은 씨, 같은 배에서 같은 시간에 나온 쌍둥이 아닙니까? 그런데도 본문 13절을 보면 "내가 야곱은 사랑하고 에서는 미워하였다"고 합니다. 둘 다 리브가가 낳은 이삭의 아들인데 어째서 둘 중 야곱만 택하셨을까요? 따라서 이스마엘은 첩의 아들이어서 버림받았고, 이삭은 본처의 아들이라 택함을 입었다는 말은 사리에 맞지 않습니다.

> 곧 육신의 자녀가 하나님의 자녀가 아니요 오직 약속의 자녀가 씨로 여기심을 받느니라 _롬 9:8

정실의 자녀냐 아니냐가 아니라, "육신의 자녀"냐 "약속의 자녀"냐가 중요합니다. 육신의 자녀란 하나님의 택함을 받지 못한 자식이고, 약속의 자녀란 하나님의 택하심을 입은 자식을 가리킵니다. 아버지도 같고 어머니도 같고 생일도 같은 쌍둥이인데 하나님이 야곱은 사랑하시고 에서를 미워하신 것은, 야곱은 늘 예쁜 짓만 하고 에서는 늘 미운 짓만 해서가 아닙니다.

에서와 야곱이 아직 이 세상에 태어나기도 전에 하나님은 야곱을 택하사 그를 사랑하고 에서는 미워하셨다고 성경은 말합니다(롬 9:11-13). 그러니까 하나님의 선택이 이스마엘과 이삭을 가르고, 에서와 야곱을 가르고, 이스라엘과 팔레스타인을 가른 것입니다. 한 배에서 난 한 형제고, 한 씨에서

난 쌍둥이라고 해서 절대 그 운명이 같은 게 아닙니다. 그런데 우리는 늘 거꾸로 생각합니다. 비록 동생이지만 무서운 집념으로 형에게서 장자권을 빼앗고, 또 아버지로부터 장자의 축복을 훔치고, 또 필사적으로 하나님과 씨름해서 결국은 형 에서를 제치고 하나님의 기업을 쟁취했다고 말입니다. 물론 그것도 틀린 얘기는 아니지만 그건 초급반 수준의 생각입니다. 그럼 중급반이나 고급반 수준의 생각은 무엇일까요? 그렇게 집요하게 지독하게 굴어서 선택을 받고 차남이 장남 된 게 아니라 이미 태어나기 전부터 하나님의 택함을 입었기 때문에 그렇게 운명적으로 치열하게 살면서 하나님의 축복을 쟁취했다는 것입니다. 집념이 차남을 장남으로 만든 게 아니라, 하나님이 차남 야곱을 택하셨기에 그 고된 삶을 통해 결국 장자의 자리를 꿰찬 겁니다.

아버지의 선택

우리는 다 태어난 후에 남보다 좀 더 착하고 양심적이어서, 혹은 남보다 키가 크고 얼굴이 더 예뻐서 하나님의 택하심을 입은 게 아닙니다. 이미 태어나기도 전에, 무슨 선이나 악을 행하기도 전에, 키를 재보기도 전에 벌써 우리를 하나님의 자녀로 택해 주셨다고 합니다. 만약 그렇지 않았다면 우리가 어찌 하나님의 자녀가 될 수 있었겠습니까?

[15] 그러나 내 어머니의 태로부터 나를 택정하시고 그의 은혜로 나를 부르신 이가 [16] 그의 아들을 이방에 전하기 위하여 그를 내 속에 나타내시기를 기뻐하셨을 때에 내가 곧 혈육과 의논하지 아니하고 _갈 1:15-16

사도 바울의 고백입니다. 내가 잘났거나 다메섹 도상에서 극적으로 회심을 했기 때문에 그게 가상해서 하나님이 나를 사도가 되게 하신 것이 아니고, 이미 어머니의 태에서부터 나를 택정하고 부르셨기 때문에 강제로 회심시켜 이렇게 이방인을 위한 사도가 되게 하셨다는 고백입니다. 〈예레미야서〉에도 같은 말씀이 나옵니다. 하나님이 예레미야를 태에서 나오기 전에 이미 선지자로 세웠다고 하십니다.

> ⁴여호와의 말씀이 내게 임하니라 이르시되 ⁵내가 너를 모태에 짓기 전에 너를 알았고 네가 배에서 나오기 전에 너를 성별하였고 너를 여러 나라의 선지자로 세웠노라 하시기로_렘 1:4-5

여러분, 야곱이 이삭을 속이고 장자에게 내리는 축복을 훔친 사건을 어떻게 생각하십니까? 정말 야곱이 어머니 리브가와 공모하여 아버지를 속이고 형의 장자권을 가로챘다고 보십니까? 저는 그 반대라고 생각합니다. 아버지 이삭이 야곱을 완벽하게 속이고 에서에게 줄 하나님의 축복을 야곱에게 베푼 초유의 구속사적 사건이라고 봅니다. 생각해 보십시오! 이삭이 에서와 야곱 쌍둥이를 낳을 때가 60세 되던 해였습니다. 그리고 야곱이 이삭을 속일 때가 야곱 나이 20세 전후, 그러니까 이삭의 나이는 80세쯤 된 때였습니다. 이후 이삭은 100년을 더 살아 180세를 일기로 세상을 떠났습니다. 180세까지 산 이삭이 80세쯤에 아무리 감각이 무뎌졌다고 한들 야곱의 그 어설픈 연극에 일방적으로 속아 넘어갔다고 생각하는 게 과연 옳을까요? 야곱은 염소를 잡아 그 가죽을 팔과 몸에 감았습니다. 야곱은 털이 적고 에서는 몸에 털이 많았기 때문입니다. 아버지 이삭이 "음성은 야곱이로되 팔은 에서의 팔이로다" 하며 속는데 그게 말이 됩니까? 어떻게 염소 털과 사람털이 같습니까? 저같이 감각이 무딘 사람도 세례 줄 때 머리 짚어 보면 이게 인모인지 가발인지 당장 감이 오는데 어떻게 염소 털을 사람털로 착각할 수 있을까요? 이삭이 야곱에게 속아 준 것입니다. 지금도 야곱은 자기가 아버지를 완벽하게 속였다고 생각하고 있지만, 천만에요! 이삭이 야곱을 속인 겁니다. 아버지가 고수입니다. 그는 이미 에서가 아니라 야곱이 하나님의 택함 받은 약속의 아들이라는 사실을 알고 있었습니다. 그래서 그 하나님의 뜻에 승복하여 유감없이 속아 줌으로써 하나님의 구속사에 협조한 것입니다.

후에 있었던 얍복 나루터의 씨름도 마찬가집니다. 야곱이 이긴 것이 아니라 하나님이 져주신 겁니다. 하나님을 이길 사람은 없습니다. 져주셨기에 이긴 겁니다. 언제나 하나님은 우리에게 져주시고 속아 주십니다. 그러시면서 우리에게 희망을 주시고 새 출발할 수 있는 기회를 주십니다.

여전히 우리에게 남는 의문 하나는 특별히 잘나서 택한 게 아니라면, 왜 굳이 이스마엘이 아니고 이삭이며, 에서가 아니고 야곱인가 하는 것입니다. 사실 인간적으로 보면 에서가 훨씬 매력적입니다. 야곱은 늘 부엌에 쭈그리고 앉아 팥죽이나 쑤던 사람이었고 에서는 남자답게 늘 들에 나가 사냥을 즐기던 사람이었습니다. 그래서 어머니 리브가는 팥죽 쑤는 야곱을 더 좋아했고 아버지 이삭은 에서를 더 좋아했습니다. 그런데 하나님은 왜 야곱을 사랑하셨을까요? 그건 누구도 풀 수 없는 수수께끼입니다.

¹⁴그런즉 우리가 무슨 말을 하리요 하나님께 불의가 있느냐 그럴 수 없느니라 ¹⁵모세에게 이르시되 내가 긍휼히 여길 자를 긍휼히 여기고 불쌍히 여길 자를 불쌍히 여기리라

하셨으니 _롬 9:14-15

20이 사람아 네가 누구이기에 감히 하나님께 반문하느냐 지음을 받은 물건이 지은 자에게 어찌 나를 이같이 만들었느냐 말하겠느냐 21토기장이가 진흙 한 덩이로 하나는 귀히 쓸 그릇을, 하나는 천히 쓸 그릇을 만들 권한이 없느냐 _롬 9:20-21

엿장수가 1분에 가위를 몇 번 치든 그것은 오직 엿장수 마음일 뿐입니다. 토기장이가 진흙 한 덩이로 무슨 그릇을 만들든 그건 토기장이 마음입니다. 그러므로 누구도 반문할 수 없습니다. 그것은 전적으로 토기장이의 권한이기 때문입니다. 야곱을 택하고, 이삭을 택하고, 못난 우리를 택하신 것은 하나님의 고유한 주권입니다. 이에 대해 우리가 할 일이 있다면 오직 감사뿐입니다. 하나님이 잘난 많은 사람을 제쳐 두고 못난 나를 택한 것에는 이유가 없습니다. 하나님의 마음입니다. 하나님의 자유요 절대 주권입니다. 부디 하나님의 이 구속사적 경륜을 깊이 이해하기를 바랍니다. 역사와 현실의 여러 사건과 수수께끼를 바르게 성서적으로 풀고 또 그 답을 얻는 토대를 얻기를 소망합니다.

✝한걸음 더

1 이삭과 이스마엘, 야곱과 에서 중에서 하나님은 이삭과 야곱을 택하셨다. 왜 그런가?

2 선택이 하나님 마음, 하나님의 신성한 주권 행위임을 믿는다면 나는 어떻게 살아야 하나?

basileia tou Deu
바실레이아 투 데우

5

개혁

개혁은 무엇보다 우리 자신에게서부터 시작되어야 합니다. "회개하라 하나님의 나라가
가까웠다"고 하신 것은 너 자신부터 개혁하라는 말씀과 다름없습니다. 하나님의 통치
를 받는 존재로 거듭나라는 겁니다.

바실레이아 투 데우

[14]요한이 잡힌 후 예수께서 갈릴리에 오셔서 하나님의 복음을 전파하여 [15]이르시되 때가 찼고 하나님의 나라가 가까이 왔으니 회개하고 복음을 믿으라 하시더라 _ 마가복음 1:14-15

하나님 나라_복음의 핵심 내용

여러분은 평소 예수님에 대해 어떤 이미지를 가지고 계십니까? 예수님을 어떤 캐릭터로 이해하고 계시냐 하는 겁니다. 예수님을 혁명가나 개혁가로 알고 계실 것 같지는 않습니다. 저 역시도 예수님이 투사나 전사의 모습으로 연상되지는 않습니다. 실제로도 주님은 유대교를 대적하지 않았습니다. 유대교를 개혁하려고도 하지 않았습니다. 유대교의 율법, 회당, 할례, 안식일, 절기 같은 전통과 제도를 자명하게 인정하셨습니다. 사회 문제에 대해서도 마찬가지입니다. 어떤 사람이 상속 문제를 해결해 달라고 들고 나왔을 때, 나는 그런 것을 위해 오지 않았다며 일언지하에 거절하셨습니다. 저는 주님이 과연 로마 제국의 존재를 알고 계셨는지가 의심스럽습니다. 어디에도 로마 식민지민으로서의 고뇌나 외세로부터 조국 이스라엘을 구해 내겠다는 결의가 드러나 있지 않습니다. 그럼에도 놀라운 것은 주님 때문에 실제 종교 개혁, 사회 개혁이 일어났다는 것입니다. 유대 민족의 배타주의가 타파되고, 여자와 아이가 물건에서 사람으로 환원되고, 의인과 죄인 사이의 계급적인 담이 허물어졌습니다.

주님이 3년 동안 선포하신 복음의 구체적인 내용이 무엇입니까?

"때가 찼고 하나님 나라가 가까이 왔으니 회개하고 복음을 믿으라."

이것은 주님 공생애의 첫 번째 외침인데, 주제가 '하나님의 나라'입니다.

그가 고난받으신 후에 또한 그들에게 확실한 많은 증거로 친히 살아 계심을 나타내사 사십 일 동안 그들에게 보이시며 하나님 나라의 일을 말씀하시니라 _ 행 1:3

십자가에 달려 돌아가시고 사흘 만에 부활하셔서 사십 일 동안 이 땅에 계실 때도 주님은 여전히 '하나님 나라'의 일을 말씀하셨다고 합니다. 그러므로 주님의 말씀은 처음부터 끝까지 '하나님의 나라'입니다. 이번 글의 제목 "바실레이아 투 데우"는 바로 '하나님의 나라'라는 말인데, 이것이 주님이 선포하신 복음의 핵심적인 내용입니다. 그렇다면 주님의 공생애를 관통하고 있는 이 '하나님의 나라'란 어떤 것일까요?

우리는 흔히 '하나님의 나라'라고 하면 공간 개념으로만 생각합니다. 한

반도, 일본 열도, 중국 대륙식의 영토 개념으로 이해합니다. 그래서 하나님 나라라고 하면 이 세상과 구별되는 초자연적 세계, 저승, 천국을 연상합니다. 그런데 성경이 말하는 하나님의 나라는 공간 개념이 아니고 주권 개념입니다. 하나님의 나라는 곧 하나님의 통치, 하나님의 지배, 하나님의 정치라는 말입니다. 그런데 주님이 일관되게 하나님의 나라를 선포하셨다는 것은 그분의 공생애 사역이 결코 정적이지만은 않았다는 사실을 뜻합니다.

요한이 잡힌 후 예수께서 갈릴리에 오셔서 하나님의 복음을 전파하여 _ 막 1:14

요한은 왜 헤롯에게 잡혔습니까? 헤롯의 부정과 비리를 고발했기 때문에 정치범으로 잡혔습니다. 그런데 주님이 요한이 잡힌 직후 공생애를 시작하시면서 어디서 복음을 처음 선포하셨습니까? 바로 요한이 붙잡힌 갈릴리입니다. 아직도 그곳 분위기는 살벌한 공안 정국인데 그 사건 현장으로 직행하셔서 '하나님의 나라', 즉 하나님의 주권을 외치셨습니다. 헤롯의 주권이 횡포하는 갈릴리에서 하나님의 주권, 하나님의 통치를 외치신 겁니다. 무슨 뜻입니까? 현실 정치에 대한 명백한 선전 포고입니다. 헤롯의 주권에 대한 정면 도전입니다. 아직 살아 있는 헤롯의 주권에 도발하신 것입니다. 이렇듯 주님이 공생애를 갈릴리에서 시작하시며 하나님의 나라를 선포하셨다는 것은 타이밍이나 당시의 현장 분위기로 볼 때 대단히 정치적이고 개혁적이며 혁명적이었습니다.

그런데 주님의 그다음 행보도 보십시오.

[13]유대인의 유월절이 가까운지라 예수께서 예루살렘으로 올라가셨더니 [14]성전 안에

서 소와 양과 비둘기 파는 사람들과 돈 바꾸는 사람들이 앉아 있는 것을 보시고 ¹⁵노끈으로 채찍을 만드사 양이나 소를 다 성전에서 내쫓으시고 돈 바꾸는 사람들의 돈을 쏟으시며 상을 엎으시고 ¹⁶비둘기 파는 사람들에게 이르시되 이것을 여기서 가져가라 내 아버지의 집으로 장사하는 집을 만들지 마라 하시니 ¹⁷제자들이 성경 말씀에 주의 전을 사모하는 열심이 나를 삼키리라 한 것을 기억하더라 ¹⁸이에 유대인들이 대답하여 예수께 말하기를 네가 이런 일을 행하니 무슨 표적을 우리에게 보이겠느냐 ¹⁹예수께서 대답하여 이르시되 너희가 이 성전을 헐라 내가 사흘 동안에 일으키리라 _요 2:13-19

주님의 첫 사역지인 갈릴리에서 하나님 나라를 선포한 것이 사회 개혁을 의미했다면, 두 번째 예루살렘에서의 사역은 종교 개혁을 뜻합니다. 예루살렘 성전은 유대교의 거점입니다. 그 유대교의 심장에까지 돌진하여 성전을 숙정(肅正)하시며 아예 성전을 헐라고 하신 것은 당시 타락한 종교에 대한 가공할 도전이셨습니다. 주님은 사회 개혁과 종교 개혁에 모범을 보이셨습니다. 사회도 교회도 개혁하신 적이 없었던 게 아니라 처음부터 개혁과 함께 공생애를 시작하셨습니다.

하나님의 통치가 이루어진 곳

지금으로부터 약 500년 전에 있었던 루터와 칼빈의 종교 개혁도 바로 그런 주님의 개혁 정신의 연장선상에 있습니다. 우리 개신교는 본래 두 개의 교단으로 출범했습니다. 루터주의자들의 루터교와 칼빈주의자들의 장로교가 그것입니다. 그런데 서구 교회의 오랜 전통은 오직 장로교만을 '개혁교회'(reformed church)라고 명명합니다. 루터교는 개혁교회라고 부르지 않습니다. 우리나라에서는 칼빈주의가 미국에서 들어왔기 때

문에 미국식으로 장로교(presbyterian church)라고 하지만, 칼빈주의의 본
산인 유럽에 가면 개혁교회(reformed church)라고 해야 알아듣지 장로교
라고 하면 잘 모릅니다. 그렇다면 루터교나 장로교가 다 종교 개혁을 통해
출범한 교단인데 왜 장로교만을 개혁교회라고 부를까요?

　루터주의에는 '두 왕국설'(Zwei Reche Lehre)이라는 게 있습니다. 이것
은 하나님의 나라와 세상 나라를 엄격하게 구분하는 이원론입니다. 그러니
까 루터교는 정치와 종교를 엄격하게 구분합니다. 왜냐하면 중세 천 년의
암흑기를 정치와 종교의 야합이 만들어낸 합작품이라고 봤기 때문에 그 둘
을 엄격하게 분리하는 두 왕국설을 교리의 중심으로 삼았던 것입니다. 그
래서 정치도 종교도 서로를 간섭하지 않습니다. 우리나라의 정교분리 원칙
도 영미 계통의 루터주의의 영향을 받은 것입니다. 유명한 현대 신학자 칼
바르트는 히틀러의 만행 앞에서 독일교회가 그토록 무력했던 이유는 루터
주의의 '두 왕국설' 때문이었다고 했습니다. 독일 루터교회가 정교분리 원
칙을 적용했기에 히틀러의 만행을 제재할 수 없었다는 것입니다.

　그런데 칼빈주의는 좀 다릅니다. 개혁교회라고 명명하는 장로교는 '그
리스도 통치설'(Koenigsherrschaft Christi Lehre)이라는 것을 내세웠습니
다. 이것은 삶의 모든 분야가 그리스도의 통치 아래 있어야 한다는 가르침
입니다. 하나님은 교회만이 아니라 온 우주를 다 창조하셨기 때문에 우리
의 모든 삶의 장(場)이 다 그리스도의 통치 아래 있어야 하며, 그리스도의
주권이 내 삶의 전 분야에 관철되어야 한다는 것입니다. 그래서 칼빈은 스
위스 제네바에서 신정(神政)까지 했습니다. 그리스도 통치설을 현실 정치
에 적용한 것인데 교회법으로 한 도시를 다스린 것입니다.

　장로교가 바로 이런 개혁교회의 전통에 서 있습니다. 그러므로 우리에게

는 개혁가들의 정신을 계승하는 개혁교회 성도로서의 존재감이 필요합니다. 교회만이 아닙니다. 사회도, 정치도, 경제도, 문화도 다 그리스도의 통치 아래 있어야 합니다. 그러면 거기에 하나님의 나라가 임한 것입니다. 그게 개혁이며 우리가 살길입니다.

그리고 개혁은 무엇보다 우리 자신에게서부터 시작되어야 합니다. "회개하라 하나님의 나라가 가까웠다"고 하신 것은 너 자신부터 개혁하라는 말씀과 다름없습니다. 하나님의 통치를 받는 존재로 거듭나라는 겁니다. 그러면 내 안에, 내 삶에, 내 가정에 하나님의 나라가 실현되는 것입니다. 죽어서 가는 천국은 이미 이 땅에서 이룩된 하나님 나라의 연장임을 잊지 마십시오. 이게 바로 내 자신은 물론 우리 가정과 교회와 사회와 나라가 사는 길입니다. 종교 개혁 혹은 신앙 개혁을 막연하게 생각하지 마십시오. 하나님의 주권을 내 삶에 구체적으로 적용하는 것이 바로 개혁입니다.

✝ 한걸음더

1 하나님 나라는 주님이 선포하신 복음의 구체적 내용이다. 하나님 나라는 어떤 곳인가?

2 죽어서 가는 천국은 이미 이 땅에서 이룩된 하나님 나라의 연장이다. 지금 하나님의 나라를 이루고 있는가?

이 성전을 헐라

¹³유대인의 유월절이 가까운지라 예수께서 예루살렘으로 올라가셨더니 ¹⁴성전 안에서 소와 양과 비둘기 파는 사람들과 돈 바꾸는 사람들이 앉아 있는 것을 보시고 ¹⁵노끈으로 채찍을 만드사 양이나 소를 다 성전에서 내쫓으시고 돈 바꾸는 사람들의 돈을 쏟으시며 상을 엎으시고 ¹⁶비둘기 파는 사람들에게 이르시되 이것을 여기서 가져가라 내 아버지의 집으로 장사하는 집을 만들지 말라 하시니 … ¹⁸이에 유대인들이 대답하여 예수께 말하기를 네가 이런 일을 행하니 무슨 표적을 우리에게 보이겠느냐 ¹⁹예수께서 대답하여 이르시되 너희가 이 성전을 헐라 내가 사흘 동안에 일으키리라 _ 요한복음 2:13-19

종교 개혁의 시작

마르틴 루터의 종교 개혁일(1517년 10월 31일)을 기념하여 10월 마지막 주일은 종교개혁주일로 지킵니다. 그런데 사실 종교 개혁의 원조는 루터 이전에 주님이십니다. 〈요한복음〉 2장을 보십시오. 주님이 유대교의 본산인 예루살렘 성전을 정화하신 사건인데, 이것은 네 권의 복음서에 다 나옵니다. 공관복음서(마태복음, 마가복음, 누가복음)에는 주님의 공생애 마지막 주간에 행하신 것으로 나오지만, 〈요한복음〉은 주님의 공생애 초기 사건으로 기록하고 있습니다. 주님 생애 마지막에 나오는 공관복음서의 얘기가 아마도 역사적 사실에 더 가까울 것입니다. 그런데 〈요한복음〉은 이 사건의 중요성을 강조하기 위해 주님 공생애 초기 사건으로 배치한 것 같습니다.

주님은 성전을 난장판으로 만든 사람들에게 격노하시며 장사꾼들의 집기를 둘러엎으시고, 채찍을 휘두르시며 비둘기와 양을 성전에서 다 몰아내셨습니다. 그러시며 "내 아버지의 집으로 장사하는 집을 만들지 마라"고 하셨습니다. 공관복음서의 표현은 더 신랄하고 과격합니다. 기도하는 집을 "강도의 소굴"로 만들었다고 하십니다.

〈마태복음〉 21장 15절 이하를 보면 어린이들은 "호산나 다윗의 자손이여" 하며 주님께 갈채를 보낸 것에 반해, 성전 주인을 자처하던 제사장, 서기관, 장로들은 이를 갈며 네가 무슨 권리로 이런 짓을 행하느냐고 대들었습니다. 하기야 그들의 입장으로 보면 당시 주님의 행동은 분명 정상이 아니었습니다. 성전을 관리하고 운영하는 성직자들이 따로 있는데, 누구도 주님께 성전을 숙정할 수 있는 권한을 준 적이 없는데, 갑자기 어떤 시골뜨기 청년 하나가 나타나 채찍을 휘두르며 순식간에 성전을 아수라장으로 만들어 놨으니 얼마나 어처구니가 없었겠습니까?

또 주님이 겨냥하신 성전 뜰에서 장사하는 문제도 그렇습니다. 사람들이 성전에서 예배하려면 양이나 비둘기 같은 제물이 필요하고, 먼 이방에서 온 순례자들은 그런 제물을 성전 근처에서 구입할 수밖에 없습니다. 헌금이나 성전세를 내려면 외국 돈을 유대 돈으로 바꿔야 합니다. 성전 안에서는 유대 돈인 세겔만 사용하게 되어 있었기 때문입니다. 그래서 성전 당국이 아예 성전 뜰에다 제물을 파는 시장을 조성하고, 순례자를 위해 환전소도 설치한 것입니다. 이렇게만 보면 하나도 문제 될 게 없습니다. 그럼에도 주님은 내 아버지 집을 장사하는 집으로 만들지 말라고 하셨습니다. 만인의 기도하는 집을 강도의 소굴로 만들었다고 하셨습니다.

이게 무슨 뜻일까요? 그들은 순례자들이 양이나 비둘기나 염소를 외부에서 준비해 오면 무슨 트집을 잡아서라도 퇴짜를 놓았습니다. 흠이 있고 티가 있다며 제물 부적합 판결을 내렸습니다. 제물을 바치기 전 제사장이 제물의 적합성을 꼼꼼히 확인하는데 외부에서 반입한 제물은 부적합 판정을, 성전 뜰에서 파는 제사장이 공인한 제물은 무조건 적합 판정을 받았습니다. 그래서 백성들은 울며 겨자 먹기로 비싸게 파는 성전 뜰의 짐승을 살 수밖에 없습니다. 환전도 마찬가집니다. 외국 돈으로는 성전세를 낼 수 없다는 규정을 만들어 환전을 해야만 하게 해놓고 터무니없는 환율로 폭리를 취했습니다. 그런데 짐승을 파는 상인들도 환전상들도 다 제사장이 고용한 하수인이었습니다. 그래서 주님이 그들의 강도 행각에 의분을 터뜨리시며 채찍을 휘두르는 등의 폭력을 행사하신 겁니다.

16세기 종교 개혁가들의 가톨릭에 대한 분노도 바로 그런 것이었습니다. 당시 로마 가톨릭이 지금 바티칸으로 쓰고 있는 성 베드로 성당을 짓다 자금이 모자라자 면죄부를 팔았습니다. 교황 레오 10세가 면죄부를 발행해 막대한 성 베드로 성당 건축비를 조달하기로 한 것입니다. 면죄부란 일종의 부적입니다. 그걸 사면 사는 만큼 죄가 사해진다는 겁니다. 특히 면죄부는 살아생전 이렇다 할 공적이 없어 천국에 가지 못하고 연옥에 있는 영혼들에게 효험이 있다고 대대적으로 선전했습니다. 연옥에 대기 중인 조상을 위해 살아 있는 후손이 면죄부를 사면 돈통에 돈이 짤랑하고 떨어지는 순간 즉각 천국으로 옮겨진다고 했습니다.

루터는 당시 가톨릭 신부로 독일 중부의 비텐베르크 대학에서 철학과 성경(시편, 로마서, 갈라디아서 등)을 가르쳤습니다. 그런데 〈로마서〉와 〈갈라디아서〉를 연구하면 할수록 루터를 괴롭히는 게 있었습니다. 자기가 지금까지 배운 가톨릭의 교리와 성경의 가르침이 다르다는 것이었습니다. 심한 갈등과 회의를 겪던 루터가 한 번은 공무로 로마 바티칸을 갈 기회가 있었습니다. 루터는 수많은 순례자처럼 바티칸 돌계단을 무릎으로 기어 올라갔습니다. 그러나 그는 곧 엄청난 회의에 빠집니다. 지금 이게 과연 성경의 가르침인가? 이래야 구원을 얻는단 말인가? 바로 그때 그의 마음을 뜨겁게 하며 떠오른 성경 말씀이 바로 "오직 의인은 믿음으로 말미암아 살리라" 하는 〈로마서〉 1장 17절이었습니다. 순간 루터는 그 자리에서 벌떡 일어나 뒤도 안 돌아보고 독일로 다시 돌아오고 말았습니다. 그로부터 얼마 지나지 않아 면죄부 사건이 터진 것입니다. 결국 그는 1517년 10월 31일에 비텐베르크 대학교회 정문에 95개 조항의 대자보를 붙였습니다. 이게 바로 종교 개혁의 발단입니다.

오직 믿음, 오직 성경, 오직 은혜

루터가 제시한 종교 개혁의 원리는 세 가지입니다. 우선 '오직 믿음'(sola fide)입니다. 사람은 믿음으로 구원받지 공적(功績)으로 구원받는 것이 아니라는 겁니다. 가톨릭은 인간의 행위를 강조합니다. 우리도 행위는 강조하지만 행위로 구원받는다고 가르치지는 않습니다. 천국의 상급을 위해 선행과 자선을 하는 것이지 구원을 위해서 선행을 하는 것은 아닙니다. 이 점에서 가톨릭과 개신교의 가르침은 다릅니다. '오직 믿음'이란 행위를 중시하는 가톨릭의 핵심 교리에 대한 반론이었습니다. 종교 개혁의 가장 중요한 기치가 바로 이 '오직 믿음'입니다.

다음은 '오직 성경'(sola scriptura)입니다. 루터는 가톨릭교회가 타락한 근본 원인이 성경이 아니라 교황의 교서에 모든 가치를 두고 있기 때문이라고 생각했습니다. 중세 때만 해도 신자들은 성경을 잘 접하지 못했습니다. 성경이 다 라틴어로 되어 있어서 라틴어를 아는 사제들의 전유물이었습니다. 그리고 사제들은 성경보다 교황의 교서를 주로 가르쳤습니다. 이게 잘못되었다는 겁니다. 루터는 이게 가톨릭이 타락한 근본 원인이라고 봤습니다. 그래서 그는 종교 개혁을 주도하며 제일 먼저 성경 번역 작업에 착수했습니다. 라틴어 성경을 독일어로 번역한 것입니다. 지금도 독일 사람들은 루터가 종교 개혁 당시 번역한 루터번역성경을 가장 사랑합니다. 루터는 교황의 교서가 아니라 오직 성경만이 우리 신앙의 절대적 규범이라고 했습니다.

세 번째는 '오직 은혜'(sola gratia)입니다. 이것은 교황과 같은 중보자나 고해 성사와 같은 중보 의식에 대한 반론입니다. 우리에게 필요한 것은 오직 주님의 은혜일 뿐 주님과 우리 사이에 교황이 끼어들 이유는 없다는 겁니다. 이것은 가톨릭의 마리아 숭배나 성자 숭배, 교황 절대 무오설 같은 교리에 대한 부정이기도 합니다. 우리는 누구나 주님을 직접 뵙고 우리의 사정을 호소할 수 있는 제사장이라는 것입니다. 이게 소위 '만인 사제설'입니다.

루터의 종교 개혁은 이 세 가지 기치로 요약됩니다. 이게 종교 개혁의 이념이요 철학입니다. 루터의 이런 종교 개혁은 그야말로 마른 들판의 불길처럼 유럽 전역으로 번졌습니다. 그러자 위기의식을 느낀 교황청이 루터를 파문합니다. 루터는 그 파문장을 학생들 앞에서 공개적으로 불사릅니다.

스위스에서는 츠빙글리(H. Zwingli)라는 개혁가가 루터에 동조했고, 프랑스에서는 칼빈(J. Calvin)이, 스코틀랜드에서는 존 낙스(J. Knox)가 가세합니다. 그들은 마침내 '프로테스탄트', 즉 저항자, 반항자라는 이름을 얻게 됐는데 그게 우리 개신교의 공식 명칭이 되었습니다.

성전 개혁이나 종교 개혁은 예수님 시대의 유대교나 루터 시대의 가톨릭에만 필요한 것이 아닙니다. 우리 개신교의 정체성과 관련된 가장 중요한 기치가 바로 '끊임없이 개혁하는 교회'(ecclesia semper reformanda)입니다. 현실에 타협하거나 안주하지 않고 모순과 거짓에 저항하며 부단히 교회의 본래 모습과 정신을 추구하는 것, 그게 바로 개혁가들의 후예들인 오늘 우리 개신교의 과제요 사명입니다.

영광의 면류관이 된 십자가

주님 시대의 유대교처럼, 중세 루터 시대의 가톨릭처럼, 이 시대의 개신교회도 분명 개혁되어야 합니다. 그렇지 않으면 교회 안에서 장사하다 다 망합니다. 지금 한국교회는 난장판입니다. 교회 치고 강도의 소굴 아닌 곳이 어디 있으며, 장사 안 하는 교회가 과연 몇이나 될까요? 그 옛날 성전에서 하던 상거래가 이 시대 교회에서는 안 일어나고 있습니까? 요즘 교회는 모범적인 사람을 장로로 뽑지 않고 사장이나 회장급에서 장로를 선출합니다. 각 교단은 매년 교단장 부정 선거 후유증으로 큰 시험에 빠집니다. 왜 다들 이렇게 장로나 노회, 총회의 임원이 되지 못해 안달할까요? 갑자기 소명감이 뜨거워져서 그렇습니까? 아닙니다. 이제는 십자가 영광의 면류관이 되어서 그렇습니다. 부담은 줄고 권한이 늘어서 그렇습니다.

만약 주님이 오늘 한국교회에 오신다면 뭐라고 말씀하실까요? "너희가 하나님의 집을 장사하는 집으로 만들었다", "너희가 만인이 기도하는 집을 강도의 소굴로 만들었다", "이 성전을 헐어 버리라"고 하시지 않을까요? 채찍을 휘두르며 우리를 다 몰아내지 않으실까요? "너희 중에 성전 문을 닫을 자가 있었으면 좋겠다"(말 1:10)는 말씀이 있습니다. 저 성전 문을 폐쇄했으면 좋겠다는 말씀입니다. 더 깨끗하고 투명하게 새로워지는 한국교회가 되어야 합니다.

✝ 한걸음더

1 오직 믿음, 오직 성경, 오직 은혜. 이 세 가지가 루터가 제시한 종교 개혁의 원리이다. 각각이 무슨 뜻인지 되새겨 보자.

2 십자가가 영광의 면류관이 된 한국교회도 분명 개혁되어야 한다. 어떻게 할 수 있을까?

칼을 칼집에 도로 꽂으라

22 Chapter

10이에 시몬 베드로가 칼을 가졌는데 그것을 빼어 대제사장의 종을 쳐서 오른편 귀를 베어 버리니 그 종의 이름은 말고라 11예수께서 베드로더러 이르시되 칼을 칼집에 꽂으라 아버지 께서 주신 잔을 내가 마시지 아니하겠느냐 하시니라 _ 요한복음 18:10-11

절대 용서의 삶을 사신 주님

지금 이 장면, 어떤 순간입니까? 겟세마네 동산에서 피땀을 흘리며 기도하고 계신 주님 앞에 가룟 유다가 체포조를 이끌고 나타나서 배신의 키스를 하는 순간입니다. 졸고 있던 제자들은 혼비백산하여 다 달 아났는데 그래도 베드로는 끝까지 주님 곁에 남아 자기가 품고 있던 칼을 뽑아 휘두르다 대제사장의 종 말고의 귀를 쳐 떨어뜨렸습니다. 여러분은 베드로의 이 행동을 어떻게 생각하십니까? 폭력입니까, 정당방위입니까? 아마 누구도 베드로의 이 행위를 탓하지는 못할 겁니다. 죄 없는 스승을 지키려는 제자의 충정 아닙니까? 무고한 자의 실존적 저항 아닙니까?

그럼에도 주님의 반응이 뜻밖입니다. "칼을 도로 칼집에 꽂으라"고 하십니다.

> [49]그의 주위 사람들이 그 된 일을 보고 여짜오되 주여 우리가 칼로 치리이까 하고 [50]그 중의 한 사람이 대제사장의 종을 쳐 그 오른쪽 귀를 떨어뜨린지라 [51]예수께서 일러 이르시되 이것까지 참으라 하시고 그 귀를 만져 낫게 하시더라 _ 눅 22:49-51

주님은 떨어진 그 말고의 귀를 다시 붙여 주시기까지 하셨습니다. 최소한의 자기 방어조차 용납하지 않으신 주님의 이 말씀, 우리가 어떻게 받아들여야 할까요? 이것은 주님이 그분의 평소 소신을 끝까지 관철하셨다는 것을 의미합니다.

> [21]그때에 베드로가 나아와 이르되 주여 형제가 내게 죄를 범하면 몇 번이나 용서하여 주리이까 일곱 번까지 하오리이까 [22]예수께서 이르시되 네게 이르노니 일곱 번뿐 아니라 일곱 번을 일흔 번까지라도 할지니라 _ 마 18:21-22

주님은 이에는 이, 눈에는 눈이 아니라 일곱 번씩 일흔 번이라도 남을 용서하라고 하셨습니다. 이게 주님의 평소 신념이었고 마지막까지도 그 소신을 굽히지 않으셨다는 겁니다.

세계는 하루가 멀다 하고 테러와 보복을 일삼고 있습니다. 지금 우리나라가 처한 상황도 너무나 엄중합니다. 북한이 당장이라도 도발할 기세여서 세계가 이 한반도를 주시하고 있습니다. 그런데 이런 우리를 향해 주님은 칼을 도로 칼집에 꽂으라고 하십니다. 여러분은 이 말씀이 접수되십니까?

여러분, 주님은 이 말씀을 언제 어떤 상황에서 하셨습니까? 평온할 때 하셨습니까? 배부를 때? 신변에 아무런 위협이 없을 때 하셨습니까? 아닙니다. 지금 상대가 빼 든 칼 앞에서 목을 내밀며 하신 말씀입니다. 솔직히 배부를 때야 무슨 비단 같은 말을 못합니까? 모두가 환영하고 만사가 형통할 때는 어떤 말도 다 가능합니다. 그러나 주님은 지금 가장 긴박한 상황, 상대가 빼 든 칼 앞에서 이 말씀을 하고 계십니다. 이 사실 하나만으로도 우리는 다시 한 번 주님께 경의를 표해야 합니다.

산상수훈을 보십시오. 처음에는 얼마나 달콤합니까?

³심령이 가난한 자는 복이 있나니 천국이 그들의 것임이요 ⁴애통하는 자는 복이 있나니 그들이 위로를 받을 것임이요 ⁵온유한 자는 복이 있나니 그들이 땅을 기업으로 받을 것임이요 _마 5:3-5

그런데 이런 감미로운 선율이 점점 격렬해지다가 나중에는 절대 보복하지 마라, 원수까지 용서하고 사랑하라고 하시는데, 이쯤 되면 아예 "네 목숨을 내게 다오"라는 말과 같습니다.

¹⁰의를 위하여 박해를 받은 자는 복이 있나니 천국이 그들의 것임이라 ¹¹나로 말미암아 너희를 욕하고 박해하고 거짓으로 너희를 거슬러 모든 악한 말을 할 때에는 너희에게 복이 있나니 ¹²기뻐하고 즐거워하라 하늘에서 너희의 상이 큼이라 너희 전에 있던 선지자들도 이같이 박해하였느니라 _마 5:10-12

이 때문에 사람들이 산상수훈을 떠나고 주님을 배신합니다. 원수 사랑을 가르치는 기독교가 세계에서 가장 피를 많이 흘린 종교라는 사실은 무엇을 뜻합니까? 언제나 주님의 말씀을 정면에서 비웃어 온 사람들이 바로 그리스도인이라는 말입니다. 원수를 사랑하라는 말은 절대 악과 타협하거나 불의에 눈감으라는 말씀이 아닙니다. 오히려 그것이 가장 치열한 투쟁이라는 것입니다. 주님을 보십시오. 주님은 자기를 해치려는 자를 미워하거나 배척하지 않았습니다. 오히려 "아버지여 저들을 사하여 주옵소서" 하시며 용서를 빌었습니다. 그러면서 죽기까지 홀로 그 길을 가셨습니다. 따라서 "칼을 도로 칼집에 꽂으라"는 말씀은 이상이나 관념이나 사변이 아니라 그게 그대로 그분의 삶이요 존재 자체였습니다.

칼을 사되 절대로 뽑지 마라
왜 우리가 칼을 칼집에 도로 꽂아야 할까요?

[51]예수와 함께 있던 자 중의 하나가 손을 펴 칼을 빼어 대제사장의 종을 쳐 그 귀를 떨어뜨리니 [52]이에 예수께서 이르시되 네 칼을 도로 칼집에 꽂으라 칼을 가지는 자는 다 칼로 망하느니라 _ 마 26:51-52

〈마태복음〉 26장 52절에 보면, "칼을 쓰는 자는 칼로 망하기 때문이라"고 합니다. 나를 지키겠다고 칼을 뽑았는데 왜 칼 때문에 망할까요? 그게 바로 칼의 비극입니다. 칼은 칼을 부릅니다. 우리나라도 보복 행위를 미화하는 경우가 많습니다. 소설이나 영화, 만화가 다 그렇습니다. 이것은 성경의 가르침과는 배치됩니다. 주님은 그렇게 가르치시지 않았습니다. 복수심은 이성을 마비시킵니다. 행동으로 나타나면 싸움이나 살인이 되고, 그게 집단화되면 테러나 전쟁이 됩니다. 피는 반드시 피를 부릅니다. 이는 이를, 눈은 눈을 부릅니다.

요즘은 아무도 참지를 않습니다. 아무도 남을 용서하지 않습니다. 부모도 안 참고, 자식도 안 참습니다. 남편도 아내도 안 참습니다. 모두가 자기 감정과 분노대로 칼을 뽑아 막 휘두릅니다. 세상이 그렇게 되고 말았습니다. 요즘은 붙었다 하면 막장으로 갑니다. 끝장을 봐야 합니다. 그러나 칼을 쓰면 반드시 그 칼에 망합니다. 이것은 만고불변의 진리입니다. 그래서 주님이 그 칼을 도로 칼집에 꽂으라고 하신 것입니다. 또한 "이것까지도 참으라"(눅 22:51)고 하셨습니다. 정당방위를 마치 자기 권리라고 생각하는 사람들이 꼭 기억해야 할 말씀입니다. 그러므로 주님 앞에서는 그 어떤 폭력도, 그 어떤 명분의 전쟁도, 그 어떤 피의 보복도 결코 정당화되거나 합리화될 수 없습니다.

그렇다면 우리가 꼭 확인해야 할 게 있습니다. 주님은 근본적으로 칼을 부정하셨는가 하는 것입니다. 여호와의 증인들은 그렇게 이해합니다. 주님이 무조건 칼을 부정하셨다는 겁니다. 그래서 여호와의 증인들은 집총을 거부합니다. 그게 성경의 가르침이라고 믿기 때문입니다. 그래서 군대에 가지 않고 감옥으로 갑니다. 그런데 그런 해석이 맞습니까? 〈마태복음〉에 "내가 세상에 화평을 주러 온 줄로 생각하지 마라 화평이 아니요 칼을 주러 왔노라"(마 10:34)고 하신 주님의 말씀이 나옵니다.

더욱 놀라운 것은 〈누가복음〉 22장 36절 말씀인데 겟세마네 동산에 오르기 직전 최후의 만찬석상에서 하신 말씀입니다. 거기서 주님은 "이제 칼이 없는 자는 겉옷을 팔아 칼을 사라"고 하셨습니다. 이 말씀을 하시고 겟세마네에 오르셔서는 다시 "칼을 쓰면 칼로 망한다"고 하신 겁니다. 어째서 조금 전 산 아래에서는 칼이 없는 자는 겉옷을 팔아서라도 칼을 사라고 하신 분이 지금은 다시 그 칼을 도로 칼집에 꽂으라, 이것까지 참으라, 칼을 쓰는 자는 칼로 망한다고 하신 걸까요?

그렇습니다. 주님은 결코 칼 자체를 나쁘다고 하시지는 않았습니다. 칼을 칼집에 도로 꽂으라는 말씀은 아예 칼을 갖지 말라거나 칼을 버리라는 뜻은 아닙니다. 칼은 사라고 하십니다. 그러나 칼은 칼집에 있을 때만 칼입니다. 칼집에서 뽑히면 흉기요 살인의 도구가 됩니다. 겉옷은 유대인에게 대단히 중요한 재산입니다. 그렇게 소중한 겉옷을 팔아서라도 칼은 사라고 하십니다. 그러나 칼집에서 뽑지는 말라는 겁니다. 칼은 칼집에 꽂혀 있을 때 비로소 정의와 질서와 위엄과 권위의 상징이지 한 번 뽑아버리면, 제 힘으로는 곱게 다시 못 꽂습니다. 그게 칼의 비극입니다. 그 칼에 희생된 사람들의 칼의 보복이 두렵기 때문에, 칼을 뽑아 한 번 피를 묻힌 사람은 항상 칼을 들고 있어야 합니다. 그게 칼의 악순환입니다. 그러나 칼을 가지고도 끝내 뽑지 않는 사람이 진정한 강자입니다. 반면 툭하면 칼을 뽑는 사람은 칼에서 최후의 보장을 찾는 비겁하고 나약한 사람입니다. 그럼에도 우리는 너무나도 쉽게 칼을 뽑는 습성에 젖어 있습니다. 지금도 수많은 사람이 피 묻은 칼을 칼집에 도로 꽂지 못해 불안에 떨고 있습니다.

십자가를 노래하며 희생을 거부하는 신앙?

언제나 문제가 되는 것은 왜 우리가 칼을 뽑으며, 칼을 뽑지 않으면 안 된다고 생각하느냐는 것입니다. 여러 가지 이유가 있겠습니다만, 결국 나는 희생하기가 싫다는 것입니다. 나는 수난당하기 싫다는 것입니다. 주님이 칼을 도로 칼집에 꽂으라고 하신 것은 수난과 희생을 각오하라는 말씀인데 우리는 십자가를 쳐다보며 십자가를 노래하면서도 희생이나 수난은 언제나 거부합니다. 이것은 결국 "당신이나 수고하시오! 나는 당신 덕분에 영광이나 누리겠소" 하는 자세입니다. 그러나 주님이 지시하신 길을 가야 죽지 않고 삽니다. 살겠다고, 자기는 희생당하기 싫다고 칼을 뽑아 휘두르면 반드시 망합니다. 칼은 사되 절대 뽑지는 말라고 하신 주님의 이 역설적 가르침의 의미를 제대로 깨달아야 이 나라의 안보 문제가 해결되고, 남북의 긴장 국면이 해소될 것입니다. 나라와 민족의 운명을 위해 더 많이 기도하기 바랍니다.

✝ 한걸음더

1 "칼은 칼집에 있을 때만 칼이다"라는 저자의 말을 수긍할 수 있는가?

2 "칼을 사되 절대로 뽑지 마라"는 주님의 가르침은 어떤 의미인지 자신의 말로 설명해 보자.

무신론 시대의
하나님과 개혁

태초에 하나님이 천지를 창조하시니라 _ 창세기 1:1

신은 위대하지 않다_무신론의 도전과 확산

　　요즘 세계교회의 가장 큰 고민은 무신론의 도전과 확산입니다. 예전과는 달리 요즘의 무신론은 매우 노골적이고 전투적입니다. 영국 옥스퍼드 대학의 리처드 도킨스(Richard Dawkins) 교수가 선두 주자입니다. 《신은 위대하지 않다》는 책을 쓴 크리스토퍼 히친스(Christopher Hitchens)도 있습니다. 이 사람은 《신 없이 어떻게 죽을 것인가》라는 책을 써놓고 지난 2011년에 식도암으로 죽었습니다. 대단한 독설가요 무신론의 전사였습니다. 또 미국 무신론자협회 공동 대표인 애니 게일러(Annie

Gaylor)도 만만치 않습니다. 신문, 방송 같은 매체를 통해 끊임없이 무신론을 선동하며 기독교를 맹비난합니다. 현대 사회의 이런 무신론적 현상에 대해 어떻게 대처해야 할까요? 그동안 수면 아래에 있던 무신론자들이 요즘은 어째서 이렇게 공세로 나올까요?

현대 무신론의 아버지는 루드비히 포이어바흐(Ludwich Feuerbach)입니다. 그는 1804년 독일에서 태어나 가톨릭에서 영세를 받고 개신교에서 자란 신자였습니다. 이미 고등학교 시절 목사가 되겠다는 꿈을 가지고 헬라어, 라틴어, 히브리어 등의 고전어를 마스터한 수재였습니다. 대학도 하이델베르크대학 신학부에 진학했는데 거기서 운명의 헤겔 철학을 만나 완전히 매료당합니다. 아예 하이델베르크대학을 떠나 당시 헤겔이 강의하던 베를린대학으로 옮겨 헤겔에게 직접 가르침을 받습니다. 신학도에서 철학도로 전향한 것입니다. 베를린대학을 졸업하고 남부 에어랑엔대학에서 박사 학위를 받고 그 대학에서 강사 노릇을 하면서부터 본격적인 무신론 전도사가 됩니다.

기독교의 경전이 성경이라면 무신론자들의 바이블은 포이어바흐의《종교의 본질》입니다. 그는 또한《기독교의 본질》이란 책도 썼습니다. 성경은 "태초에 하나님이 천지를 창조하시니라"로 시작되지만, 포이어바흐의《종교의 본질》은 첫 문장이 "태초에 사람이 하나님을 창조하니라"로 시작됩니다. 이 한마디, 이 한 줄 선언이 포이어바흐 무신론의 모든 것을 다 말합니다. 기독교가 믿는 하나님은 전지전능한 하나님이 아니라 인간이 만들어 놓은 신이라는 것입니다. 인간이 초월 세계라고 믿는 저 하늘에 자신의 원초적 욕망을 투사(projection)해 놓은 것이 신이라고 주장합니다. 누구나 인간에게는 자신의 유한성과 제한성을 극복하고자 하는 자기 초월의 욕구가 있다는 겁니다. 그러나 그것은 인간이라는 존재론적인 한계 때문에 어쩔 수 없습니다. 따라서 모든 인간적인 한계와 모순을 다 극복한 전지전능한 존재를 만들어 초월 세계인 하늘에 투사해 놓고 그 가공의 초월자를 신으로 섬김으로써 자기 초월을 꾀하고자 한 것이 바로 종교의 본질이자 기독교의 본질이라고 합니다. 하나님은 영원 전부터 스스로 계시고 인간과 우주를 창조하신 자존자·조물주가 아니라, 인간이 자신의 유한성을 극복하기 위해 가장 이상적인 가상의 초월 존재를 만들어 하늘에 쏘아 올린 허상이요 투사라는 것입니다.

마르크스와 프로이트, 리처드 도킨스까지

이런 포이어바흐의 무신론 사상을 그대로 계승한 사람이 칼 마르크스와 엥겔스입니다. 마르크스는 종교를 "인민의 아편"이라고 했습니다. 프롤레타리아 계급으로 하여금 신이라는 허상에 사로잡혀 현실에 대한 적극적인 혁명 의지를 발휘하지 못하도록 하는 마약이 바로 종교라고 했습니다. 현실을 직시해야 하는데 종교는 하늘을 바라보게 하여 투쟁 의지를 끊어 버린다고 주장합니다. 따라서 종교로는 절대 자기 초월이 불가능하다며, 오직 물리적인 공산 혁명만이 인간사의 모든 모순과 부조리를 극복하게 한다고 주장했습니다. 마르크스는 유대인입니다. 또한 그는 열렬한 기독교 신자였습니다. 기독교 고등학교를 나왔고 교회에서 기독교식으로 결혼을 한 사람입니다. 그러나 결국은 그토록 전투적인 무신론자가 되었습니다.

그다음 주자는 지그문트 프로이트입니다. 그도 유대인입니다. 그는 종교를 "심리학적 착각"이라고 규정했습니다. 포이어바흐의 투사 이론을 심리학적으로 더 철저하게 만들었습니다. 처음에는 인간이 신을 만들어 하늘에 앉혀 놓았는데, 이제는 그걸 정말 신으로 착각하며 섬기고 있다는 것입니다. 장인이 우상을 만들어 신의 자리에 앉히는 순간 사람들은 착각한다는 겁니다. 자기가 만든 조악한 형상임에도 그걸 초월 존재로 착각하고 그 앞에서 절하며 예배한다는 겁니다. 기독교가 말하는 하나님조차도 그런 인간의 심리학적 착각의 산물일 뿐이라고 주장합니다.

다음은 프리드리히 니체입니다. 그는 "신은 죽었다"고 말한 사람입니다. 그 역시도 기독교 집안 출신입니다. 할아버지와 아버지가 목사였습니다. 그는 별명이 아기 목사일 정도로 성경에 해박하고 누구보다도 요절을 많이 암송한 사람이었습니다. 목사가 되려고 공부하다 극심한 회의주의에 빠져 결국은 19세기의 대표적인 무신론자가 됩니다.

그리고 사르트르로 대표되는 실존주의, 진화론을 주창한 찰스 다윈, 그들의 계보를 지금의 리처드 도킨스가 잇고 있습니다. 그의 책은 원제가 《하나님 망상》인데, 우리말 제목으로는 《만들어진 신》입니다. 도킨스는 이 책에서 19세기 포이어바흐의 논조를 그대로 답습하고 있습니다.

그리스도의 통치, 그리고 개혁

그렇다면 어째서 이런 무신론자들의 철학이 사람들에게 지지를 얻고 있을까요? 한마디로 우리가 잘못 살고 있기 때문입니다. 니체가 "하나님은 죽었다"고 선언했는데, 그게 서구 기독교 문명에 대한 사망 선언이지 인격적인 하나님의 사망을 뜻하는 것은 아니라는 게 다수 학자의 해석입니다.

지금도 마찬가지입니다. 우리 믿는 자들의 삶이 하나님의 살아 계심을 제대로 확인시켜 주지 못하니까 사람들이 대놓고 기독교를 비웃고 하나님이 어디 있느냐며 무시하는 것입니다. 의식적이지는 않았다고 하더라도, 결과적으로는 우리의 엉터리 신앙생활이 이런 결과를 낳았다는 점에서 우리는 누구도 이 엄중한 책임으로부터 자유로울 수 없습니다. 온몸으로 하나님의 살아 역사하심을 확인시켜야 했습니다. 그러나 우리가 그렇게 하지 못했기에 세상 사람들이 기독교를 마음껏 조롱하게 된 것입니다.

전에는 종교 개혁 하면 주로 교회의 타락상을 고발하며 잘못된 제도나 교리를 혁파하려 했지만, 이제는 그보다 훨씬 더 근본적으로 그리스도인 한 사람 한 사람의 삶을 개혁하는 쪽으로 초점이 맞춰져야 합니다. 이렇게 해야만 이 시대가 필요로 하는 개혁을 이끌어 낼 수 있습니다. 지금은 신앙과 삶이 다 따로 놉니다. 교회에서만 신앙생활을 하고 교회를 나서면 전혀 다른 모습, 딴 사람으로 살아갑니다. 이게 문제입니다. 이것이 사람들로 하여금 기독교를 불신하고 적대하게 만들었습니다.

그럼 어떻게 해야 합니까? 개혁교회 본래의 정신과 전통으로 돌아가는 겁니다. 개혁교회 본래의 신념을 회복하는 겁니다. '그리스도의 통치'로 돌아가는 겁니다. 칼빈이 가장 강조하고 죽는 날까지도 관철하려 혼신을 다했던 '그리스도 통치론'으로 돌아가야 합니다. 우리의 삶의 모든 영역이 그리스도의 통치 아래에 있어야 한다는 주장입니다. 주일에만 그리스도의 통치를 받는 것으로는 안 되고, 주중에도 그리스도의 주권이 내 삶의 한복판을 관통하게 해야 합니다. 이것이 칼빈이 말한 그리스도 통치 개념이자, 개혁교회의 오랜 전통입니다.

그리스도의 통치는 종교에만 국한되는 게 아닙니다. 주님은 온 우주를 창조하셨습니다. 따라서 주님의 주권은 범우주적으로 관철되어야 합니다. 정치도, 사회도, 문화도, 경제도 다 주님의 통치 아래에 있어야 합니다. 그렇지 않으면 다 타락하여 생지옥과 같은 세상이 되고 말 것입니다.

"하나님의 나라가 이 땅에 임하소서"라고 기도하는 것도 바로 그런 의미입니다. 삶의 모든 분야가 그리스도의 통치를 받아야 옳다는 것입니다. 그럼에도 아직 그렇지 못한 구석이 있다면 그곳에 하나님의 주권이 관철되게 하는 게 곧 개혁입니다.

우리 자신부터 개혁합시다. 내 삶의 전부를 주님의 통치 아래에 둡시다. 주님의 정치가 내 삶의 모든 영역에서 실현되게 합시다. 교회생활, 가정생활, 사회생활에 주님이 모두 개입하시고 나라의 정치, 문화, 사회, 경제도 하나님이 다 통치하셔야 합니다. 하나님의 공의가 관철되어야 합니다. 하나님의 뜻이 실현되어야 합니다. 그래야 살기 좋은 유토피아가 됩니다. 그리고 그런 상태를 우리가 하나님의 나라가 임했다고 표현합니다. 이것이 개혁이고, 이 개혁의 선봉장들이 우리 믿는 자들입니다. 이 무신론의 시대를 다시 한 번 하나님이 통치하시는 세계로 변혁하고 개혁하는 일에 우리 모두 주역이 되어야 합니다.

✝한걸음더

1 포이어바흐에서 시작해 리처드 도킨스까지 무신론자들의 철학이 사람들의 지지를 얻고 있다. 왜 그런가?

2 개혁이란 무엇인가?

phileo
필레오

Part

6

교회

성령 충만이란 성령의 양적 지수가 아니라 성령께 대한 나의 복종 지수를 가리키는 말입니다. 그러므로 성령 충만하다는 것은 곧 내가 내 안에 계신 성령의 감동과 깨우침대로 산다는 것입니다. 성령이 회개하게 하시고, 분별하게 하시고, 용기를 주시고, 도전하게 하실 때 거기에 성실히 응답하며 사는 삶을 말합니다..

포스트모더니즘과 종교다원주의

다른 이로써는 구원을 받을 수 없나니 천하 사람 중에 구원을 받을 만한 다른 이름을 우리에게 주신 일이 없음이라 하였더라 _ 사도행전 4:12

[7]다른 복음은 없나니 다만 어떤 사람들이 너희를 교란하여 그리스도의 복음을 변하게 하려 함이라 [8]그러나 우리나 혹은 하늘로부터 온 천사라도 우리가 너희에게 전한 복음 외에 다른 복음을 전하면 저주를 받을지어다 _ 갈라디아서 1:7-8

포스트모더니즘

포스트모더니즘은 무엇일까요? 지난 1960년대 미국과 유럽에서 시작하여 지금은 지구촌 전체를 지배하고 있는 거대한 문화 트렌드이자 정신사적 사조입니다. 이 포스트모더니즘을 어떻게 번역하면 좋을까요? 직역하면 '모더니즘 이후'입니다. 그래서 흔히 '탈현대주의', '후기근대주의'라고 하는데 그런 말로는 충분하지 않습니다. 사실 이 말은 번역이 불가능합니다. 왜냐하면 포스트모더니즘은 일정한 틀에 갇히는 걸 싫어합니다. 뭐라고 규정하고 정의하는 걸 부정합니다. 그래서 '해체주의'라고도 하고, '상대주의', '초현실주의', '초자연주의'라고도 합니다. 그러나 그런 말조차도 편의상 그렇게 붙인 것일 뿐, 원래 그런 틀이나 권위, 개념 같은 걸 싫어합니다. 따라서 굳이 번역하지 말고 그냥 포스트모더니즘이라고 하는 것도 좋을 듯합니다.

포스트모더니즘은 기존의 것, 기성의 가치 등을 강하게 부정합니다. 전에는 부모님이 자식들로부터 존경을 받았습니다만 요즘은 그렇지 못합니다. 전에는 선생님을 존경하고 지도자를 따랐지만 이제는 아닙니다. 그런 권위에 오히려 도전합니다. 기존의 질서를 해체하자는 것입니다. 전에는 1등에게 박수를 보냈지만 요즘은 꼴찌에게도 박수를 보냅니다. 전에는 유행이라는 게 있었지만, 요즘은 유행을 따르면서도 다 개성을 추구합니다. 전에는 튀면 왕따당했지만 요즘은 튀어야, 별종이어야 상품성을 인정받습니다. 철저한 개인주의, 개체주의, 개성주의가 포스트모더니즘입니다. 원래 음악은 멜로디였습니다만, 요즘은 강렬한 비트만 남았습니다. 원래 화음이라는 게 음악이고 불협화음은 소음이었는데, 요즘은 불협화음이 음악입니다. 그런 게 요즘 인기 있는 하드코어입니다.

원래 포스트모더니즘은 건축에서부터 시작됐습니다. 전에는 아파트를 지으면 다 똑같았습니다. 한 집만 들어가 보면 다른 집은 안 봐도 다 압니다. 그러나 요즘은 한 동에 있어도 집마다 내부 구조가 다릅니다. 맞춤형입니다. 개인을 강조하고 개성을 강조해서 그렇습니다.

포스트모더니즘 계열의 그림을 보면 혼란스럽습니다. 포스트모더니즘의 선구자 중 한 사람이 고 백남준 씨입니다. 우리가 보면 장난하는 것 같고 조잡하고, 어떤 부분은 유치해 보이지만, 포스트모더니즘이라는 시각에서 보면 최고의 선구자입니다. 백남준 씨가 자신의 설치미술 앞에서 넥타이를 잘렸습니다. 무슨 뜻입니까? 기존의 질서와 정형화된 규범을 부정한다는 퍼포먼스입니다. 도끼로 악기를 내리쳤습니다. 기성의 구조와 가치관을 파괴적으로 부정하는 행위 예술, 전위 예술입니다. 미국에 팝아트라는 게 있습니다. 포스트모더니즘을 대변하는 대표적인 장르입니다. 옛날 같으면 팝아트는 쓰레기였습니다. 그림으로 쳐주지도 않았습니다. 그런데 그런 만화 같은 그림이 지금은 수백 억 원에 거래가 됩니다. 요즘은 사람을 그려도 반듯하게 그리지 않고 부위별로 해체하고 막 섞어서 극단적인 비대칭과 부조화를 이루게 합니다. 그런데 이런 그림이 명작입니다. 이게 포스트모더니즘입니다. 전에는 올림픽에 나가면 꼭 금메달을 따야 됩니다. 은메달이나 동메달은 쳐주지도 않았습니다. 은메달이나 동메달을 딴 선수들이 우는 것은 감격해서가 아니라 슬퍼서입니다. 그런데 요즘은 동메달만 따도 박수를 칩니다. 선수 자신도 너무 좋아합니다. 우리가 호흡하는 문화적 기후가, 분위기가 많이 달라졌습니다. 포스트모더니즘이 우리 생활 깊숙이 파고 들었기 때문입니다. 이렇듯 포스트모더니즘이라는 정신사적 흐름이 우리를 지금 알게 모르게 총체적으로 지배하고 있습니다.

그리스도 중심에서 하나님 중심으로_종교다원주의

그렇다면 종교다원주의는 무엇인가요? 포스트모더니즘과는 어떤 관계일까요? 종교다원주의는 종교를 포스트모더니즘으로 해석한 것입니다. 포스트모더니즘이라는 대세 앞에 종교가 응답한 결과입니다. 종교다원주의는 '절대 종교'란 없다고 주장합니다. 기독교를 인정하지만 지상에 있는 다양한 종교 가운데 하나일 뿐이라는 겁니다. 예수 그리스도를 인정하지만 그는 어디까지나 기독교의 메시아일 뿐이라는 겁니다. 이 지상의 모든 종교에는 다 메시아가 있다고 주장합니다. 불교에는 석가, 유교에는 공자, 이슬람에는 모하메드가 그 종교의 그리스도라는 얘깁니다. 기독교는 오직 예수 그리스도만 유일한 구세주라고 주장하지만, 다른 종교에도 다 메시아가 존재하는 만큼 타종교를 서로 인정하며 상생하자는 겁니다. 이게 종교다원주의의 핵심입니다. 그러다 보니 개종을 강요하면 안 된다는 입장입니다. 이런 종교다원주의 최전방에는 가톨릭이 있고, 거기에 일부 개신교 신학자와 선교사가 동조하는 추세입니다. 한국의 신학자들 중에도 종교다원주의의 전도사를 자임하는 분이 적지 않습니다. 그들은 기독교 복음도 세계 여러 종교의 진리 가운데 하나라는 사실을 강조합니다. 포스트모더니즘의 특징 가운데 하나가 상대화인데, 이들에 의해 기독교 진리도 이제 상대화되고 있습니다. 기독교의 절대주의, 배타주의를 상대주의로 끌어내려 종교다원주의의 이름으로 모든 종교를 횡으로 정렬한 것입니다.

　기독교 신앙의 중심은 어디까지나 기독론입니다. 예수 그리스도가 구주라는 게 우리 신앙의 가장 중요한 고백입니다. 그래서 기독교의 중심은 예수 그리스도일 수밖에 없습니다. 예수 그리스도가 성육신하여 공생애를 사시다 십자가를 지고 죽으셨으나 사흘 만에 다시 부활하셨다는 것입니다. 그런데 종교다원주의자들은 이런 그리스도 중심의 신앙이 이제는 하나님 중심으로 가야 한다고 주장합니다. 에베레스트의 정상이 신이라고 한다면, 그 정상까지 올라갈 수 있는 길은 다양하다고 합니다. 우리 기독교는 예수 그리스도를 통한 길, 불교 같으면 석가를 통한 길, 이슬람은 모하메드를 통한 길 등 여러 길이 존재하므로 그 모든 길을 서로 인정하며 존중하자는 겁니다. 신은 한 분이나 그 신에게 이를 수 있는 길은 다양하므로 그 사실부터 인정하자는 게 종교다원주의입니다. 세계의 모든 종교는 궁극적으로 한 분 신을 섬기는 것이므로 반드시 예수 그리스도를 통한 루트만을 주장해서는 안 되고, 이제는 그리스도 중심에서 하나님 중심으로 옮겨가야 이 포스트 모더니즘의 시대정신에 부합한다는 주장입니다.

신앙의 절대적 규범인 성경이 전하는 것

어떻게 생각하십니까? 설득력이 있고 호소력이 있어 보입니까? 합리적이고 논리적이고 관대하고 인도적이기까지 합니까? 그래서 그쪽에 동조하고 싶으십니까? 그런데 그건 학자들의 주장일 뿐이고, 성경은 결코 그렇게 말씀하고 있지 않다는 게 중요합니다. 우리의 신앙의 절대적 규범인 성경은 "다른 이로써는 구원을 받을 수 없나니 천하 사람 중에 구원을 받을 만한 다른 이름을 우리에게 주신 일이 없음이라 하였더라"(행 4:12)고 말합니다.

하나님이 결코 기독교도에게는 예수, 불교도에게는 석가, 회교도에게는 모하메드라고 그 구원받을 수 있는 이름을 각각 달리 정해 주신 적이 없다는 겁니다. 천하에 예수 그리스도 이름 외에는 구원받을 만한 이름을 주신 일이 없다는 게 성경의 가르침입니다. 그래서 바울은 〈갈라디아서〉에서 다른 이름을 전하거나 다른 복음을 전하는 자는 천사일지라도 저주를 받으라고 했습니다.

포스트모더니즘과 종교다원주의적 분위기가 최근 유난히 극성을 떠는 이단들의 발호와는 어떤 관계가 있을까요? 요즘 이단들은 다 수면 위로 올라왔습니다. 전에는 수면 아래에서 음성적으로 암약했다면, 요즘은 아예 드러내 놓고 공격적으로 포교합니다. 교회 앞에 와서 전단지를 배포하고, 교회를 통째 접수하기도 합니다. 완전히 간이 배 밖으로 나왔는데 이게 다 작금의 포스트모더니즘적 분위기와 무관하지 않습니다. 이단이나 사이비가 기존의 질서를 해체하거나 재편하려는 포스트모더니즘적 시대정신에 극도로 고무된 것입니다. 지금의 포스트모더니즘적인 문화 풍토가 이단과 사이비에게 최적의 활동 조건을 제공하고 있는 것입니다. 그래서 공개적으로 활개치며 보란 듯이 포교하고 있습니다. 그러나 사실 이런 현상은 우연이 아닙니다. 이미 주님이 예고하신 말세적 현상과 다름없습니다.

[23]그때에 사람이 너희에게 말하되 보라 그리스도가 여기 있다 혹은 저기 있다 하여도 믿지 마라 [24]거짓 그리스도들과 거짓 선지자들이 일어나 큰 표적과 기사를 보여 할 수만 있으면 택하신 자들도 미혹하리라 [25]보라 내가 너희에게 미리 말하였노라 [26]그러면 사람들이 너희에게 말하되 보라 그리스도가 광야에 있다 하여도 나가지 말고 보라 골방에 있다 하여도 믿지 마라 _마 24:23-26

주님의 이 당부를 기억하여 어떤 미혹이나 시류에도 휘둘리지 않는 심지 굳은 우리가 되어야 할 것입니다.

✝한걸음더

1 그리스도 중심에서 하나님 중심으로 가야 한다는 종교다원주의의 주장은 무엇인가? 동의할 수 있는가?

2 〈사도행전〉 4장 12절 말씀을 적어 보자.

필레오

³시몬 베드로가 나는 물고기 잡으러 가노라 하니 그들이 우리도 함께 가겠다 하고 나가서 배에 올랐으나 그날 밤에 아무것도 잡지 못하였더니 ⁴날이 새어갈 때에 예수께서 바닷가에 서셨으나 제자들이 예수이신 줄 알지 못하는지라 ⁵예수께서 이르시되 얘들아 너희에게 고기가 있느냐 대답하되 없나이다 ⁶이르시되 그물을 배 오른편에 던지라 그리하면 잡으리라 하시니 이에 던졌더니 물고기가 많아 그물을 들 수 없더라 ⁷예수께서 사랑하시는 그 제자가 베드로에게 이르되 주님이시라 하니 시몬 베드로가 벗고 있다가 주님이라 하는 말을 듣고 겉옷을 두른 후에 바다로 뛰어 내리더라 ⁸다른 제자들은 육지에서 거리가 불과 한 오십 칸쯤 되므로 작은 배를 타고 물고기 든 그물을 끌고 와서 ⁹육지에 올라보니 숯불이 있는데 그 위에 생선이 놓였고 떡도 있더라 ¹⁰예수께서 이르시되 지금 잡은 생선을 좀 가져오라 하시니 ¹¹시몬 베드로가 올라가서 그물을 육지에 끌어 올리니 가득히 찬 큰 물고기가 백쉰세 마리라 이같이 많으나 그물이 찢어지지 아니하였더라 ¹²예수께서 이르시되 와서 조반을 먹으라 하시니 제자들이 주님이신 줄 아는 고로 당신이 누구냐 감히 묻는 자가 없더라 ¹³예수께서 가셔서 떡을 가져다가 그들에게 주시고 생선도 그와 같이 하시니라 ¹⁴이것은 예수께서 죽은 자 가운데서 살아나신 후에 세 번째로 제자들에게 나타나신 것이라 ¹⁵그들이 조반 먹은 후에 예수께서 시몬 베드로에게 이르시되 요한의 아들 시몬아 네가 이 사람들보다 나를 더 사랑하느냐 하시니 이르되 주님 그러하나이다 내가 주님을 사랑하는 줄 주님께서 아시나이다 이르시되 내 어린 양을 먹이라 하시고 … ¹⁷세 번째 이르시되 요한의 아들 시몬아 네가 나를 사랑하느냐 하시니 주께서 세 번째 네가 나를 사랑하느냐 하시므로 베드로가 근심하여 이르되 주님 모든 것을 아시오매 내가 주님을 사랑하는 줄을 주님께서 아시나이다 예수께서 이르시되 내 양을 먹이라 _요한복음 21:3-17

낙향해서 옛 삶을 사는 제자들에게

시몬 베드로가 자기는 물고기 잡으러 가겠다고 하니 제자들도 함께 가겠다며 따라나섰습니다. 베드로를 위시한 갈릴리 출신의 몇몇 제자가 낙향해서 옛 직업인 어부로 되돌아간 것입니다. 이때는 이미 이 제자들이 부활하신 주님을 최소한 두 번은 뵌 후였습니다.

> [19]이날 곧 안식 후 첫날 저녁 때에 제자들이 유대인들을 두려워하여 모인 곳의 문들을 닫았더니 예수께서 오사 가운데 서서 이르시되 너희에게 평강이 있을지어다 [20]이 말씀을 하시고 손과 옆구리를 보이시니 제자들이 주를 보고 기뻐하더라 _요 20:19-20

이게 제자들과 부활하신 주님과의 첫 번째 해후입니다. 두 번째는 〈요한복음〉 20장 26절입니다.

> 여드레를 지나서 제자들이 다시 집 안에 있을 때에 도마도 함께 있고 문들이 닫혔는데 예수께서 오사 가운데 서서 이르시되 너희에게 평강이 있을지어다 하시고

이렇게 부활하신 주님을 두 차례나 생생하게 체험했음에도 어째서 이들이 고기 잡으러 가겠노라며 낙향을 했을까요? 여러분은 그 이유가 뭐라고 생각하십니까? 물론 부활하신 주님에 대한 회의 때문은 아닙니다. 오히려 베드로의 경우 자기 자신에 대한 좌절과 실망이 컸기 때문입니다. 베드로는 아직도 자신의 뼈아픈 실패의 충격에서 헤어나지 못하고 있습니다. 그래서 그는 부활하신 주님을 더 뵐 면목도 없고, 부활을 기뻐하는 것으로 자신의 깊은 상처를 털어 낼 수도 없었습니다. 생각해 보십시오! 같이 죽겠

다, 옥에도 같이 가겠다고 했는데 일개 여종 앞에서 주님을 세 번이나 부인하고 저주했습니다. 아무리 닭울음 소리를 듣고 통곡하며 회개했다지만 그 상처가 쉽게 아물겠습니까? 그래서 베드로가 지금 우울증에 빠져 낙향한 겁니다. '내가 무슨 제자란 말인가, 나 같은 인간은 그저 물고기나 잡다 죽는 게 맞아!'라고 생각한 것입니다. 그런데 막상 호수에 나가 보니 고기 잡는 일조차도 옛날 같지 않았습니다. 밤이 새도록 그물질을 했지만 고기는 잡히지 않았습니다. 허탈하여 그물을 씻고 막 철수를 하려는데 부활하신 주님이 뭍에 나타나셔서 그물을 배 오른편에 던지라고 하셨습니다. 반신반의하며 그대로 했더니 놀랍게도 그물이 찢어지도록 고기가 잡혔습니다.

그런데 이 장면은 3년 전 베드로가 처음 주님을 뵐 때와도 꼭 같습니다. 그때도 주님은 깊은 데로 가서 그물을 내리라고 하셨고 베드로는 "우리가 밤이 새도록 수고하였으되 잡은 것이 없지마는 말씀에 의지하여 그물을 내리리이다" 하며 그렇게 했는데 고기를 잡은 것이 심히 많아 그물이 찢어질 지경이었다고 했습니다. 그리고 그 자리에서 주님이 "이제 후로는 네가 사람을 낚는 어부가 되리라" 하시며 베드로를 제자로 삼으셨습니다.

재소명의 자리에서 첫 사랑을 묻다

3년 전, 그 첫 소명의 자리에서 지금 베드로의 재소명이 이루어지고 있습니다. 제자들이 뭍으로 나오자 주님은 숯불을 피우시고 이미 생선과 떡을 굽고 계셨습니다. 이 장면에서 중요한 소품은 바로 숯불입니다. 물론 추웠기 때문이기도 하지만 여기에는 그보다 더 중요한 의미가 있습니다.

⁶⁶베드로는 아랫뜰에 있더니 대제사장의 여종 하나가 와서 ⁶⁷베드로가 불 쬐고 있는 것을 보고 주목하여 이르되 너도 나사렛 예수와 함께 있었도다 하거늘 ⁶⁸베드로가 부인하여 이르되 나는 네가 말하는 것이 무엇인지 알지도 못하고 깨닫지도 못하겠노라 하며 앞뜰로 나갈새 _ 막 14:66-68

베드로가 숯불 가에서 하속들과 함께 불을 쬐다가 주님을 부인했기 때문에 주님이 그를 다시 숯불 가에서 회복시키고 계신 겁니다. 게다가 저 멀리 마을에서 새벽 닭소리까지 들립니다. 완벽한 효과음입니다. 베드로가 주님을 세 번 부인하자 닭소리가 들리지 않았습니까?

드디어 주님이 베드로에게 묻습니다.

"요한의 아들 시몬아, 네가 나를 사랑하느냐?"

주님은 같은 질문을 세 번이나 하셨습니다. 숯불을 쬐던 베드로가 주님을 세 번 부인했기 때문입니다. 상처받은 한 영혼을 치유하시는 주님의 이 세심한 배려를 보십시오. 상황 설정을 그대로 해놓고 지금 고도의 영적, 심리적 처방을 내리고 계신 겁니다. 당시 주님은 얼마든지 다른 말씀을 하실 수도 있었습니다. "왜 나를 부인했느냐? 왜 낙향했느냐?"며 책망하실 수도 있었습니다. 그러나 주님은 끝끝내 사랑만 확인하십니다. 왜 그러셨을까요? 첫사랑이 회복돼야 아픈 상처도, 처음의 사명도 회복될 수 있기 때문입니다.

첫사랑이 중요합니다. 여러분, 살인하고 도적질하는 것도 큰 죄지만 주님에 대한 사랑을 잃어버리는 것도 그런 것 못지않은 죄입니다. 주님이 에베소교회를 책망하신 것도 그들이 바로 첫 사랑을 잃어버렸기 때문이었습니다. 처음 사랑, 초심을 버리면 주님께 반드시 책망 듣습니다. 그래서 주님이 우리에게 확인하고 싶으신 것은 언제나 사랑입니다. 우리의 능력이나 재주나 소유 따위가 아닙니다. "네가 나를 사랑하느냐?"입니다. 사랑을 잃어버리면, 모든 걸 잃기 때문입니다.

그런데 여기서도 꼭 한 가지 짚어야 할 게 있습니다. 주님이 베드로에게 "네가 나를 사랑하느냐?"며 물으실 때 사용하신 '사랑'이라는 어휘와 베드로가 주님께 대답할 때 사용한 '사랑'이란 말이 서로 다르다는 것입니다. 우리말로는 그냥 다 '사랑'이지만 헬라어에는 사랑이 무려 네 종류나 됩니다. 에로스, 아가페, 스톨게, 필레오로 구분됩니다. 스톨게는 형제간의 사랑, 동족 사랑 같은 것이고, 에로스는 성적인 사랑, 아가페는 하나님의 사랑입니다. 그리고 필레오는 우정 같은 사랑을 뜻합니다. 그런데 주님은 베드로에게 '아가페'로 "네가 나를 사랑하느냐?"고 물으셨는데 베드로는 끝까지 '필레오'로 "내가 주님을 사랑하는 줄 주께서 아신다"고 답했습니다. 재밌는 것은 주님의 세 번째 물음입니다. 주님은 첫 번째와 두 번째는 아가페로 물으셨지만 세 번째는 아가페가 아니라 필레오로 물으셨습니다. 무슨 뜻일까요? 한 마디로 주님이 양보하신 겁니다. 두 번이나 물었지만 베드로가 여전히 필레오로 답하자 마지막에는 주님 스스로 아가페를 철회하시고 필레오로 다시 물으신 겁니다. 자신이 없다는데 아가페만을 고집하실 수가 없어 상대의 눈높이에 맞추신 겁니다. 베드로도 옛날 같았으면 당연히 아가페로 대답했을 것입니다. 그러나 이제는 주제를 파악한 겁니다. 아픈 만큼 성숙한 겁니다. 그래서 겸손하게 끝까지 필레오로 답했고, 또 주님은 그것을 받아주셨습니다. 신적 사랑을 철회하시고, 상대적이고도 인간적인 필레오, 우정 같은 사랑을 용납하신 겁니다. 그리고 그것으로 베드로를 새 출발하게 하셨습니다.

"내 양을 먹이라."

여러분, 베드로만이 아닙니다. 오늘 우리도 진지하게 주님의 이 물음 앞에 서야 합니다. 여러분은 어떻게 하시겠습니까? 그동안 어떻게 살아왔든, 얼마나 자주 주님을 모른다고 부인하고 배반했든, 오늘 다시 우리를 찾아오신 주님 앞에 확실하게 고백해야 합니다. 아가페가 자신 없다면 우정 같은 사랑인 필레오라도 고백해야 합니다. 그래야 내 상처가 치유되고 첫 사랑이 회복됩니다. 또 그래야 내 사명과 소명이 새로워집니다. 베드로도 다른 제자들도 다 이 사건을 계기로 다시 예루살렘으로 복귀해 불같은 생을 살다 순교했습니다. 첫사랑을 되찾고 초심을 회복합시다.

✝ 한걸음 더

1 숯불 가, 닭울음 소리 등 베드로를 다시 부르시는 주님의 세심한 장치를 상상해 보자. 주님은 어떤 분이신가?

2 처음 주님을 그리스도로 영접하던 순간을 기억해 보자. 그리고 "네가 나를 사랑하느냐?" 하고 물으시는 주님께 대답하자.

지성과 신앙

> [3]그러므로 우리가 여호와를 알자 힘써 여호와를 알자 그의 나타나심은 새벽빛같이 어김없나니 비와 같이, 땅을 적시는 늦은 비와 같이 우리에게 임하시리라 하니라 [4]에브라임아 내가 네게 어떻게 하랴 유다야 내가 네게 어떻게 하랴 너희의 인애가 아침 구름이나 쉬 없어지는 이슬 같도다 [5]그러므로 내가 선지자들로 그들을 치고 내 입의 말로 그들을 죽였노니 내 심판은 빛처럼 나오느니라 [6]나는 인애를 원하고 제사를 원하지 아니하며 번제보다 하나님을 아는 것을 원하노라 _ 호세아 6:3-6

하나님을 모르고도 믿을 수 있다?

역사적으로 보면 성경을 많이 제작하여 보급한 나라들은 다 복을 받았습니다. 미국, 영국, 스위스, 독일, 네덜란드 같은 나라들이 다 과거에는 성경 강국이었습니다. 그런데 그런 나라들이 다 선진국들 아닙니까? 그렇다면 지금은 어느 나라가 성경을 가장 많이 제작할까요? 뜻밖에도 우리나라입니다. 7-8년 전부터 우리나라가 성경 제작 1위국의 지위를 누리고 있습니다. 125개국 방언으로 성경을 제작하여 세계 111개국에 수출하고 있습니다. 이것은 참으로 대단하고도 놀라운 기적입니다. 우리나라

개신교 역사가 이제 겨우 130년인데 벌써 최대 성경 제작국이요 최대 수출국이 된 것입니다.

성경은 책 중의 책입니다. 성경만큼 많이 만들어지고 많이 팔린 책은 없습니다. 그런데 또 놀라운 것은 성경만큼 안 읽히는 책도 없습니다. 우리는 다 성경을 몇 권씩 가지고 있습니다. 그럼에도 수십 년간 아니 평생을 예수 믿고 살아도 성경을 일독도 못하고 세상을 떠나는 신자가 95%라고 합니다. 성경은 우리가 가장 많이 사는 책이지만 또 가장 안 읽는 책입니다. 왜 그럴까요? 성경을 신자들의 구색 정도로 생각하기 때문입니다. 신자라면 교회 오갈 때 들고 다녀야 하는 장식품 정도로 생각하기 때문입니다. 성경은 가까이 있는 만큼 열심히 봐야 하고, 공부하고 또 연구해야 합니다. 성경의 깊이는 이루 말할 수가 없습니다. 성경은 모든 사람의 지적 수준에 걸맞은 감동과 깨달음을 줍니다. 성경은 누구에게나 맞춤형으로 다가옵니다. 성경은 최고의 가이드북입니다. 성경의 가르침대로 살고 성경의 가르침대로 믿어야 합니다.

교회에서 흔히 듣는 말 가운데 "그냥 믿는 거야!", "일단 믿어! 그러면 다 이해돼!"라는 게 있습니다. 그래서 많은 사람이 은연중에 신앙을 반지성적이고 비이성적인 것으로 이해합니다. 그러나 성경은 어디에서도 그렇게 말하고 있지 않습니다. 전에 부흥회나 기도원 같은 데서는 확신이 없거나 잘 믿어지지 않는 사람들에게 "믿습니다!"를 반복하라고 했습니다. 그러면 정말 멀쩡하던 사람도 정신이 해롱해롱해지면서 의심이고 뭐고 다 사라집니다. 그러나 그것은 자기 암시, 자기 최면이지 믿음이 아닙니다. 그런 데 속지 마십시오. 그것은 엉터리입니다. 믿음은 주님을 아는 데 근거해야 하고, 주님을 아는 일은 반드시 성경을 통해야 합니다. 다른 왕도는 없습니다. 성경에서 배워야 합니다.

선지자 호세아는 외칩니다. "우리가 여호와를 알자 힘써 여호와를 알자"
(호 6:3)고 말입니다. 호세아를 통해 하나님께서 말씀하십니다. "나는 인애
를 원하고 제사를 원하지 아니하며 번제보다 하나님을 아는 것을 원하노
라"(호 6:6). 이 얼마나 뜻밖의 말씀입니까? 성경은 절대 우리에게 맹신을
요구하지 않습니다. 알고 믿으라고 합니다. 힘써 여호와를 알자고 합니다.
제사도 번제도 다 그다음이라고 합니다. 그런데도 사람들은 하나님을 아는
것에는 별로 관심이 없습니다. 의식이나 제사에 참여하기를 원합니다. 그
래서 성경을 보고 하나님을 알 생각은 않고, 오직 주일의 예배 의식에 한 번
참석하는 것으로 한 주간의 신앙생활을 다 때우려고 합니다.

그러나 하나님은 그것을 원치 않으시고 하나님 아는 것을 더 원하신다고
합니다. 하나님을 모르면 자기 편리한 대로 믿을 뿐 하나님이 기뻐하시는
제사를 드리지 못하기 때문입니다. 성경은 덮어 두고 자기 소신껏 예배합
니다. 이것을 우리는 '미신'이라고 합니다. 미신이나 무속에는 말씀이 없습
니다. 미신이나 무속은 그 대상을 알 필요가 없습니다. 무조건 빌기만 하면
됩니다. 목욕재계하고 빌고, 당나무 앞에서 빌고, 달 보고 빌고, 갓바위 앞
에서 빌고, 정동진 가서 일출 보며 빕니다. 그러면 소원이 이뤄집니다. 그게
미신이고 무속이고 우상 종교입니다.

지성의 원천이신 하나님

그러나 기독교 신앙은 그렇지 않습니다. 내 소원 이전에 믿음
의 대상인 하나님을 알아야 합니다. 하나님이 내가 어떻게 기도하며 어떻

게 살기를 바라시는지를 알고, 그분의 뜻대로 살아야 합니다. 자기 기호, 자기 판단, 자기 생각대로 믿으면 안 됩니다. 그런데 우리에게는 과거에 미신 신봉하던 버릇이 남아 있어서 하나님을 알려고는 않고 무조건 치성만 드리려고 합니다. 이게 문제입니다. 이게 우리 신앙의 한계입니다. 그래서 기독교 신앙을 참 미신스럽게 믿습니다. 성경이 가르치는 대로 믿어야 하는데 옛날 미신 섬기던 가락으로 믿는 겁니다. 그래서 "그냥 믿어!", "하나님은 원래 무식하게 믿는 거야!" 하는 말이 지금도 통용되고 있는 겁니다. 그것은 다 거짓말입니다. 알고 믿어야 합니다. 알고 기도하고, 알고 예배 드려야 합니다.

여러분, 신앙으로 내 욕심을 채우려는 것은 무속의 행태입니다. 그런 분들은 오로지 돈 잘 벌고, 좋은 데 취직하고, 자식 잘되고, 결혼 잘하는 것에만 관심이 있습니다. 다 성경에 무지해서 그렇습니다. 물론 기독교 신앙에도 현세적인 복과 은혜가 있습니다. 그러나 그게 목적은 아닙니다. 미신이나 무속은 현세적 복이 전부지만 기독교는 아닙니다. 기독교 신앙은 성경을 통해 하나님이 어떤 분인지를 먼저 깨닫고 그 하나님을 영화롭게만 하면 다른 모든 은혜는 거저 주어진다고 합니다. 따라서 굳이 내 소원에 목을 맬 필요가 없습니다. 우리에게는 하나님의 소원이 중요합니다. 하나님의 소원에 복무하는 사람들이 바로 그리스도인입니다. "먼저 그의 나라와 그의 의를 구하라. 그리하면 이 모든 것을 더 하리라"고 하셨습니다. 성경을 모르기 때문에 오로지 자기 소원에만 매달립니다. 성경을 깨닫고 하나님의 소원을 기도해야 합니다.

우리는 태초에 하나님의 형상(imago Dei)대로 지음받았습니다. 따라서 지성의 원천이신 하나님을 닮아 지적 능력을 갖게 된 것입니다. 그러므로 하나님은 우리에게 지성을 요구하십니다. 그분을 신앙하는 데도 지성이 필요하다고 하십니다. 무지한 신앙이 아니라 지성적인 신앙을 바라십니다. 그래서 우리는 아는 만큼만 믿습니다. 모르는 만큼 못 믿습니다. 성경을 많이 알면 알수록 그 사람의 신앙은 좋은 겁니다. 기독교 신앙은 절대 성경을 덮어 놓은 상태에서는 불가능합니다. 성경을 떠나서는 기독교 신앙이 성립되지 않기 때문입니다. 성경에서 모든 것을 깨달아야 합니다. 그런데도 자꾸만 자기 느낌으로 신앙생활을 하려 하고, 맹목으로 가려 하고, 의식이나 형식으로 하려고 합니다. 성경의 가르침대로 하십시오. 지성적인 하나님이 태초에 우리를 지성적인 존재로 만드셨기에 절대 신앙은 반지성적이지 않습니다. 하나님을 성실히 알고 믿어야 합니다.

신앙은 근본적으로 신뢰입니다. 신뢰란 어떻게 성립될까요? 먼저 대상에 대한 참된 지식이 있어야 합니다. 상대를 모르면 절대 신뢰할 수 없습니다. 이 사람이 사기꾼인지 살인자인지 미혼인지 기혼인지를 먼저 알아야 신뢰할 수 있습니다. 무턱대고 엎어지면 안 됩니다. 신앙은 신뢰이기에 먼저 그 믿음의 대상을 아는 일이 필수입니다. 그래야 믿고 사랑하고, 결단할 수 있습니다. 상대가 어떤 사람인지 알지도 못하고 결혼하자고 덤빌 수는 없잖습니까? 성경을 통해 먼저 하나님을 알면 신뢰가 생깁니다. 그러면 그 다음에는 사랑하는 마음이 생기고, 마침내는 "주님 내 안에 오십시오. 내가 주님 안에서 살겠습니다" 하며 결단하게 되는 겁니다.

호세아 선지자는 "내 백성이 지식이 없으므로 망하는도다"(호 4:6) 하는 하나님의 탄식을 전합니다. 여기서 말씀하는 지식은 당연히 하나님을 아는 지식을 가리킵니다. 하나님을 모르니 망할 수밖에 없다는 겁니다. 정확한 지적입니다. 여러분, 신앙생활이라고 다 같은 것은 아닙니다. 어떤 사람은 자기 나름대로 하고, 또 어떤 사람들은 열심히 성경을 보며 성경의 가르침대로 살려고 애씁니다. 후자가 옳고 맞습니다. 제발 주일에 한 번 예배 의식에 참석하는 것으로 신앙생활을 대신하지 마십시오. 예배는 그다음이고, 먼저 성경을 보고 하나님을 알아야 합니다. 다시 한 번 말씀에 대한 인식을 새롭게 합시다. 그래서 더욱 지성적인 우리가 되길, 하나님이 보시기에 품위 있고 격조 있는, 복 받아 마땅한 우리가 되길 기원합니다.

✝ 한걸음 더

1 우리는 아는 만큼만 믿는다. 그래서 성경을 읽고 하나님을 바로 알아야 한다. 그런데 성경은 덮어 두고 자기 소신껏 예배하는 경우가 많다. 이것을 무엇이라 하는가?

2 그리스도인은 하나님의 소원에 복무하는 사람들이다. 그리스도인인가?

3 신앙은 맹목이 아니라 대상에 대한 신뢰라고 한다. 공감하는가?

누구의
죄 때문입니까?

Chapter
27

¹그 때 마침 두어 사람이 와서 빌라도가 어떤 갈릴리 사람들의 피를 그들의 제물에 섞은 일로 예수께 아뢰니 ²대답하여 이르시되 너희는 이 갈릴리 사람들이 이같이 해 받으므로 다른 모든 갈릴리 사람보다 죄가 더 있는 줄 아느냐 … _누가복음 13:1-5
¹예수께서 길을 가실 때에 날 때부터 맹인 된 사람을 보신지라 ²제자들이 물어 이르되 랍비여 이 사람이 맹인으로 난 것이 누구의 죄로 인함이니이까 자기니이까 그의 부모니이까 ³예수께서 대답하시되 이 사람이나 그 부모의 죄로 인한 것이 아니라 그에게서 하나님이 하시는 일을 나타내고자 하심이라 _요한복음 9:1-3

누구의 죄 때문입니까

요즘은 말을 조심해야 합니다. 교회 안에서 우리끼리 하는 말이란 있을 수 없습니다. 아날로그 시대에는 가능했지만 지금은 아닙니다. 제가 하는 설교도 유튜브에 올라가는 순간 전 세계인이 다 보고 들을 수 있습니다. 그래서 말조심을 해야 하고 또 반드시 책임질 수 있는 설교만 해야 합니다. 예전에 대지진과 쓰나미 참사가 일본에서 일어나자 교계 일각에서 그들이 우상숭배, 무신론, 물질 숭배로 나아가기에 하나님이 내린 경고라고 해석해 논란이 됐던 적이 있었습니다. 여러분은 어떻게 생각하십니까?

아니, 주님은 어떻게 생각하실까요? 주님의 입장은 어떤 것일까요? 이 글의 본문은 〈누가복음〉과 〈요한복음〉 두 군데입니다. 먼저 〈요한복음〉 9장의 상황을 살펴봅시다. 어느 날 주님이 제자들과 함께 길을 가시다 한 맹인을 만났습니다. 그때 제자들이 주님께 이렇게 묻습니다.

"이 사람이 맹인으로 태어난 게 누구의 죄 때문입니까? 자기의 죄 때문입니까? 부모의 죄 때문입니까?"

제자들의 이 질문이 여러분께는 어떻게 들리십니까? 친절하지 않습니까? 문제를 내고 답을 반쯤 알려 준 격입니다. 죄 때문에 맹인으로 태어났다는 걸 전제하고 보기를 두 개 줍니다. 자기의 죄입니까, 부모의 죄입니까? 이쯤 되면 문제의 난이도를 따질 것도 없습니다.

그런데 주님의 답은 그 둘 중 하나가 아니라 그 질문이 틀렸다고 하십니다. 이 글의 제목이 틀렸다는 것입니다. 즉 부모의 죄도 아니고, 본인의 죄도 아니라는 겁니다. 죄 때문이 아니라 하나님이 하시는 일을 나타내기 위해서라고 하셨습니다. 하나님이 이 불행한 사람을 통해 뭔가 하실 일이 있으시다는 겁니다. 파격적입니다. 우리는 흔히 남의 불행을 보며 '저 사람은 무슨 죄 때문에 저럴까' 하고 생각합니다. '무슨 죄가 많아 일본 사람들은 저렇듯 엄청난 참사를 당했을까?' 하고 생각합니다. 그런데 주님은 그런 종교적 선입견이나 고정 관념은 다 잘못된 것이라고 하십니다. 죄 때문이 아니라 하나님이 저 불행을 통해 나타내실 계시가 있고 뜻이 있으시다는 겁니다. 똑같은 대상, 똑같은 사건을 두고도 제자들과 주님의 시각이 이렇게 서로 다릅니다.

〈누가복음〉 13장도 마찬가지입니다. 어떤 사람이 주님을 찾아와 끔찍한 사건을 전했습니다. 로마 총독 빌라도가 예루살렘 성전에서 예배드리는 갈릴리 사람을 처단하여 그 피를 성전 제물에 섞었다는 겁니다. 원래 갈릴리 사람들은 반골 기질이 강했습니다. 어느 지방보다도 로마 당국에 대한 저항이 강했습니다. 그러니 빌라도나 로마 당국으로서는 갈릴리 사람들이 눈엣가시와 같은 존재일 수밖에 없었을 것입니다. 그런데 그 갈릴리 사람들이 유월절을 지키기 위해 예루살렘 성전에 와 예배를 드릴 때 빌라도가 군사를 풀어 그들을 다 체포한 후 처단하여 그들의 피를 성전 제물에 뿌렸다는 것입니다. 반란 혐의를 씌워 죽인 것입니다.

회개하지 않으면 너희도 망한다
이 얘기를 들은 주님이 무엇이라 하셨습니까?

²대답하여 이르시되 너희는 이 갈릴리 사람들이 이같이 해받으므로 다른 모든 갈릴리 사람보다 죄가 더 있는 줄 아느냐 ³너희에게 이르노니 아니라 너희도 만일 회개하지 아니하면 다 이와 같이 망하리라 ⁴또 실로암에서 망대가 무너져 치어 죽은 열여덟 사람이 예루살렘에 거한 다른 모든 사람보다 죄가 더 있는 줄 아느냐 ⁵너희에게 이르노니 아니라 너희도 만일 회개하지 아니하면 다 이와 같이 망하리라 _ 눅 13:2-5

이게 무슨 뜻입니까? 당시 예루살렘 사람들은 기본적으로 어떤 사람들이 비참한 일을 당한 것은 그들이 다 남보다 죄가 더 많기 때문이라고 생각했습니다. 그 점을 꿰뚫어 보셨기 때문에 주님은 지금 이렇게 말씀하고 있는 겁니다. 실로암 망대에 깔려 죽은 열여덟 사람이 다른 사람보다 죄가 더 많았기 때문이 아니라고 합니다. 갈릴리 사람들이 빌라도에게 당한 것 역시 그들이 다른 이들보다 죄가 더 많아서가 아니라는 겁니다. 주님은 당시의 종교적 고정관념들을 다 부정하셨습니다. 그러면서 "너희도 회개하지 않으면 이같이 망한다"고 하셨습니다.

이 말씀은 무슨 뜻일까요? 예루살렘은 시온산 위에 건설되었습니다. 시온산은 서울의 도봉산보다 더 높습니다. 그래서 물이 참 귀했습니다. 성 밖 기혼 샘물을 성 안으로 끌어들여 인공 저수지를 만들었는데, 그게 바로 실로암입니다. 실로암은 예루살렘의 젖줄이었습니다. 그래서 망대를 높이 세우고 항상 경계 근무를 세운 겁니다. 그런데 어떻게 하다 그 망대가 무너지는 바람에 그 아래에 있던 열여덟 명이 깔려 죽었습니다. 하필이면 왜 그 사람들이 희생을 당했을까? 사람들은 그게 다른 사람보다 그들이 죄가 더 많아서라고 생각했습니다. 그러면서 저렇게 망하지 않은 나는 죄가 없거나 있어도 저 사람들보다는 덜하다고 생각했습니다. 그러나 주님은 사람들의 그런 생각과 판단을 부정하시며 "너희도 회개하지 않으면 망한다"고 하셨습니다. 이것은 우리가 남의 불행을 대할 때 어떻게 해야 할지를 일러 주신 소중한 지침입니다. 절대 교만하거나 경거망동해서는 안 되며 오히려 겸허하게 자신을 성찰하는 게 옳다는 것입니다.

주님은 죄 때문에 맹인이 되었다는 당시 사람들의 일반적인 편견을 배격하셨습니다. 또한 남보다 죄가 많아 참사를 당했다고 생각한 종교적 해석도 거부하셨습니다. 그러면서 남의 불행이나 참사 앞에서 진지하게 자신을 살피라고 하셨습니다. 오만이나 교만은 금물이라고 하셨습니다. 저들의 아픔에 동참하라고 하셨습니다. 일본 사람들이 겪고 있는 불행에 대해 어설픈 종교적 잣대를 들이대지 마십시오. 그들은 죄가 많아서 저런 변을 당했고, 우리는 죄가 적어 저런 변을 안 당했다고 생각하는 것은 결코 성서적이 않습니다. 선한 사마리아인처럼 인간 본연의 측은지심으로 이웃을 위로하고 돕는 게 올바른 신자입니다. 자연 재해로 인해 불행을 당한 세계 여러 나라를 위해 기도합시다.

✝ 한걸음 더

1 지금 불행한 사람들은 죄가 많아서 그런 것이 아니라고 주님은 말씀하신다.
   그렇다면 우리는 어떻게 생각해야 하나?

2 남의 불행이나 참사 앞에서 진지하게 자신을 살피는 것이 성경의 가르침이다.
   한 걸음 더 나아가 주님의 사랑으로 이웃을 위로하고 돕는 것이 올바른 신자다.
   그러기 위해 무엇을 할 수 있을까?

영원히 고기를
먹지 아니하리라

¹우상의 제물에 대하여는 우리가 다 지식이 있는 줄을 아나 지식은 교만하게 하며 사랑은 덕을 세우나니 … ⁴그러므로 우상의 제물을 먹는 일에 대하여는 우리가 우상은 세상에 아무 것도 아니며 또한 하나님은 한 분밖에 없는 줄 아노라 … ⁸음식은 우리를 하나님 앞에 내세우지 못하나니 우리가 먹지 않는다고 해서 더 못사는 것도 아니고 먹는다고 해서 더 잘사는 것도 아니니라 ⁹그런즉 너희의 자유가 믿음이 약한 자들에게 걸려 넘어지게 하는 것이 되지 않도록 조심하라 … ¹³그러므로 만일 음식이 내 형제를 실족하게 한다면 나는 영원히 고기를 먹지 아니하여 내 형제를 실족하지 않게 하리라 _ 고린도전서 8:1-13

우상의 제물을 먹는 일

한때 전국의 유명 사찰을 찾아다니며 부처님 앞에 절하던 사람이 몸이 아파서 평소에 알고 지내던 같은 단지의 집사를 따라 교회에 나왔습니다. 교회에 몇 번 출석을 해보니 생각보다 괜찮았습니다. 마음도 몸도 편하고 건강도 한결 좋아진 듯해 이참에 아예 종교를 바꿔야겠다고 생각하고 교회에 등록을 했습니다. 그런데 자기 방에 20년 넘게 모시고 있던 동자 부처님을 어떻게 해야 할지를 몰라 고민에 빠졌습니다. 며칠을 고심한 끝에 결국은 그걸 반납하기로 하고, 충북 단양에 있는 천태종 본산으로 가서 돌려주고 왔다고 합니다.

　이런 얘기를 들으면 여러분은 어떤 생각이 듭니까? "아니 그냥 내다 버리면 되지 뭘 그렇게 반품까지 할까?" 하는 생각이 듭니까? 그런데 믿는 사람 중에는 아직도 부처님도 계시고 하나님도 계신데 하나님이 더 큰 신이기 때문에 하나님을 믿는다고 생각하는 이가 있습니다. 대개 일본 사람이 그렇게 생각합니다. 한 신을 섬기는 것보다 가능한 한 많은 신을 섬기는 게 더 복되다고 믿습니다. 일본에는 신이 800만이 넘습니다. 하나님도 예수님도 그 많은 신 가운데 하나입니다. 그래서 일본 선교가 어렵습니다. 그들에게는 유일신 개념이 없습니다.

　이 글의 본문도 바로 이런 문제를 다루고 있습니다. 바울 당시 고린도교회는 우상의 제물 때문에 아주 심각했습니다. 분열과 혼란까지 겪었습니다. 교회 안에 두 파, 즉 우상 앞에 바쳤던 제물을 먹는 파와 죽어도 안 먹는 파가 있었습니다. 우상의 제물을 거리낌 없이 먹는 파는 안 먹는 파를 무식하고 유치하다고 욕하며 배제했고, 안 먹는 파는 먹는 파를 가짜요 사이비라며 욕했습니다. 고린도는 지금도 그리스의 최대 항구도시인데, 바울 시대 때도 그랬습니다. 수도 아테네에서 북서쪽으로 약 87km 떨어진 곳으로 외국의 상선이 많이 드나들었고, 우상 숭배도 유난히 극심했습니다. 고린도에는 사랑과 미의 여신인 아프로디테(비너스)의 신전이 있었습니다. 그 신전의 미녀 사제들만 1,000명이 넘었다고 하니까 당시 고린도의 우상 숭배 규모가 어떠했는지는 짐작이 가고도 남습니다. 시장에서 팔리는 고기들은 다 신전에서 나오는 제물이었습니다. 제사에 사용된 제물이 신전에서 다 소비되지 못하고 저자로 나오는 것입니다. 그런데 믿는 사람 중 일부는 그걸 알고도 거리낌 없이 사먹었는가 하면, 또 어떤 이들은 일절 그 고기를 사 먹지 않았습니다. 특히 이제 막 신자가 된 사람들 가운데는 아직도 그들의 의식 속에서 우상의 존재를 완전히 떨치지 못했기 때문에 어쩌다 우상의 제물을 먹게 될 경우 심한 양심의 가책을 느끼며 그 음식으로 인해 자기가 더럽혀졌다고 생각하여 몹시 괴로워하기까지 했습니다. 여러분은 어느 쪽이십니까? 먹는 파입니까, 안 먹는 파입니까?

사랑으로 아는 것과 지식으로 아는 것

그렇다면 우상의 제물인 줄 알면서도 아무런 부담 없이 먹었던 사람들은 대체 무슨 생각으로 그랬을까요? 그들은 주로 지식인들이었는데 한마디로 하나님 외에는 다른 신이 없기에 우상은 세상에 아무것도 아니라는 것입니다. 이게 그들의 확신이었습니다. 따라서 먹고 마시는 일에 우리가 자유하지 못할 일이 없다는 겁니다. 그런데 본문 1절을 보면 바울도 "우리가 지식이 있다"고 자부하는 그들의 입장에 동의합니다. 하나님 한 분 외에는 다른 신이 없으므로 그리스도인이 되는 순간 모든 헛된 우상으로부터 자유하게 되며 따라서 우상의 제물에 대해서도 거리낄 게 없다는 그들의 주장은 옳다고 합니다.

그러나 2절에 가서는 다시 무엇을 안다고 생각하는 사람은 아직도 그가 마땅히 알아야 할 소중한 그 무엇을 모르고 있는 자라고 비판합니다. 그렇다면 스스로 잘 안다고 생각하는 그들이 아직도 모르고 있는 게 무엇일까요? 그렇습니다. 그들은 자기들이 지적으로 얻은 자유가 때로 남을 넘어뜨리고 본의 아니게 해칠 수도 있다는 사실은 모르고 있었습니다. 자신들의 자유로운 행동 방식이 아직은 나약해서 자기가 누릴 수 있는 자유마저도 스스로 제한하고 있는 초보들에게 깊은 상처를 줄 수도 있다는 사실을 모르고 있었다는 것입니다. 다시 말해 그들은 '자신을 위해서'는 잘 알고 있었지만 '남을 위해서'는 모르고 있었다는 것입니다. 지식을 가졌다고 자부하면서도 사랑은 몰랐다는 말입니다. 따라서 바울의 비판은 "사랑을 모르고서 어떻게 하나님을 안다고 할 수 있느냐?"는 것입니다.

바울은 지식을 내세워 결론을 내리고 안심하고 있는 자들에 대해 지식은 흔히 인간을 사실 이상으로 확대하거나 과장하여 교만하게 하지만 "사랑은 덕을 세운다"고 하면서 "누구든지 사랑하는 사람은 하나님이 알아주신다"고 합니다. 이것은 하나님과 우리의 관계가 대체 어떤 현실인가를 밝히는 대단히 중요한 말씀입니다. 상대방을 참으로 안다고 말할 수 있는 사람은 그를 사랑하는 사람입니다. 사랑하는 사람을 하나님이 알아주신다는 말씀은 소위 지적으로, 관념적으로만 아는 자들에게는 하나의 충격적인 선언이 아닐 수 없습니다. 사랑으로 아는 것이 지적으로 아는 것과 다른 것은 결코 다 안다고 하지 않는다는 점입니다.

"네 지식으로 그 믿음이 약한 자가 멸망하나니 그는 그리스도께서 위하여 죽으신 형제라"(고전 8:11)고 바울은 토로합니다. 이론상으로는 아무리 옳다고 생각되는 일이라도 약한 형제에게 피해를 입히는 일이 된다면 그건 하지 말아야 한다는 것입니다. "그 약한 형제를 위해서도 그리스도께서 죽으셨다"는 고백은 참으로 눈물겨운 표현입니다.

그리고 위대한 선언을 합니다.

만일 음식이 내 형제를 실족하게 한다면 나는 영원히 고기를 먹지 아니하여 내 형제를 실족하지 않게 하리라 _ 고전 8:13

바울이 채식주의자여서가 아닙니다. 그가 우상 앞에 바친 고기를 먹음으로써 믿음이 약한 형제들이 실족하게 된다면 차라리 평생 자기 입에 고기를 대지 않겠다고 선언한 것입니다. 알베르트 슈바이처도 평생 고기를 먹지 않았습니다. 물론 그도 채식주의자는 아니었습니다. 어릴 때 동네 아이들과 싸우다 밑에 깔린 아이가 "나도 너처럼 날마다 고기를 먹으면 이렇게 맞지 않을 거야"라고 한 말에 충격을 받고, 그때부터 평생 고기를 입에 대지 않았습니다. 그리스도인은 무엇이든 먹을 수 있습니다. 그럴 수 있는 자유가 있습니다. 그러나 나의 자유가 남을 해칠 수도 있음을 늘 염두에 둬야 합니다. 그것이 형제 사랑이요 이웃 사랑입니다.

그리스도인 중에는 아예 드러내 놓고 술을 마시고 담배를 피우는 사람들이 있습니다. 음주와 흡연이 신앙 양심을 파괴하거나 구원을 해치는 게 아니라는 말은 맞습니다. 그러나 우리나라 기독교 전통에서는 그런 행위에 시험 들 사람이 많습니다. 만약 그렇다면 음주와 흡연은 피해야 마땅합니다. 내 개인적인 신앙 양심에는 아무런 거리낌이 없다 해도 나의 그런 행위에 누군가가 다칠 수 있다면 자제하는 게 맞습니다. 그럼에도 함부로 먹고 마셔서 약한 형제를 시험에 들게 했다면 그것은 명백한 죄입니다. 술 마시고 담배 피운 죄가 아니라 약한 형제를 돌보지 않고 해친 죄입니다.

[11]그러면 네 지식으로 그 믿음이 약한 자가 멸망하나니 그는 그리스도께서 위하여 죽으신 형제라 [12]이같이 너희가 형제에게 죄를 지어 그 약한 양심을 상하게 하는 것이 곧 그리스도에게 죄를 짓는 것이니라 _고전 8:11-12

사도 바울은 약한 양심을 상하게 하는 것을 그리스도에게 짓는 죄라고 분명하게 말합니다. "나만 좋으면 된다, 나만 거리끼지 않으면 된다" 해서는 안 됩니다. 남에게도 덕이 되어야 합니다. 내게 아무리 좋아도 남에게 덕이 안 되면 안 된다는 것입니다. 이것이 진정한 신앙 양심의 자유입니다. 그럼에도 우리는 아직 이 부분에서 많이 약합니다. 아직도 나만 옳으면 되고, 내게만 좋으면 다인 줄 압니다. 그것은 세상 사람들의 양심입니다. 성경은 오히려 내가 먹을 수 있는 자유, 내가 누릴 수 있는 권리보다 형제와 이웃의 덕을 먼저 배려하고 고려하라고 합니다. 이것이 주님의 정신이라고 합니다.

"그런즉 너희의 자유가 믿음이 약한 자들에게 걸려 넘어지게 하는 것이 되지 않도록 조심하라"(고전 8:9)고 사도 바울은 당부합니다. 저도 음주와 흡연하는 분들에게 부탁하고 싶습니다. 꼭 하려거든 드러내고 하지 말고, 몰래 피고 몰래 마시라는 겁니다. 그것은 비굴한 게 아니라 남을 위한 배려입니다. 그렇게 해서라도 남을 보호하는 게 기독교 정신에 맞습니다.

[23]모든 것이 가하나 모든 것이 유익한 것은 아니요 모든 것이 가하나 모든 것이 덕을 세우는 것은 아니니 [24]누구든지 자기의 유익을 구하지 말고 남의 유익을 구하라

_고전 10:23-24

이것은 그리스도인이면 누구나 늘 염두에 두어야 할 소중한 덕목입니다.

✝ 한걸음 더

1 지식을 가졌다고 자부하면서도 사랑은 몰랐던 고린도교회 사람들에게 사도 바울은 '죄'라고 이야기한다. 같은 죄를 지은 적은 없는지 돌아보자.

2 "자기의 유익을 구하지 말고 남의 유익을 구하라"는 바울의 말이 지금 내게 시사하는 것은 무엇인가?

세상 법정에 송사하지 마라

¹너희 중에 누가 다른 이와 더불어 다툼이 있는데 구태여 불의한 자들 앞에서 고발하고 성도 앞에서 하지 아니하느냐 ²성도가 세상을 판단할 것을 너희가 알지 못하느냐 세상도 너희에게 판단을 받겠거든 지극히 작은 일 판단하기를 감당하지 못하겠느냐 ³우리가 천사를 판단할 것을 너희가 알지 못하느냐 그러하거든 하물며 세상 일이랴 … ⁶형제가 형제와 더불어 고발할뿐더러 믿지 아니하는 자들 앞에서 하느냐 ⁷너희가 피차 고발함으로 너희 가운데 이미 뚜렷한 허물이 있나니 차라리 불의를 당하는 것이 낫지 아니하며 차라리 속는 것이 낫지 아니하냐 ⁸너희는 불의를 행하고 속이는구나 그는 너희 형제로다 _ 고린도전서 6:1-8

바울 당시 고린도를 휩쓴 쾌락주의에 대하여

바울 당시 고린도는 헬레니즘 문화가 절정을 이룬 화려한 대도시였습니다. 그런데 그 시대 고린도 사람들을 지배하던 사상은 에피큐리즘, 쾌락주의였습니다. 마치 요즘 이 시대를 지배하는 가치관이 맘모니즘, 즉 물질지상주의, 황금만능주의이듯 그때는 그게 무엇이든 인간에게 쾌락을 보장할 때만 진리라는 쾌락주의가 그들의 삶의 철학이었습니다. 그래서 그들은 일하기 위해 먹는 게 아니라 먹기 위해서 일했습니다. 철학도 진리를 찾기 위해, 인생이 뭐냐에 대한 해답을 얻기 위해서가 아니라 언어의 유희, 사변의 유희를 즐기기 위해서 했습니다. 그래서 철학자들을 소피스트, 말쟁이, 궤변가들이라 불렀던 것입니다. 물론 그 시대에도 이런 에피큐리즘을 반대하는 사상이 없었던 것은 아닙니다. 그게 바로 스토아주의, 즉 도덕주의, 금욕주의였습니다.

바울은 늘 이 양대 사상과 치열하게 싸웠습니다. 예를 들어 바울의 아테네 전도를 한 번 보십시오.

> [16]바울이 아덴에서 그들을 기다리다가 그 성에 우상이 가득한 것을 보고 마음에 격분하여 [17]회당에서는 유대인과 경건한 사람들과 또 장터에서는 날마다 만나는 사람들과 변론하니 [18]어떤 에피쿠로스와 스토아 철학자들도 바울과 쟁론할새 _ 행 17:16-18

바울이 아테네의 아고라라는 광장에서 전도하며 만난 사람들인데 여기에 나오는 에피쿠로스는 쾌락주의자를 말하고, 스토아 철학자는 도덕주의자를 가리킵니다. 그러나 역시 대세는 쾌락주의였습니다. 모든 게 다 쾌락을 위해 존재했습니다. 심지어는 스포츠도 그랬습니다. 당시는 스포츠가 체력 관리나 건강을 위한 운동이 아니라 즐기는 오락이었습니다.

종교도 마찬가지였습니다. 고린도에는 미와 사랑의 여신인 '코린트 양식'의 비너스 신전이 있었고, 거기에는 1,000명이 넘는 여사제가 있었습니다. 비너스 신전에서의 예배란 신전 창녀들인 그 미녀 사제들과 함께 진탕 먹고 마시며 쾌락을 즐기는 것이었습니다. 고린도는 그리스의 유명한 항구였기에 항상 각국의 선원들이 들끓었고, 비너스 신전은 늘 예배자들로 넘쳐났습니다. 심지어는 고린도교회 신자들조차도 교회에 모여 하나님께 예배드리고 집으로 돌아가면서 다시 비너스 신전에 들려 여사제와 쾌락을 즐기고 갈 정도였습니다.

¹⁵너희 몸이 그리스도의 지체인 줄을 알지 못하느냐 내가 그리스도의 지체를 가지고 창녀의 지체를 만들겠느냐 결코 그럴 수 없느니라 ¹⁶창녀와 합하는 자는 그와 한 몸인 줄을 알지 못하느냐 일렀으되 둘이 한 육체가 된다 하셨나니 _고전 6:15-16

16절에 나오는 창녀란 바로 비너스 신전의 여사제를 가리킵니다. 이게 당시 그들을 지배하던 쾌락주의의 문화였습니다.

그런데 쾌락주의는 거기서 끝나지 않고, 정의를 세우고 인권을 옹호하고, 엄정하게 시비를 가려야 할 법정에까지 만연했습니다. 당시의 재판은 아고라라는 광장에서 행해졌는데, 다툼을 벌이는 양측이 각각 변호사를 한 사람씩 선임하고, 방청객 중에서 배심원을 선정했습니다. 기록에 의하면 20명, 40명, 100명, 어떤 경우에는 최대 6000명까지도 동원했다는 예가 있습니다. 그렇게 되면 모든 방청객이 두 패로 갈라져 서로 열띤 응원전을 벌이는데 그건 더 이상 재판이 아니라 무슨 경기와도 같은 게임이 되어버립니다. 그리고 재판장은 방청객들이 더 환호하고 열광하는 쪽의 손을 들어 줬습니다. 자, 이런 문화 속으로 바울이 전한 기독교가 들어간 겁니다.

교회 내부의 문제를 세상 법정에 가져가는 문제

그런데 문제가 발생했습니다. 교회 안에 알력이 생긴 것입니다. 그리고 그걸 세상 법정으로 가지고 갔다는 겁니다. 그렇다면 "그게 과연 옳은가?" 하는 것이 바로 이 글의 주제입니다. 어떻습니까? 잘한 일입니까?

교회 내부의 문제를 세상 법정에 가지고 가는 게 온당하냐는 것입니다.

요즘 한국교회는 툭하면 교회 문제를 세상 법정으로 가져갑니다. 최근에는 더욱 심해졌습니다. 그런데 교회 안에도 치리 기관이 있습니다. 개교회에는 당회가 있고, 상회인 노회나 교단 총회에도 재판국이 있습니다. 그런데도 교회의 재판은 신뢰도 승복도 않고 무조건 세상 법정으로만 갑니다. 교단 대표를 놓고 세상 법정에서 끝이 보이지 않게 싸운 경우부터 어느 단체의 대표 자리를 놓고 맹렬한 법정 다툼을 벌이는 경우까지, 정말 말이 아닙니다. 그야말로 진흙탕 싸움입니다. 여러분, 이런 현상을 어떻게 생각하십니까? 성경은 뭐라고 하며, 바울은 어떻게 권면합니까?

본문 〈고린도전서〉 6장 1-8절을 표준새번역 성경으로 다시 한 번 읽어 보겠습니다.

¹여러분 가운데서 어떤 사람이 다른 사람과 소송할 일이 있을 경우에, 성도들 앞에서 해결하려 하지 않고 불의한 자들 앞에 가서 재판을 받으려 한다고 하니, 그럴 수 있습니까? ²성도들이 세상을 심판하리라는 것을 여러분은 알지 못합니까? 세상이 여러분에게 심판을 받겠거늘, 여러분이 아주 작은 사건 하나를 심판할 자격이 없겠습니까? ³우리가 천사들도 심판하리라는 것을 알지 못합니까? 그러한데, 하물며 이 세상 일이야 말할 나위가 있겠습니까? ⁴그러니, 여러분에게 일상의 일과 관련해서 송사가 있을 경우에, 교회에서 멸시하는 바깥 사람들을 재판관으로 앉히겠습니까? ⁵나는 여러분을 부끄럽게 하려고 이 말을 합니다. 여러분 가운데는, 신도 사이에서 생기는 문제를 해결하여 줄 만큼, 지혜로운 사람이 하나도 없습니까? ⁶그래서 신도가 신도와 맞서 소송을 할 뿐만 아니라, 그것도 믿지 않는 사람들 앞에 한다는 말입니까? ⁷여러분이 서로 소송을 제기하는 것부터가 벌써 여러분의 실패를 뜻합니다. 왜 차라리 불의를 당해 주

지 못합니까? 왜 차라리 속아 주지 못합니까? [8]그런데 도리어 여러분 자신이 불의를 행하고 속여 빼앗고 있으며, 그것도 신도들에게 그런 짓을 하고 있습니다

바울은 고린도교회가 교회 내부 문제를 세상 법정으로 가져 간 사실을 신랄하게 비판하고 있습니다. 크게 잘못됐다는 겁니다. 주님의 몸 된 교회를 세상 사람들의 웃음거리로 만들고, 교회의 머리 되신 주님을 욕되게 한 것도 큰 잘못이지만 2절을 보십시오. 바울은 성도들이 세상을 심판하리라고 합니다. 이것은 당시 헬레니즘 문화권에서 행해지던 재판 형식의 알레고리로, 훗날 하나님이 이 세상을 심판하실 때 성도들이 다 그분의 배심원이 된다는 뜻입니다. 그럼에도 어떻게 교회가 세상 사람들의 심판을 받겠다며 교회 문제를 세상 법정으로 가져갈 수 있느냐는 것입니다. 교회가 세상을 판단하고 심판해야 하는데 거꾸로 자기를 심판해 달라며 교회가 세상 사람들을 찾아가는 일이 과연 옳으냐는 것입니다. "너희는 자존심도 없느냐? 너희가 지금 그리스도인 고유의 동일성과 정체성을 알고나 있느냐? 제정신이냐?" 하는 너무도 안타까운 책망입니다.

차라리 속아 주어라
바울은 대놓고 "너희를 부끄럽게 하려고 이 말을 한다"고까지 말합니다. 그런데 바울은 더욱 충격적인 말을 합니다.

우리가 천사를 판단할 것을 너희가 알지 못하느냐 그러하거든 하물며 세상 일이랴

_고전 6:3

바울에게는 그리스도인으로서의 정체성이 너무도 확고합니다. 우리가 훗날 천사도 심판한다는 것입니다. 하나님이 종말에 천사들을 심판하실 때 그때도 우리 성도들이 배심원으로 참여하여 그들의 최후 운명에 영향력을 행사한다는 겁니다.

이렇게 장차 하나님과 함께 세상도 심판하고, 천사들까지도 심판할 사람들이 툭하면 우리를 심판해 달라며 세상 법정으로 달려간다는 게 말이 되느냐는 겁니다. 좀 부끄러운 줄을 알라는 겁니다. 따라서 바울은 교회가 교회 내부의 문제를 심판해 달라고 세상 법정에 소송을 제기했다는 것 자체가 이미 틀렸다고 합니다.

"너희가 피차 고발함으로 너희 가운데 이미 뚜렷한 허물이 있나니"(고전 6:7) 하고 바울은 책망합니다. 여기서 말씀한 "뚜렷한 허물"이란 '현저한 죄악'이라는 뜻입니다. 그러면서 뭐라고 합니까? 차라리 불의를 당하는 것이 낫다고 합니다. 새번역으로 보면 "왜 차라리 불의를 당해 주지 못합니까? 왜 속아 주지 못합니까?" 하고 말합니다. 내가 손해를 보더라도 주님의 이름을 욕되게 하지 않는 게 옳은 선택 아닙니까? 교회는 주님의 몸인데, 교회의 머리는 주님이신데, 차라리 우리가 불의를 당하자는 것입니다. 차라리 속자는 겁니다.

여러분, 교회는 교회 내부 문제를 스스로 해결할 수 있는 성숙한 자율성을 가져야 합니다. 만약 그럴 수 없다면 장차 이 세상과 천사까지도 심판한다는 그리스도인의 정체성이라는 게 얼마나 웃기고 공허한 얘기입니까? 흔히 교회나 교단의 치리와 판정을 믿을 수가 없기 때문에 승복할 수 없다고 합니다. 그게 자랑이 아닙니다. 어떻게든 성숙한 자율성을 키워야 합니다. 그래서 교회 문제는 교회 내부에서 기도하며 처리할 수 있는 역량을 갖

추어야 합니다. 그게 교회와 성도의 분수에 맞는 일이고 주님의 기대와 바람에 부응하는 일입니다. 우리 한국교회가 좀 더 성숙한 모습을 보이므로 주님의 이름을 덜 욕되게 하고, 주님의 몸 된 교회를 좀 덜 웃음거리로 만드는 은혜가 있기를 빌어 봅니다.

✝한걸음 더

1 교회 안에서 생긴 문제를 세상 법정으로 가지고 간 것은 '현저한 죄악'이라고 바울은 말한다. 왜 그런가?

2 그리스도인은 장차 이 세상과 천사까지도 심판한다는 것을 믿는가? 그 믿음대로 산다면 어떻게 살아야 할까?

주 5일제와 주일 성수

30 Chapter

⁸안식일을 기억하여 거룩하게 지키라 ⁹엿새 동안은 힘써 네 모든 일을 행할 것이나 ¹⁰일곱째 날은 네 하나님 여호와의 안식일인즉 너나 네 아들이나 네 딸이나 네 남종이나 네 여종이나 네 가축이나 네 문안에 머무는 객이라도 아무 일도 하지 마라 ¹¹이는 엿새 동안에 나 여호와 가 하늘과 땅과 바다와 그 가운데 모든 것을 만들고 일곱째 날에 쉬었음이라 그러므로 나 여 호와가 안식일을 복되게 하여 그날을 거룩하게 하였느니라 _ 출애굽기 20:8-11

주일과 안식일

아이들의 주 5일제 수업이 전면적으로 실시되었습니다. 주 5일제가 사실상 우리 사회의 보편적 제도가 된 것입니다. 6일 일하고 하루 쉬는 제도는 성경에서 온 것입니다. 태초에 하나님이 제정하신 창조의 질 서입니다. 고색창연한 원초적인 사회 제도였습니다. 그러나 지금 실시하고 있는 주 5일제는 인간이 필요에 의해 만든 제도요 노동 문화입니다. 주 5일 제가 전면적으로 실시되면서 한국교회는 걱정이 하나 더 늘었습니다. 이게 주일 성수에 부정적으로 작용할 것이라는 예측 때문입니다. 주말에 멀리

여행 가면 주일 지키기가 어렵지 않습니까? 그러나 주 5일제든 주 4일제든 우리는 그런 상대적 제도와는 관계없이 성경이 우리에게 가르치고 명령한 성일(聖日)만큼은 잘 지켜야 합니다. 그게 우리의 본분입니다. 주 5일제가 주일 성수를 침해할 수는 없습니다. 성일은 양보하거나 타협할 수 없기 때문입니다.

성경에는 성일로 안식일과 주일 두 개가 나옵니다. 안식일과 주일은 같은 날입니까, 다른 날입니까? 우리가 모여서 예배드리는 오늘은 안식일입니까, 주일입니까? 안식일도 되고 주일도 됩니까? 안식일과 주일은 엄연히 다른 날입니다. 오늘은 안식일이 아니라 주일입니다. 주일(主日)은 주의 날이란 뜻입니다. 그런데 왜 일요일이 주일이고 거룩한 날입니까? 주님이 안식 후 첫날인 이 일요일 새벽에 부활하셨기 때문에 주의 날이요 거룩한 날입니다. 그래서 우리는 일요일을 주일이라며 성일로 지킵니다.

그런데 십계명의 제4 계명은 "안식일을 기억하여 거룩하게 지키라"(출 20:8)입니다. 주일이 아니라 안식일을 거룩한 날로 지키라고 합니다. 안식일은 무슨 요일입니까? 한 주간의 마지막 날인 토요일입니다. 주일은 한 주간의 첫날인 일요일입니다. 십계명은 분명 안식일을 거룩하게 지키라고 했는데 우리는 왜 안식일이 아니라 주일을 지킵니까? 물론 지금도 토요일을 성일로 지키는 사람들이 있습니다. 대표적으로 유대교 신자들과 안식교도들입니다. 안식일은 어떤 성일일까요?

이는 엿새 동안에 나 여호와가 하늘과 땅과 바다와 그 가운데 모든 것을 만들고 일곱째 날에 쉬었음이라 그러므로 나 여호와가 안식일을 복되게 하여 그날을 거룩하게 하였느니라 _출 20:11

안식일은 창조와 관련된 성일입니다. 그럼 주일은 또 어떤 성격의 성일입니까? 주님이 십자가에 달려 돌아가셨다가 사흘 만인 안식 후 첫날, 그러니까 일요일 아침에 부활하셨습니다. 따라서 안식일이 하나님의 창조 사역과 관련된 성일이라면, 주일은 하나님의 구원 사역과 관련된 성일입니다. 그러므로 구약시대 때는 안식일을 지키는 게 맞고, 오늘 복음의 시대를 살고 있는 우리는 주일을 지키는 게 맞습니다. 지금도 성경의 십계명을 들이대며 안식일을 주장하는 것은 시대착오적입니다.

주일을 성수한다는 것은

그렇다면 주일을 성수한다는 것은 어떤 뜻일까요? 먼저 안식일은 어떻게 지켰습니까?

> 일곱째 날은 네 하나님 여호와의 안식일인즉 너나 네 아들이나 네 딸이나 네 남종이나 네 여종이나 네 가축이나 네 문 안에 머무는 객이라도 아무 일도 하지 마라 _ 출 20:10

일절 일하지 말라는 겁니다. 자식도 종도 심지어 짐승들까지도 일절 노동을 하지 못하게 했습니다. 그래서 안식일(安息日)입니다. 왜 쉬는 게 곧 성일을 지키는 것일까요? 그것은 하나님께서 천지를 창조하실 때 엿새 동안 하늘과 땅과 바다와 그 가운데 모든 것을 만들고 일곱째 날에 쉬었기 때문입니다(출 20:11). 그러니 너희도 쉬라는 겁니다.

하나님이 이레째 쉬셨으니 너희도 쉬라는 이 말씀을 여러분은 어떻게 이해하십니까? 여호와께서 이레째 되는 날 쉬셨는데 왜 우리도 쉬어야 합니까? 하나님이 엿새 동안 노동하시고 이레째 쉬셨기 때문에 우리도 쉬어야 한다면, 하나님이 여드레, 아흐레째는 다시 일하셨습니까? 아닙니다. 계속 쉬셨습니다. 그럼 우리도 계속 쉬어야 하지 않습니까?

여러분, 왜 하나님께서 이레째 되는 날 쉬셨을까요? 피곤해서 쉬신 겁니까? 아닙니다. 하실 일이 없었기 때문에 쉬셨습니다. 엿새 동안 너무도 완전하고 완벽하게 창조하셨기 때문에 더는 손댈 일이 없어서 쉬신 겁니다.

그러므로 여호와의 성일에 안식해야 한다는 말씀을 맹목적으로 이해하시면 안 됩니다. 하나님이 쉬셨기 때문에 우리도 쉰다기보다는 모든 노동으로부터 손을 떼고 하나님의 그 완전하시고도 온전하신 창조 사역을 온몸으로 고백하기 위해서 쉬는 것입니다. 내가 노동하여 더 보태거나 더 보완해야 할 것은 아무것도 없다는 것입니다. 그 사실을 쉼을 통해 내 삶으로 고백하는 게 안식일을 지키는 겁니다. 그럼에도 굳이 안식일에 일하는 것은 하나님의 창조 사역에 대한 불신을 뜻하는 꼴이 되므로 한사코 노동을 금하는 것입니다.

주일은 어떻게 지켜야 합니까? 주일도 쉬어야 합니다. 주일도 안식일을 성수하는 방식과 같습니다. 모든 노동에서 손을 놔야 합니다. 구약의 안식일은 그렇다 해도 주일은 또 왜 쉬어야 합니까? 주님이 이룩하신 구원 역시 우리가 노력하고 노동해서 뭔가를 더 보탤 필요가 없을 만큼 완전하고 완벽하기 때문입니다.

따라서 그 사실을 실제 노동에서 손을 뗌으로써, 몸으로 고백하라는 겁니다. 그래서 주일도 노동하면 안 됩니다. 노동을 하면 본의 아니게 주님의 구원이 아직은 미흡하여 내가 일을 더하지 않으면 안 된다는 사실을 실천적으로 고백하는 꼴이 됩니다. 그래서 우리는 안식일이든 주일이든 성일에는 무조건 쉬어야 합니다.

안식일 예외 규정

그러면 어떤 경우에도 주일에는 일하면 안 됩니까? 그렇지는 않습니다. 일을 해도 되는 경우가 있습니다. 원칙은 쉬고 안식해야 되지만 예외 규정이 있습니다. 제사장이나 레위인들은 제사를 집례해야 하기 때문에 안식일에 오히려 일이 가장 많습니다. 그러나 그것은 안식일을 범하는 노동에 해당되지 않습니다. 안식일의 본래의 뜻을 극대화하는 행위이기 때문에 성전 안에서 이루어지는 노동은 노동으로 보지 않습니다. 오늘날의 주일도 마찬가집니다. 목회자나 제직에게는 주일이 가장 고단합니다. 그러나 목회자나 제직이 주일에 교회에서 하는 노동은 주일 성수를 범하는 게 아닙니다. 오히려 주님이 이룩하신 구원 사역을 확대 재생산하는 일입니다. 그래서 주일날 교회 안에서 이뤄지는 노동, 또 구약시대 때 성전 안에서 행해진 노동은 괜찮습니다. 그러나 사사로이 자신의 이익을 위해 노동하는 행위는 삼가야 합니다.

부디 세상이 어떻게 변해도 성경이 우리에게 말씀하는 성일을 성수하는 일만큼은 바르게 지키십시오! 장삿속으로 계산하지 마십시오. 주일에 일 안 하면 손해라는 피해 의식이 우리를 사로잡고 있습니다. 그것은 잘못된 생각이요 불신의 소치입니다. 성일이 어떤 날입니까? 여호와께서 복되게 하여 거룩하게 하신 날입니다(출 20:11). 여러분이 평일에 아무리 열심히 일한다고 해도 일하지 않는 주일만큼 복되지는 않습니다. 성일은 일하지 않아 손해가 되는 날이 아니라 지키는 만큼 축복이 되는 날입니다. 특별히 이날을 위해 하나님이 복을 준비하셨다고 합니다. 이 부분에 대해 분명한 확신을 가지시고 더 이상 주일에 대한 피해 의식을 갖지 마시기 바랍니다. 오히려 즐겁고 감사한 마음으로 주일을 성수하십시오. 주일을 잘 성수하여 우리의 삶이 더욱 풍성하게 되기를 기대합니다.

✝ 한걸음더

1 성경에서 말하는 성일은 '안식일'과 '주일'이다. 안식일은 창조 사역과 관련되었고 주일은 예수님의 구원 사역과 관련되어 있다. 그런데 안식하는 이유는 무엇인가?

2 성일은 여호와께서 복되게 하여 거룩하게 하신 날이다. 이날을 위해 하나님이 준비하신 복은 무엇일까?

예수,
산에 가시다

… ²³무리를 보내신 후에 기도하러 따로 산에 올라가시니라 저물매 거기 혼자 계시더니 ²⁴배
가 이미 육지에서 수 리나 떠나서 바람이 거스르므로 물결로 말미암아 고난을 당하더라 …
²⁸베드로가 대답하여 이르되 주여 만일 주님이시거든 나를 명하사 물 위로 오라 하소서 하니
²⁹오라 하시니 베드로가 배에서 내려 물 위로 걸어서 예수께로 가되 ³⁰바람을 보고 무서워 빠
져 가는지라 소리 질러 이르되 주여 나를 구원하소서 하니 ³¹예수께서 즉시 손을 내밀어 그
를 붙잡으시며 이르시되 믿음이 작은 자여 왜 의심하였느냐 하시고 … ³³배에 있는 사람들이
예수께 절하며 이르되 진실로 하나님의 아들이로소이다 하더라 _마태복음 14:22-33

따로 산에 올라가 기도하시다

주님이 제자들을 배에 태워 호수 건너편으로 먼저 보내시
고 자신은 산으로 가셨다고 합니다. 기도하기 위해 제자들마저 떼놓고 가
신 것입니다. 주님은 "새벽 아직도 밝기 전에" 한적한 곳으로 나가셨고(막
1:35), 감람산에도 홀로 가셨습니다(요 8:1). 또 공생애 직전에는 40일간이
나 홀로 광야에 계시기도 하였습니다. 왜 그렇게 하셨을까요? 누구의 방해
도 없는 곳에서 홀로 기도하기 위해서였습니다.

기도란 확실히 모든 관계를 떠나 자기만의 골방에 있을 때 가능한 사건

입니다. 사람은 어떤 관계에 놓이게 되면 이미 체면이 필요하고 오만도 생기고 때로는 위선도 떨어야 하고, 아무튼 참된 자기와는 전혀 다른 모습으로 살아갈 수밖에 없는 측면이 있습니다. 그러나 그런 복잡한 모든 관계를 떠나 순수한 자기에게로 복귀하게 되면 사람들 앞에서 그토록 허세를 부리고 능력이나 지위나 지식을 과시하던 자신이 실은 얼마나 한심한 존재인가를 깨닫게 됩니다. 바로 그 순간이 하나님의 음성을 들을 수 있는 시간이요 자신의 한계와 죄성을 겸허하게 고백할 수 있는 시간입니다.

주님은 하루 종일 참 분주하셨습니다. 말씀을 전하셨고, 오병이어로 5,000명을 먹이시느라 사람들에게 많이 시달리셨습니다. 그런데 이제는 사람이 아니라 하나님을 만나기 위해 홀로 산으로 가신 겁니다. 맞습니다. 우리는 기도할 때 주님을 뵙습니다. 세상 한복판에서 사람들을 만날 때는 주님 뵙기가 힘듭니다. 세상살이할 때는 아예 주님을 잊고 살지 않습니까? 그러다 기도할 때 다시 주님을 만납니다. 주님의 숨결을 느끼며 주님의 따뜻한 손길을 체험합니다.

그런데 중요한 것은 기도는 그렇게 하나님을 만나는 순간일 뿐 아니라 자기 자신을 만나는 시간이라는 것입니다. 이것 역시 우리에게는 하나님을 만나는 것 못지않게 중요합니다. 우리는 기도할 때 가장 정직한 자기를 만납니다. 누가 하나님 앞에서 자기를 치장할 수 있겠습니까? 우리를 꿰뚫어 보시는 하나님 앞에서 내가 무엇을 감히 감출 수 있겠습니까? 그러므로 기도는 벌거벗고 홀로 하나님 앞에 서는 행위입니다. 그래서 우리는 기도할 때 하나님도 뵙지만 잊고 살던 가장 진솔한 자신을 만나는 겁니다. 기도하지 않으면 참된 자기가 누구인 줄 모르고 살다 죽습니다. 누구든 주님 앞에 홀로 서지 않으면 백 날 가도 자신을 모릅니다. 세상 사람들이 왜 저토록 오만할까요? 자기를 몰라서 그렇습니다. 실제 자기들의 모습이 얼마나 거 짓되고 한심한지를 모르고 살기 때문에 기고만장한 것입니다. 자기를 아는 사람이 어떻게 교만할 수 있겠습니까? 기도는 주님을 뵙는 사건인 동시에 자기의 참 모습을 발견하는 사건임을 기억합시다. 본문은 주님이 제자들을 "앞서 건너편으로 가게 하셨다"고 합니다. 앞서 보내셨다는 것은 그들과 다시 만날 것을 전제로 한 것입니다.

그렇습니다. 주님이 홀로 산으로 가사 기도하신 것은 제자들을 새롭게 만나기 위해서였습니다. 기도의 참된 의미가 바로 여기에 있습니다. 기도 는 가장 정직한 자기에게로 돌아오는 순간이요 그래서 그 시간이 바로 하 나님을 뵙는 순간이며 그것은 다시 내 이웃을 만나기 위한 것입니다.

기도하는 동안에

기도가 일방적인 독백이 아니라는 사실은 잘 아실 겁니다. 기 도는 염불이 아닙니다. 주님과의 대화입니다. 나도 내 속마음을 털어놓으 며 최후의 진실까지 다 드러내고, 주님도 내 기도에 메아리를 보내시는 쌍 방 대화입니다. 그러나 우리는 기도할 때 종종 내 할 말은 다 하지만 주님의 메아리를 못 듣습니다. 이게 문제입니다. 그것은 내 영성이 투명하지 못해 서 그렇습니다. 그래서 주님은 말씀하시는데 내가 느끼지 못하는 겁니다. 영성이 탁하고 둔감해서 그렇습니다. 따라서 영성 관리가 필요합니다. 영 적 감각이 항상 예민해야 합니다.

그런데 주님은 산에서 홀로 기도하시며 하나님의 음성을 들으셨을 뿐만 아니라 저 바다 한복판에서 풍랑 만나 외로이 싸우고 있는 제자들의 비명

소리도 들으셨습니다. 기도할 때 우리는 주님의 음성도 듣지만 이웃들의 비명도 듣습니다. 세상살이에 분주할 때는 이웃의 소리가 들리지 않습니다. 그러나 기도할 때는 들립니다. 부모 형제의 신음 소리도 들립니다. 그래서 그들을 위해 기도하게 되고 관심과 연민을 갖게 되는 것입니다. 우리가 기도를 안 해서 못 듣기 때문에 그렇지 우리 주위에는 이웃들의 신음 소리가 너무도 많습니다.

기도하면서 주님의 음성도 듣고, 구조를 요청하는 이웃들의 비명도 함께 듣기를 바랍니다. 주님도 바다 한가운데서 풍랑과 싸우는 제자들의 비명을 들으셨기에 그들을 위해 기도하셨고, 또 바다 위를 걸어 그들의 고난의 현장까지 오셨던 겁니다. 지금도 주님은 하나님 보좌 우편에서 우리의 작은 한숨 하나도 놓치지 않고 다 듣고 계시며, 우리를 위해 중보하고 계십니다.

밤 4경에 주님이 성난 바다 위를 걸어 제자들에게 오셨습니다. 제자들이 주님을 보고 유령이라며 무서워하자 "안심하라 나니 두려워 말라"고 하셨습니다. 제자들은 풍랑 때문에 지금껏 사경을 헤맸는데, 주님은 그 풍랑을 딛고 오셨습니다. 얼마나 극명한 대비입니까? 제자들은 지금도 사투를 벌이고 있는데, 주님은 의연히 그 파도를 딛고 서 계십니다. 어떻게 주님이 바다 위를 걸어오실 수 있었을까요? 기도하셨기 때문입니다. 기도의 권능으로 담대히 바다 위를 걸어오신 겁니다. 베드로가 자기도 바다 위를 걷게 해 달라고 하자 주님이 오라고 하셨습니다. 비록 몇 발짝 걷지 못하고 바다에 빠지고 말았지만 그러나 우리도 주님이 말씀하시면 바다 위를 걸을 수 있다는 사실만큼은 확인된 셈입니다.

기도하면 우리도 거센 세파를 딛고 주님을 향해 나갈 수 있습니다. 혹 지금 어두운 밤바다에서 외로이 풍랑과 싸우고 계십니까? 베드로처럼 "주여,

풍랑 위를 걷게 해주십시오"라고 기도하십시오. 주님이 반드시 오라고 하실 것입니다. 그래서 여러분을 어렵게 하고 힘들게 하는 저 어두움과 풍랑을 반드시 딛고 서는 놀라운 은혜와 기적을 체험하게 되길 기원합니다.

✝한걸음더

1 기도는 가장 정직한 자기에게로 돌아오는 순간이요 그래서 그 시간이 바로 하나님을 뵙는 순간이며 그것은 다시 내 이웃을 만나기 위한 것이다. 얼마나 기도하는가?

2 영적 감각은 항상 예민해야 한다. 영성을 관리하려면 어떻게 해야 할까?

3 베드로가 풍랑 위를 걸어 주님께 갈 수 있었던 이유는 무엇인가?

물세례와 성령 세례

32
Chapter

[15]내가 말을 시작할 때에 성령이 그들에게 임하시기를 처음 우리에게 하신 것과 같이 하는지라 [16]내가 주의 말씀에 요한은 물로 세례를 베풀었으나 너희는 성령으로 세례를 받으리라 하신 것이 생각났노라 [17]그런즉 하나님이 우리가 주 예수 그리스도를 믿을 때에 주신 것과 같은 선물을 그들에게도 주셨으니 내가 누구이기에 하나님을 능히 막겠느냐 하더라 [18]그들이 이 말을 듣고 잠잠하여 하나님께 영광을 돌려 이르되 그러면 하나님께서 이방인에게도 생명 얻는 회개를 주셨도다 하니라 _ 사도행전 11:15-18

성령 세례를 받으셨습니까?

여러분은 물세례를 다 받으셨을 것입니다. 그럼 성령 세례는 받으셨습니까? 물세례란 무엇인가요? 과거의 모든 죄를 물에 씻는다는 의미요, 죄인으로 살아온 옛사람을 물에 수장한다는 뜻입니다. 요즘은 세례가 제도화되어 처음 교회에 나오면 일정 기간이 지나야 신앙고백을 듣고 물세례를 베풀지만, 초대교회 시대에는 어디서든, 언제든 신앙만 고백하면 즉석에서 세례를 베풀었습니다. "내가 예수를 구주로 고백합니다. 과거의 모든 죄를 주님 앞에 회개합니다" 하면 그 자리에서 물세례를 베풀었습니다. 세례 자체에 무슨 화학적인 효험이 있는 것은 아닙니다. 물세례가 죄를 씻어 주거나 옛사람을 수장하는 것은 아닙니다. 단지 죄를 회개한 사람, 이미 예수를 주로 모신 사람이 이를 고백하면 그 사실을 공인해 주는 의식이 물세례입니다. 따라서 세례를 받지는 않았지만 회개하고 새사람이 된 분들도 얼마든지 있습니다. 그것은 마치 결혼식은 올리지 않았지만 부부로 행복하게 사는 커플이 많은 것과도 같은 것입니다.

그렇다면 성령 세례는 무엇일까요? 물세례를 받고 기독교에 입문하여 신앙생활을 열심히 하고, 기도와 헌금과 봉사를 많이 하면 그때에 주어지는 특별한 세례인가요? 성경에는 성령 세례라는 말이 딱 두 번 나옵니다.

> 요한은 물로 세례를 베풀었으나 너희는 몇 날이 못되어 성령으로 세례를 받으리라 하셨느니라 _ 행 1:5

이는 주님의 말씀으로, 성경에 첫 번째 등장하는 성령 세례라는 표현입니다. 그리고 또 한 번은 본문 16절입니다.

> 내가 주의 말씀에 요한은 물로 세례를 베풀었으나 너희는 성령으로 세례를 받으리라 하신 것이 생각났노라 _ 행 11:16

베드로가 고넬료 가정의 성령 체험을 보면서 전에 주님이 말씀하신 성령 세례를 기억해 낸 것입니다. 다시 말해 베드로 사도가 고넬료 가정의 성령 체험을 통해 주님이 말씀하신 성령 세례의 전형을 확인했다는 것입니다.

그렇다면 고넬료 가정의 성령 체험을 이해하면 성령 세례가 무엇인가를 밝힐 수 있다는 얘기가 됩니다. 여러분, 고넬료는 유대인이 아니고 이방인인 로마 사람이었습니다. 그는 팔레스타인에 나와 있던 점령군 사령관이었습니다. 당시에는 아직 그리스도인이 아니었고, 최소한 유대교도는 맞았던 것 같습니다. 즉 하나님은 믿었지만 아직 복음과 주님은 모르는 사람이었다는 것입니다. 그랬기 때문에 하나님이 천사를 통해 베드로를 데려다가 구원 얻을 말씀을 들으라고 계시하신 것입니다. "그가 너와 네 온 집의 구원 얻을 말씀을 네게 이르리라"(행 11:14) 하신 말씀으로 보아 아직 고넬료와 그의 가족은 복음을 접한 적이 없었습니다. 아마도 팔레스타인에 배속된 이후 유대교도가 된 듯한데 그의 믿음이 너무도 순수하고 아름다워 하나님이 그에게 천사를 보내 베드로를 청해 너와 온 집안이 구원 얻을 복음을 들으라고 하신 것입니다. 그래서 그가 사람을 보내 베드로를 청합니다. 그리고 베드로를 통해 처음 복음을 접했는데 말씀을 듣다 성령을 받은 것입니다.

이는 방언을 말하며 하나님 높임을 들음이러라 _ 행 10:46

베드로가 한참 말씀 전하는데, 그들이 방언을 말하며 하나님께 영광을 돌린 것입니다. 이게 바로 고넬료 가정의 성령 체험이었습니다. 그런데 베드로가 그 고넬료 가정의 성령 체험을 목격하면서 이것이 바로 전에 주님이 말씀하신 성령 세례구나 하고 생각했다는 것입니다.

성령 세례의 확실한 증거
우리는 여기서 성령 세례에 관한 몇 가지 사실을 확인할 수 있습니다. 당시 고넬료 가정의 성령 체험이 베드로가 공인한 성령 세례였다는 사실은 오늘 우리로 하여금 성령 세례가 언제 주어지는 것인지를 깨닫게 합니다.

> 그런즉 하나님이 우리가 주 예수 그리스도를 믿을 때에 주신 것과 같은 선물을 그들에게도 주셨으니 내가 누구이기에 하나님을 능히 막겠느냐 하더라 _ 행 11:17

고넬료 가정이 원래 예수를 잘 믿었는데, 베드로가 와서 집중적으로 기도하여 성령 세례를 받은 것이 아니라 구원을 모르던 사람이 처음 복음을 접하고 성령 세례를 체험한 것입니다. 성령 세례는 예수를 잘 믿어야 주어지는 은혜가 아니라 처음 주님을 믿을 때 체험하는 사건입니다. 베드로 사도도 분명 "우리가 예수 그리스도를 믿을 때에 주신 것과 같은 선물"이라고 했습니다. 그런데 고넬료 가정이 베드로를 통해 복음을 접하자 하나님이 사도들이 처음 믿을 때 주신 것과 같은 선물인 성령 세례를 주셨다는 것입니다. "내가 말을 시작할 때에 성령이 저희에게 임하시기를 처음 우리에게 하신 것과 같이 하는지라"(행 11:15) 하는 베드로의 말에서 알 수 있듯, 사도들이라고 해서 특별한 성령 체험을 한 것이 아닙니다. 고넬료 가정과 똑같은 성령의 세례를 받았습니다. "성령이 저희(고넬료 가정)에게 임하시기를 처음 우리(사도들)에게 하신 것과 같이 했다"고 합니다. 성령 세례는 처음 예수를 믿을 때 주어지는 것입니다. 사도들도 고넬료 가정도 마찬가지였습니다.

흔히 많은 분이 오해합니다. 물세례는 예수를 믿으면 누구나 받는 것이지만 성령 세례는 특별한 사람들만 받는다고 말입니다. 그래서 이미 성령 세례를 받았음에도 여전히 성령 달라며 금식하고 철야를 합니다. 왜냐하면 성령을 받을 때 고넬료 가정과 같은 초자연적인 체험을 하지 못했기 때문입니다. 그러나 성령 세례를 받는다고 누구나 다 방언하고 환상을 보고 예언을 하는 것은 아닙니다. 아무런 현상이 없을 수도 있습니다. 그것은 오직 성령께서 판단하십니다. 성령이 그때그때 그 사람에게 필요한 은사를 주시는 것입니다. 따라서 모든 성령 세례에 반드시 초자연적인 은사가 약속된 것은 아니라는 게 중요합니다. 성령 세례의 확실한 증거는 '방언, 예언, 환상'보다 오히려 '예수를 나의 구주로 시인'하는 신앙고백에 있습니다. 왜냐하면 누구도 성령의 역사 없이는 예수를 주라 시인할 수 없기 때문입니다.

> 그러므로 내가 너희에게 알리노니 하나님의 영으로 말하는 자는 누구든지 예수를 저주할 자라 하지 아니하고 또 성령으로 아니하고는 누구든지 예수를 주시라 할 수 없느니라 _고전 12:3

세상 사람들이 고백하지 않는 예수에 대해 우리가 구주라 하는 것은 다 성령 세례를 받았기 때문입니다. 성령이 역사하시지 않으면 내가 왜 죄인인지, 내게 왜 회개가 필요한지를 모릅니다. 내가 죄인임을 자각했다는 사실, 내 의지로 내 죄를 주님께 고백했다는 사실은 이미 내게 성령이 임하셨다는 증거입니다. 방언이나 환상보다 이 사실이 중요합니다. 따라서 엄밀히 말하면 물세례보다도 성령 세례가 먼저입니다. 성령 세례란 물세례를 받은 자가 일정한 조건을 충족하면 주시는 하나님의 특별한 은혜가 아니라 예수를 믿는 모든 이에게 주시는 하나님의 가장 보편적인 선물입니다. 성령의 역사, 성령의 세례 없이는 누구도 회개할 수 없습니다. 죄가 무엇인지, 구원이 왜 필요한지를 모르기 때문입니다. 따라서 물세례와 성령 세례는 서로 맞물려 있지만, 굳이 구분하자면 물세례보다도 오히려 성령 세례가 먼저라는 것입니다. 성령 세례를 받아야 비로소 진정성 있는 회개가 가능하고, 또 공적인 자리에서 예수를 시인하며 구주로 고백할 수 있기 때문입니다.

고넬료 가정의 성령 체험이야말로 성령 세례의 전형입니다. 베드로가 그 집을 방문하여 예수 그리스도를 증거할 때 그들에게 감동과 깨달음이 왔고 방언과 하나님을 높이는 신앙고백이 터져 나왔습니다. 그 현장을 목격한 베드로는 그게 바로 주님이 말씀하신 성령 세례임을 확인했고, 이어서 그들에게 물세례를 베풀었습니다(행 10:47). 여러분이 예배에 참석하는 것도 다 성령께서 이끄신 때문입니다. 어떤 분은 성령께 순종하여 순순히 왔을 것이고, 또 어떤 분은 성령이 강제하셔서 억지로 끌려 왔을 것입니다. 아무튼 중요한 사실은 성령 세례를 받지 않고 주일에 교회에 나와 예배드릴 사람은 없다는 것입니다. 예수 믿는 사람치고 성령 세례를 받지 않은 사람은 없습니다. 물세례를 받지 않은 사람은 있어도 성령 세례를 받지 않은 신자는 없습니다. 성령 세례 없이는 신자가 될 수 없고 신앙생활 자체가 가능하지 않기 때문입니다. 이게 바로 개혁교회의 오랜 가르침이자 성경의 바른 가르침입니다.

성령 충만을 기도하라

그러므로 이미 예수를 믿는 사람이 새삼 성령 세례를 위해 기도하는 것은 당찮은 일입니다. 성령은 이미 내 안에 계십니다. 따라서 이제는 성령 세례가 아니라 성령 충만을 기도해야 합니다.

술 취하지 마라 이는 방탕한 것이니 오직 성령으로 충만함을 받으라 _ 엡 5:18

성령 세례는 내게 성령이 강림하시는 사건입니다. 성령 세례를 통해 내 안에 성령이 내주하시면 나는 그 순간부터 성령의 전(殿)이 됩니다. 그럼 성령 충만은 무엇일까요? 성령은 물량적인 분이 아니십니다. 인격체이신 삼위일체 하나님이십니다. 그러므로 성령 충만이란 내 안에 계신 성령을 양적으로 표현한 말이 아니라 내가 내 안에 계신 성령께 얼마나 순종하고 복종하느냐의 정도를 이르는 말입니다. 다시 말해 성령 충만이란 성령의 양적 지수가 아니라 성령께 대한 나의 복종 지수를 가리키는 말입니다. 그러므로 성령 충만하다는 것은 곧 내가 내 안에 계신 성령의 감동과 깨우침대로 산다는 것입니다. 성령이 회개하게 하시고, 분별하게 하시고, 용기를 주시고, 도전하게 하실 때 거기에 성실히 응답하며 사는 삶을 말합니다.

성령 훼방, 성령 소멸은 또 무엇일까요? "성령을 소멸치 말며"(살전 5:19), "누구든지 성령을 훼방하는 자는 사하심을 영원히 얻지 못하고 영원한 죄에 처하느니라"(막 3:29), "하나님의 성령을 근심하게 하지 마라 그 안에서 너희가 구속의 날까지 인 치심을 받았느니라"(엡 4:30) 하고 성경은 말씀합니다. 그렇다면 구체적으로 어떤 행위가 성령을 근심하게 하고 훼방하고 소멸하는 것일까요?

첫째는, 내 안에 계신 성령의 존재에 무심하고 성령의 역사에 둔감한 삶입니다. 믿는 자들은 다 성령이 머무는 전입니다. 내가 의식하든 못하든 이미 내 안에는 보혜사 성령이 계십니다. 그럼에도 우리는 여전히 성령 달라고 조릅니다. 얼마나 딱한 노릇입니까? 그래서 바울이 "너희가 하나님의 성전인 것과 하나님의 성령이 너희 안에 계시는 것을 어찌 알지 못하느냐"

(고전 3:16) 하며 안타까워했습니다. 내가 예수를 믿은 지 10년이 됐다면 내 안에 성령이 계신 지도 벌써 10년이 된 것이고, 내가 예수를 믿은 지 30년이 됐다면 내 안에 성령이 계신 지도 벌써 30년이 된 겁니다. 다만 내가 무지하고 무심해서 지난 10년 혹은 30년간 내 안에 계신 성령을 깨닫지 못하고 소외시키고 무시해 왔을 뿐입니다. 그러니 그동안 성령의 심기가 얼마나 불편하셨겠습니까? 성령께서 얼마나 근심하며 탄식하셨겠습니까? 그게 바로 성령 훼방이요 성령 소멸입니다. 부디 내 안에 계신 성령을 바르게 깨닫고 체험하고 교감하며 그 역사에 성실하게 응답하고 순종하며 삽시다. 그게 바로 성령 충만한 삶입니다.

둘째는, 내 안에 계신 성령의 존재는 인정하면서도 실제 삶에서는 언제나 자기의 의지대로 사는 삶입니다. 우리는 종종 그게 성령의 역사요 감동이요 충동이라는 사실을 뻔히 알면서도 묵살해 버리곤 합니다. 왜 그럴까요? 성령의 감동과 깨달음대로 살기에는 나의 인간적인 욕망과 세상적인 미련이 너무 크기 때문입니다. 그래서 그런 것들이 언제나 성령의 역사를 짓눌러 버립니다. 괜히 그걸 접수하면 내 삶이 피곤해지기 때문입니다. 이게 바로 심각한 성령 훼방이자 성령 소멸입니다. 내 안에 성령이 계신다는 사실을 인정하고, 성령이 내게 주신 감동도 알지만, 내 탐욕과 악한 의지가 성령의 음성을 묵살하는 것입니다. 이는 참으로 악성입니다. 이런 생활이 지속되면 성령이 근심하시고, 그 상태가 더욱 길어지면 성령이 떠나십니다.

셋째는, 성령의 인격성을 부정하는 삶입니다. 성령은 지성과 감정과 의지의 본체로서 가장 완전하고도 완벽하신 인격체십니다. 따라서 그분을 모시고 그분의 뜻대로 살아간다는 신자들의 삶도 반드시 인격적이어야 합니다. 만약 인격적인 하나님이신 성령의 간섭과 통제 속에서 산다는 신자가

비인격적이고도 비양심적이라면 그게 어찌 성령을 거스리고 훼방하고 근심하게 하는 행위가 아니겠습니까?

성령 충만한 자의 삶은 고상해야 합니다. 품위와 격조가 있어야 합니다. 인격적이신 성령의 역사 속에서 살기 때문입니다. 그럼에도 그리스도인의 삶이 비루하고 천하다면 그것은 명백히 성령을 욕되게 하는 것입니다. 성령 충만하다는 사람이 비상식적이거나 맹목적이고, 병적이며 거짓되다면 그것 역시도 자기 안에 계신 성령을 비인격적인 존재로 치부하는 꼴이 되므로 결국 성령을 모독하는 것이고 소멸하는 행위와 다름없다는 것입니다. 부디 성령 훼방, 성령 소멸이 아니라 성령으로 충만하십시오. 내 안에 계신 성령께 전적으로 순종하십시오. 성령과의 깊은 교감 속에서 사십시오. 그게 복된 영성의 삶이고, 아름답고도 풍성한 그리스도인의 삶입니다.

1 성령 세례란 물세례를 받은 자가 일정한 조건을 충족하면 주시는 하나님의 특별한 은혜가 아니라 예수를 믿는 모든 이에게 주시는 하나님의 가장 보편적인 선물이다. 성령 세례를 받았는가?

2 성령 충만이란 내 안에 계신 성령을 양적으로 표현한 말이 아니라 내가 내 안에 계신 성령께 얼마나 순종하고 복종하느냐의 정도를 이르는 말이다. 나의 복종 지수는 몇 퍼센트인가?

3 내 삶에서 성령 훼방과 성령 소멸에 대한 사례가 있는가? 무엇인가?

사마리아 사람들과 에베소 제자들

8:14 예루살렘에 있는 사도들이 사마리아도 하나님의 말씀을 받았다 함을 듣고 베드로와 요한을 보내매 15그들이 내려가서 그들을 위하여 성령받기를 기도하니 … 17이에 두 사도가 그들에게 안수하매 성령을 받는지라 19:1아볼로가 고린도에 있을 때에 바울이 윗지방으로 다녀 에베소에 와서 어떤 제자들을 만나 2이르되 너희가 믿을 때에 성령을 받았느냐 이르되 아니라 우리는 성령이 계심도 듣지 못하였노라 … 5그들이 듣고 주 예수의 이름으로 세례를 받으니 6바울이 그들에게 안수하매 성령이 그들에게 임하시므로 방언도 하고 예언도 하니 7모두 열두 사람쯤 되니라 _ 사도행전 8:14-17, 19:1-7

물세례가 먼저라는 주장

편지 한 통을 받았습니다. 그 편지가 제기한 문제를 설교의 주제로 삼았기 때문에 그분에 대한 결례를 무릅쓰고 편지 내용을 잠시 소개해 드리겠습니다.

저는 교회가 서울이어서 가끔 새벽 기도를 이 교회에서 드립니다. 그런데 제가 오늘 낮 예배에 참석했다가 목사님의 설교를 듣고 충격을 받았습니다. 실례인 줄 알면서 편지를 하게 되었으니 이해해 주십시오. 저는 11년 전 물세례를 받고 아직 성령 세례를 받지 못해 기도해 왔습니다. 저희 교회 목사님과 전도사님들도 성령 세례를 받기를 기도하라고 했습니다. 그런데 목사님은 성령 세례가 먼저라고 했습니다. 누구나 받는 물세례보다 성령 세례가 먼저라고 하시니 저는 혼란스럽습니다. 저는 아직 성령 세례를 받지 못했습니다. 성령 세례의 증거인 방언을 아직 못하기 때문입니다. 목사님의 설교를 듣고 집으로 돌아와, 이 문제에 대해 저의 교구 목사님께 전화를 했더니 〈사도행전〉 8장과 19장을 소개해 주셨습니다. 전화를 끊고 성경을 찾아보니 정말로 물세례 후 성령 세례를 받더군요. 그러면 목사님의 설교와는 다르지 않습니까? 지난 10년간 제가 성령 세례를 위해 기도해 온 것은 어떻게 되는 것입니까? 꼭 답해 주시면 감사하겠습니다.

여러분은 어떻게 생각하십니까? 제가 여기에 어떻게 답해야 합니까? 여러분께도 내심 이런 의문이 있으십니까? 앞에서 제가 여러분께 드린 말씀의 요지는 성령 세례란 물세례 이후 어떤 일정한 요건이 충족되었을 때 받는 것이 아니라, 고넬료 가정처럼 예수를 처음 믿을 때 주어지는 것이라는 겁니다. 물세례와 성령 세례가 서로 맞물려 있는 불가분의 관계지만 엄밀히 얘기하면 물세례보다 오히려 성령 세례가 먼저라고 했습니다. 왜냐하면 그게 거짓이 아닌 한 신앙고백을 해야만 물세례를 받을 수 있고 신앙고백과 회개는 성령 세례 없이는 불가능하기 때문입니다. 그런데 제게 편지를 주신 분은 자기는 물세례가 먼저라고 생각한다는 것이고 물세례를 받은 후 지난 10년간 성령 세례를 받기 위해 기도해 왔는데 아직 못 받았다고 합니다. 어떻게 생각하십니까?

우선 〈사도행전〉에 나오는 고넬료 가정의 성령 세례 장면을 다시 한 번 보겠습니다.

> [44]베드로가 이 말을 할 때에 성령이 말씀 듣는 모든 사람에게 내려오시니 [45]베드로와 함께 온 할례받은 신자들이 이방인들에게도 성령 부어 주심으로 말미암아 놀라니 [46]이는 방언을 말하며 하나님 높임을 들음이러라 [47]이에 베드로가 이르되 이 사람들이 우리와 같이 성령을 받았으니 누가 능히 물로 세례 베풂을 금하리요 하고 [48]명하여 예수 그리스도의 이름으로 세례를 베풀라 하니라 그들이 베드로에게 며칠 더 머물기를 청하니라 _ 행 10:44-48

고넬료 가족이 베드로를 청해 설교를 들었습니다. 그런데 말씀을 깨닫자 성령이 강림한 것입니다. 이를 그 현장에서 지켜본 베드로가 이들이 이방인임에도 성령을 받았으니 어찌 금하리요 하고 물세례를 베풀었다고 합니다. 이것이 고넬료 가정의 성령 세례와 물세례 사건입니다.

그런데 이 사건 후 베드로가 예루살렘교회에 돌아와서 보고하는 대목이 〈사도행전〉 11장에 나옵니다.

> [15]내가 말을 시작할 때에 성령이 그들에게 임하시기를 처음 우리에게 하신 것과 같이 하는지라 [16]내가 주의 말씀에 요한은 물로 세례를 베풀었으나 너희는 성령으로 세례를 받으리라 하신 것이 생각났노라 [17]그런즉 하나님이 우리가 주 예수 그리스도를 믿을 때에 주신 것과 같은 선물을 그들에게도 주셨으니 내가 누구이기에 하나님을 능히 막겠느냐 하더라 [18]그들이 이 말을 듣고 잠잠하여 하나님께 영광을 돌려 이르되 그러면 하나님께서 이방인에게도 생명 얻는 회개를 주셨도다 하니라 _ 행 11:15-18

베드로가 고넬료 가정의 성령 세례를 보고하자, 예루살렘교회가 하나님께 영광을 돌리며 하나님께서 이방인에게도 생명 얻는 회개를 주셨다며 찬송하는 대목입니다. 적어도 초대교회는 성령 세례와 '생명 얻는 회개' 그리고 물세례를 따로 생각하지 않았다는 것입니다. 물세례를 받고 그 이후 더 잘 믿으면 성령 세례를 받는 것이 아니라, 물세례와 성령 세례가 불가분의 관계에 있는 것으로 믿었다는 것입니다.

사마리아 사람들의 성령 세례는

그러면 물세례가 먼저라는 주장의 두 가지 근거를 한 번 생각해 보겠습니다. 먼저 8장에 나오는 사마리아 사람들 이야기입니다. 이 말씀의 배경은 이렇습니다. 예루살렘교회에 핍박이 닥치고 스데반이 돌에 맞아 순교합니다. 그런데 바울이 앞장서서 기독교를 박해하며 또 다른 사람들을 잡아가려고 하니까, 사도들만 남기고 예루살렘교회 성도들이 전국으로 다 흩어졌습니다. 그리고 사방으로 피신한 성도들이 그 피난지에서도 복음을 전했습니다. 스데반과 같이 초대교회의 집사였던 빌립은 사마리아로 피난을 갔는데 뜻밖에도 그 사마리아 사람들이 빌립이 전하는 복음을 잘 받아들였습니다. "무리가 빌립의 말도 듣고 행하는 표적도 보고 한마음으로 그가 하는 말을 따르더라"(행 8:6) 하고 성경은 말씀합니다. 그리고 이 사실을 예루살렘교회에 보고하자 사도들도 몹시 의아하게 생각했습니다. '어떻게 이방인들이 복음을 믿고 구원을 받을 수 있을까' 하고 생각한 것입니다. 그래서 예루살렘교회가 베드로와 요한을 사마리아 현지로 전격 파견합니다. 그런데 신기한 것은 그들이 다 믿고 물세례를 받았음에도 아직 한 사람도 성령 세례를 받은 사람이 없었다는 것입니다. 그래서 베드로와 요한이 안수를 하자 비로소 성령을 받더라는 겁니다.

그것은 사실입니다. 사마리아 사람들의 경우에는 분명 물세례와 성령 세례가 별개였고 베드로와 요한의 안수 기도를 통해 나중에 성령 세례가 임했습니다. 그래서 어떤 사람들은 물세례가 먼저고, 또 물세례를 받았지만 성령 세례가 없을 수도 있으며, 능력 있는 종이 안수를 하면 그동안 받지 못하던 성령 세례를 받을 수도 있다고 주장합니다. 그러나 사마리아 사람들의 경우는 일반적인 예가 아닙니다. 따라서 이들의 경우를 일반화할 수는 없습니다. 이 대목을 근거로 물세례가 먼저고 성령 세례가 나중이라고 하면 안 된다는 것입니다.

이 사건을 이해하려면 먼저 당시의 역사적 배경을 알아야 합니다. 〈사도행전〉 초중반의 최대 관심사, 즉 초대교회의 당면 과제는 무엇보다도 이방인 구원 문제였습니다. "이방인도 과연 구원받을 수 있을까?" 하는 것입니다. 기독교의 전신은 유대교고 주님의 제자들 역시도 다 유대인입니다. 초대교회도 처음에는 유대교와 섞여 있었습니다. 유대교의 본산인 회당을 이용했고, 안식일과 유대교의 절기를 지켰습니다. 그런데 유대교가 그리스도인들을 박해하자 본의 아니게 거기서 나온 것입니다. 유대교는 유대인들만의 민족 종교입니다. 여호와는 유대 민족의 수호신입니다. 적어도 유대인들은 그렇게 믿었습니다. 이방인들은 다 저주받은 족속이요 지옥의 땔감이라고 생각했습니다. 유대인들의 민족적 배타성이 얼마나 살인적입니까. 그런 유대교를 배경으로 출발한 것이 기독교입니다.

그런데 주님의 최후 당부는 "예루살렘과 온 유대와 사마리아와 땅끝까지 이르러 내 증인이 되라"(행 1:8)는 것이었습니다. 따라서 초대교회는 기독교의 세계화를 앞두고 이방인의 구원 문제를 깊이 고민할 수밖에 없었습니다. "과연 이방인들도 성령 세례를 받을 수 있는가?", "그들도 하나님의 백성이 될 자격이 있는가?", "그들에게도 선교를 해야 옳은가?" 등이 최대 관심사일 수밖에 없었습니다. 그래서 〈사도행전〉은 처음부터 이방인의 구원 문제를 다룹니다. 예를 들어 2장을 보면 성령 강림 때 수많은 이방의 지명이 언급됩니다. 또한 본문에서는 사마리아 사람들이 나오고, 8장 26절 이하에서는 에디오피아 내시의 구원 문제가 다뤄지고, 10-11장에서는 로마 사람 고넬료 가정의 구원 문제, 14장에서는 바울과 바나바의 이방 선교 얘기가 등장합니다. 또 15장에는 이방인 구원 문제가 주된 의제였던 예루살렘 회의가 나오는데, 거기서 이방인 대상의 선교 행위가 정당하다는 결정을 내립니다. 이때부터 바울의 이방인 선교 사역이 정당성과 합법성을 가지게 된 것입니다. 〈사도행전〉 15장의 예루살렘 회의가 없었다면 우리의 구원은 아직도 공인받지 못했을지도 모릅니다. 초대교회가 깊이 고민하고 갈등하고 기도하다 〈사도행전〉 15장에서 비로소 이방인의 구원 문제를 공인하기에 이른 것입니다.

그런데 빌립 집사의 사마리아 선교는 이방인 선교 문제에 대한 초대교회의 방침이나 원칙, 확신이 없을 때 이루어진 것입니다. 그래서 사마리아 사람들이 복음을 수용했다는 보고를 받고도 당시 예루살렘교회가 어떻게 해야 좋을지를 몰랐던 겁니다. 또한 그들이 정말 복음을 받았는지에 대한 확신도 없었습니다. 그래서 베드로와 요한을 현지에 보낸 것입니다. 그리고 그들이 안수하자 사도들의 눈앞에서 사마리아 사람에게 실제 성령이 임한 것입니다. 그러나 이것은 주님이 미심쩍어하는 예루살렘교회와 사도들의 눈앞에서 이방인인 사마리아 사람들도 성령 세례를 받을 수 있다는 사실을 확인시키기 위해 연출하신 예외적인 사건이었습니다. 따라서 사도들로 하여금 이방인 성령 세례에 대한 확신을 갖게 하기 위해 의도하신 특수한 사건인 만큼 일반화해서는 안 된다는 것입니다. 베드로와 요한이라는 최고 권위의 사도가 현지에서 직접 이방인들이 체험하는 성령 세례를 목격하고 예루살렘교회에 이를 보고함으로써 초대교회로 하여금 이방인들도 구원받을 수 있다는 사실을 깨닫게 하기 위해 굳이 물세례 이후 그들 앞에서 성령 세례를 허락하셨다는 것입니다.

에베소의 제자들이 받은 성령 세례

다음은 〈사도행전〉 19장에 나오는 에베소의 제자들 이야기입니다. 바울이 에베소를 방문하자 몇몇 사람들이 주님의 제자를 자처하면서 바울을 찾아왔습니다. 그런데 바울이 그들에게 대뜸 "너희가 믿을 때에 성령을 받았느냐"(행 19:2) 하고 묻습니다. 그런데 그들의 대답이 뜻밖입니다. "성령이 계심도 듣지 못했다"(행 19:2)는 것입니다. 바로 이 대목 때문에 사람들이 예수를 믿어도 성령은 못 받을 수 있다고 주장합니다. 그러나 그것은 잘못된 것입니다.

사실 바울의 질문은 지극히 당연한 것이었습니다. "너희가 제자요 신자라니까, 그럼 너희도 다 성령을 받았겠구나" 하고 물어본 것입니다. 그런데 그 대답이 뜻밖이었다는 것입니다. 예수를 믿고 주님의 제자가 되었다면서도 성령이 계시다는 말도 못 들었다는 겁니다. 그 순간 바울은 그들의 믿음 자체에 문제가 있다는 사실을 눈치채고 다시 물었습니다. "너희가 무슨 세례를 받았느냐?" 물세례를 받았다면 당연히 신앙고백을 했을 것이고 신앙고백이 이뤄졌다면 이미 성령 세례를 받았다고 해야 맞는데 성령은 듣지도 못했다고 했기 때문에 그럼 대체 무슨 세례를 받았느냐고 물은 것입니다.

역시 그들은 "요한의 세례를 받았다"고 했습니다. 요한의 세례는 완전한 복음적 세례가 아닙니다. 그는 율법과 복음 사이에 있던 사람입니다. 그는 예수 그리스도의 이름으로 세례를 베풀지 않았습니다. 그런데 당시 에베소 제자들은 아볼로에게 그 요한의 세례를 받은 것입니다. 그래서 바울이 그들에게 다시 복음을 전하고 주 예수의 이름으로 물세례를 베풀자 비로소 성령이 강림한 것입니다. 그러므로 이 사례 역시 물세례 이후 성령 세례를 받는다는 것을 주장하는 사건이 아닙니다. 오히려 물세례와 성령 세례가 맞물려 있음을 말하는 텍스트입니다.

성령의 은사

마지막으로 성령의 은사에 대해 몇 말씀 드리겠습니다. 제게 편지를 주신 분은 방언의 은사가 없어서 자기는 아직 성령 세례를 받지 못했다고 했습니다. 일리가 있습니다. 왜냐하면 〈사도행전〉에 나오는 거의 모든 성령의 역사, 성령 세례 사건에 꼭 방언이 등장하기 때문입니다. 아까 본 사마리아 사람들에게도, 2장에 나오는 오순절 성령 강림 때에도, 또 10장에 나오는 고넬료 가족의 경우에도 다 방언을 통해 그들이 성령 세례를 받았다는 사실을 확인할 수 있었다고 했습니다. 19장의 에베소 제자들 역시도 성령이 임하시므로 방언을 했다고 합니다.

그러나 그렇다고 해서 모든 경우 성령 세례에 방언이 나타난다고 주장하는 것은 옳지 않습니다. 구속사적으로 볼 때 〈사도행전〉은 막 성령의 시대가 개막되는 때였습니다. 그러니까 성령의 존재에 대한 홍보가 필요한 시기였습니다. 아직 사람들은 성령에 대해 잘 모르고, 또 성령 세례에 대해서도 익숙하지 않은 때였으므로 성령에 대한 인지도를 높여야 할 시점이었습니다. 그랬기 때문에 성령이 강림하실 때는 항상 초자연적 현상을 동반했는데, 특히 방언이 자주 나타났습니다. 성령 임재의 가시적 효과가 상대적으로 가장 큰 은사였기 때문입니다. 그렇다고 모든 성령 세례가 다 방언의 은사를 동반하는 것은 아닙니다. 유난히 방언에 집착했던 고린도교회 성도들에게 바울은 말합니다.

> [8]어떤 사람에게는 성령으로 말미암아 지혜의 말씀을, 어떤 사람에게는 같은 성령을 따라 지식의 말씀을, [9]다른 사람에게는 같은 성령으로 믿음을, 어떤 사람에게는 한 성령으로 병 고치는 은사를, [10]어떤 사람에게는 능력 행함을, 어떤 사람에게는 예언함을, 어떤 사람에게는 영들 분별함을, 다른 사람에게는 각종 방언 말함을, 어떤 사람에게는 방언들 통역함을 주시나니 [11]이 모든 일은 같은 한 성령이 행하사 그의 뜻대로 각 사람에게 나누어 주시는 것이니라 _고전 12:8-11

그러니까 성령이 판단하셔서 각 개인에게 필요한 은사를 주신다는 것입니다. 성령받는다고 다 방언하는 것은 아닙니다. 할 수도 있지만 못할 수도 있습니다. 그건 어디까지나 성령의 뜻입니다.

> 너희는 더욱 큰 은사를 사모하라 내가 또한 가장 좋은 길을 너희에게 보이리라
>
> _고전 12:31

초대교회에 방언의 은사가 많이 등장하는 것은 성령이 그 시대에는 그게 필요하다고 생각하셨기 때문입니다. 따라서 오해하지 마십시오! 방언하지 못한다고 성령 세례를 못 받은 게 아닙니다. 부디 내가 신앙고백을 하고 주님의 이름으로 세례를 받은 사실만으로도 이미 성령 세례를 받은 하나님의 자녀임을 의심 없이 확신하기 바랍니다.

✝한걸음 더

1 〈사도행전〉 8장에 나오는 사마리아 사람들의 성령 세례는 물세례 후 성령 세례를 받는다는 주장의 근거가 된다. 이는 특별한 경우라고 볼 수 있는데 왜 그런가?

2 〈사도행전〉 19장에 나오는 에베소의 제자들 이야기도 물세례가 먼저라고 주장하는 사람들의 근거가 된다. 하지만 이 성경 말씀은 물세례와 성령 세례가 맞물려 있음을 말하고 있다. 자신의 말로 설명해 보자.

3 방언을 하지 못하면 아직 성령 세례를 받지 못한 것인가? 이유는 무엇인가?

maranatha
마 라 나 타

Part

7

종말

내세가 멀리 있다고 생각하지 마십시오. 지금이라도 심장이 멎으면 내세는 준엄한 현실이 됩니다. 내세는 우리 가까이에 있습니다. 내세를 비웃지 마십시오. 이것이 바로 하나님이 역사의 주인이심을 믿는 자들의 종말론적인 삶의 자세입니다. 시간의 주인은 하나님이시기에 내게서 시간을 회수하시는 그 순간 나의 현세는 곧 나의 내세가 됩니다.

어느 포도원 주인의
비상식(非常識)

¹천국은 마치 품꾼을 얻어 포도원에 들여보내려고 이른 아침에 나간 집 주인과 같으니 ²그가 하루 한 데나리온씩 품꾼들과 약속하여 포도원에 들여보내고 … ⁵제육시와 제구시에 또 나가 그와 같이 하고 … ⁸저물매 포도원 주인이 청지기에게 이르되 품꾼들을 불러 나중 온 자로부터 시작하여 먼저 온 자까지 삯을 주라 하니 ⁹제십일시에 온 자들이 와서 한 데나리온씩을 받거늘 ¹⁰먼저 온 자들이 와서 더 받을 줄 알았더니 그들도 한 데나리온씩 받은지라 … ¹⁴네 것이나 가지고 가라 나중 온 이 사람에게 너와 같이 주는 것이 내 뜻이니라 ¹⁵내 것을 가지고 내 뜻대로 할 것이 아니냐 내가 선하므로 네가 악하게 보느냐 … _마태복음 20:1-16

포도원에서 생긴 일

포도원 주인이 일꾼들을 구하기 위해 이른 새벽에 장터로 갔습니다. 요즘처럼 주님 시대의 팔레스타인에도 인력 시장이 있었습니다. 본문의 포도원 주인도 일꾼들을 구하기 위해 그런 새벽시장을 나간 겁니다. 주인은 일당 한 데나리온을 약속하고 여러 명의 품꾼을 고용합니다. 그런데 이 주인은 새벽에만 한 차례 고용한 것이 아니고 우리 시간으로 말하면 오전 9시, 12시, 오후 3시에도 각각 나가서 계속 품꾼들을 샀습니다. 그런데 우리가 이해하기 힘든 것은 오후 5시에도 나가 "너희도 포도원에 들어가라"며 장터에서 서성대던 사람들을 들여보냈다는 것입니다. 그러니까 하루 일과가 종료되기 1시간 전에도 나가 품꾼을 고용했다는 것입니다. 참으로 비상식적입니다.

어쨌든 그로부터 1시간이 지나 해가 지고 일과가 끝나 이제 품꾼들에게 일당을 지불할 시간이 되었습니다. 그런데 주인은 여기서도 또 한 번 비상식적인 행위를 합니다. 맨 나중에 온 사람들, 그러니까 1시간밖에는 일하지 않은 사람들부터 먼저 불러 품삯을 지불하는데 한 데나리온씩을 준 것입니다. 사실 새벽에 고용된 사람들과는 하루 한 데나리온을 약속했지만 이 마지막 사람들과는 구체적인 계약도 없었습니다. 그럼에도 하루 품삯인 한 데나리온씩을 준 것입니다. 그러자 처음 고용된 사람들이 신이 났습니다. 당연히 자기들은 한 데나리온 이상을 받으리라 생각한 것입니다. 그러나 그들의 그런 기대와 예상을 깨고 주인은 그들에게도 똑같이 한 데나리온을 주었습니다. 그러자 먼저 온 자들의 불평과 원망이 터져 나왔습니다. "나중 온 사람들은 한 시간밖에 일하지 않았는데 종일 수고한 우리와 똑같이 대우하였다"며 항의하고 나선 것입니다. 여기서 졸지에 이 사건이 노동 문제와 사회 문제가 됩니다. 주님의 이 비유는 노사 문제를 다룬 한 편의 드라마와도 같습니다.

여기 나오는 노동자들의 항의는 이를테면 사회 정의의 한 중요한 원칙인 노동과 분배의 불균등에 대한 투쟁이었습니다. 그들은 주인이 분배 균등의 원칙을 깼다는 것입니다. 적게 일한 사람이나 많이 일한 사람을 동등하게 취급함으로써 형평의 원칙을 무시했다는 겁니다. 그럼에도 주인은 먼저 온 품꾼들의 그런 항의를 깨끗이 일축합니다.

¹³주인이 그중의 한 사람에게 대답하여 이르되 친구여 내가 네게 잘못한 것이 없노라 네가 나와 한 데나리온의 약속을 하지 아니하였느냐 ¹⁴네 것이나 가지고 가라 나중 온 이 사람에게 너와 같이 주는 것이 내 뜻이니라 ¹⁵내 것을 가지고 내 뜻대로 할 것이 아니냐 내가 선하므로 네가 악하게 보느냐 _ 마 20:13-15

어떻습니까? 주인의 이 발언, 옳습니까? 사회 정의라는 관점에서 타당합니까? 어떤 사람들은 주인의 이런 태도를 두둔하여 소유권이란 주권과 함께 신성불가침이라고 합니다. 자기 것을 가지고 자기 맘대로 하는데 누가 이의를 제기하느냐는 겁니다. 그러나 사회주의자들이나 공산주의자들은 개인의 소유권 주장은 곧 사회 정의의 암이라고 합니다. 또 사유 재산이라는 것도 실은 남의 노동력을 착취한 것에 지나지 않기 때문에 본래 제 것이 아니라고 합니다. 그러나 또 어떤 이들은 주인의 입장을 변호하여 마지막에 온 사람들은 비록 한 시간밖에는 일하지 않았지만 하루 종일 일한 사람들보다 능률을 더 많이 올렸을 것이라고 합니다. 하지만 본문에는 전혀 그런 언급이 없고 다만 주인이 "내 것을 가지고 왜 내 맘대로 못하느냐?"고 말할 뿐입니다.

사람들은 주인의 이런 태도야말로 전형적인 자본주의적 발상이라며 비난합니다. 아무리 제 것이라 해도 원칙을 무시하고 자기 맘대로 배분하면 안 된다는 겁니다. 아니면 주인이 실업자들에게 일자리를 주되 강요하지 않고 그들의 주권을 존중하여 계약을 체결하고 또 그 계약을 마지막까지 성실히 이행한 점을 내세워 이 주인이야말로 사회 정의를 해친 게 아니라 존중한 기업가라고 옹호할 수도 있습니다. 그러나 그 계약은 이미 자본가와 실업자라는 불리한 사회 계급을 전제로 한 계약이므로 인권 존중이 아니라 오히려 주권을 강매당할 수밖에 없는 실업자의 약점을 이용한 하나의 착취 행위에 불과하다고 비난할 수도 있습니다. 아니면 주인이 먼저 온 사람들을 희생시켜 나중 온 사람들에게 하루 치 생활비를 지불한 게 아니라 오히려 자기의 재산으로 그렇게 한 만큼 모범적인 자선 행위라고 평가할 수도 있을 것입니다. 그러나 그것은 자본주의 사회에서 행해지는 사회사업 같은 것으로 노동자들의 자주적인 능력과 저항 정신을 마비시켜 궁극적으로는 자본가가 자기의 생명과 소유를 지키려는 고등한 꼼수와 다름없고 비판할 수도 있습니다.

그러므로 오늘 이 비유에서 사회 문제나 노사 문제의 해법을 찾으려 하면 실패합니다. 오늘 이 비유에서 사회 문제의 원칙을 찾고 사회 정의의 근거를 밝히려 들면 결국 위와 같은 딜레마에 빠지고 맙니다. 본문은 결코 그런 문제에 대한 답을 주려 하지 않습니다.

이 비유의 목적은 천국

이 비유는 사회 문제의 프로그램이나 해법을 제시하려는 비유가 아니라 어디까지나 하나님 나라에 대한 비유입니다. "천국은 마치 품꾼을 얻어 포도원에 들여보내려고 이른 아침에 나간 집 주인과 같으니"(마 20:1) 하고 시작한, 천국에 관한 비유입니다. 따라서 이 비유에서 세상 질서의 원리를 찾으려 하면 안 됩니다. 세상과는 다른 천국의 새 질서에 대해 교훈하는 말씀입니다. 아우구스티누스도 이 비유를 해석하며 주인은 주님이시고, 새벽에 부름을 받은 사람은 모태 신자이고, 9시에 부름받은 사람들은 어릴 때 예수를 믿은 사람, 정오에 부름받은 사람들은 청년 때, 오후 3시에 부름받은 사람들은 노년에 예수를 믿은 사람들이고, 오후 5시에 부름을 받은 사람들은 그야말로 말년에 예수를 믿은 사람들이라고 보았습니다. 그리고 그 모든 사람이 동일하게 한 데나리온을 받았다는 것은 구원은 노동의 대가가 아니라 주인의 은혜라는 사실을 강조하기 위한 비유라고 주석했습니다.

가톨릭과 루터교 일부에서는 이 비유를 늦게 온 사람이 일당을 먼저 받았다는데 착안하여 먼저 부름받은 사람이 오히려 나중 될 수도 있다는 경고의 메시지로 이해했습니다. 그러나 그것은 마지막 절에 나오는 "이와 같이 나중 된 자로서 먼저 되고 먼저 된 자로서 나중 되리라" 하신 말씀을 이 비유의 결론으로 오해한 데서 비롯된 것입니다. 이 비유의 초점은 나중 온 사람이 삯을 먼저 받았다는 것에 있지 않고, 일을 적게 했음에도 불구하고 그가 한 노동량과는 상관없이 하루 생활비인 한 데나리온을 받았다는 데 있습니다. 그것은 노동의 대가나 보상이 아니라 주인의 일방적인 선심이요 은혜였습니다. 따라서 그것은 공로나 업적과는 관계가 없는 질서, 권리와 의무를 기반으로 하는 일반 사회 질서와는 완전히 다른 새로운 현실을 말씀하는 것입니다.

받았기 때문에 줘야 하고, 일했기 때문에 삯을 받아야 하고, 능력에 따라 분배되고, 제3자적 기준이 끼어들어 심판함으로써 계급이 생기고, 이해관계에서 피차 간에 싸움이 발생하고, 이기느냐 지느냐, 손해냐 이익이냐, 먹느냐 먹히느냐의 긴장 관계가 발생하는 그런 현실을 말하는 것이 아닙니다. 너와 나 사이에 그 어떤 관념이나 기준도 개입되지 않고, 인격과 인격이 신뢰와 사랑으로 만나고, 오로지 주는 자유, 사랑의 자유만이 지배하는 그런 현실을 말씀하는 것입니다. 바울은 노동의 대가로서 보수를 받을 권리를 주장하는 세상 질서에 대해 이 새 질서를 가리켜 "행한 것이 없어도 불경건한 자를 의롭다고 불러 주는" 은혜의 현실이라고 했습니다. 그래서 새벽부터 일한 사람이나 종료 한 시간 전부터 일한 사람이나 다 똑같이 한 데나리온을 받는 것입니다. 모태 신자도, 주님과 함께 십자가에 달렸던 강도도 다 천국에 갔습니다. 구원은 대가가 아니라 주님의 선물이기 때문입니다.

그런데 오늘 본문 바로 앞 장인 〈마태복음〉 19장에는 이런 내용이 있습니다.

> 이에 베드로가 대답하여 이르되 보소서 우리가 모든 것을 버리고 주를 따랐사온대 그런즉 우리가 무엇을 얻으리이까 _마 19:27

이게 무슨 말입니까? 베드로가 주님께 지금 무엇을 묻고 있습니까? 자신들의 결단과 희생에 대한 보상을 묻고 있는 겁니다. "우리는 원래 어부였는데 주님을 만나 그 모든 걸 다 버리고 주님을 따라 여기까지 왔습니다. 앞으로 저희에게 어떤 보상을 하실 겁니까?"라는 질문입니다. 이어지는 주님의 대답입니다.

> [28]예수께서 이르시되 내가 진실로 너희에게 이르노니 세상이 새롭게 되어 인자가 자기 영광의 보좌에 앉을 때에 나를 따르는 너희도 열두 보좌에 앉아 이스라엘 열두 지파를 심판하리라 [29]또 내 이름을 위하여 집이나 형제나 자매나 부모나 자식이나 전토를 버린 자마다 여러 배를 받고 또 영생을 상속하리라 _마 19:28-29

주님에 대한 봉사나 희생에는 반드시 응분의 보상이 있고, 또 그 보상에는 희생의 정도에 따라 차등이 있다고 하십니다.

그러나 그것은 어디까지나 상급에 관한 말씀일 뿐 구원은 결코 그렇지 않습니다. 새벽부터 일한 사람이나 한 시간 일한 사람이나 다 똑같이 천국에 갑니다. 천국에 가서 누릴 영광은 상급에 따라 엄정한 차이가 있지만 천국에 들어가는 구원만큼은 어떤 차등도 없다는 것입니다.

구원과 상급에 대하여

오늘 본문은 상급, 천국에 가서 누릴 영광에 대한 비유가 아니라 구원에 대한, 천국에 대한 비유입니다. 어떤 사람이 천국 갈 수 있을까요? 무조건 포도원 주인이 택한 사람이면 됩니다. 새벽이든 해지기 직전이든 노동과는 상관없이, 업적과도 상관없이, 주일 성수, 헌금, 자선, 충성, 헌신과는 관계없이 주인이 부른 사람이면 무조건 천국 갑니다. 그 사실을 새벽에 부름받은 사람과 오후 5시에 부름받은 사람을 극단적으로 대비시키며 우리에게 확실히 인식시키기 위한 목적으로 말씀하신 게 바로 이 포도원 비유라는 것입니다. 그러나 이게 전부가 아니라 19장 상급에 관한 말씀도 있다는 사실을 기억하십시오. 천국은 택함만 받으면 가지만, 천국에 가서 누릴 영광은 또 다른 얘기라는 사실을 잊지 말라는 겁니다.

오늘 본문에 등장하는 주인에게서 우리가 꼭 배워야 할 것이 있습니다. 그는 자기가 제시하고자 하는 새 질서로 기존의 세상 질서를 파괴하거나 기존 질서의 의무로부터 도피하지 않고, 기존 질서 안에서 이루어진 계약 관계를 충실히 다 이행했다는 것입니다. 즉 그는 현 사회 질서의 리얼리티를 그대로 전제하고 그 한복판에서 그것과는 상반된 또 하나의 다른 현실을 실현하고 있다는 것입니다. 그러므로 거기에는 당연히 긴장이 발생할 수밖에 없으며 언제나 먼저 온 노동자들의 항의와도 같은 세상 질서의 저항이 따를 수밖에 없습니다.

그럼에도 그것들과 싸우며, 오고 있는 하나님 나라의 새 질서를 끝까지 증거하고, 그걸 앞당겨 실현해 가는 것이 또한 오늘 우리 그리스도인들의 사명입니다.

<hr/>

✝한걸음 더

1 포도원 주인은 새벽부터 일한 사람이든 오후 5시부터 1시간만 일한 사람이든 모두 한 데나리온을 주었다. 무슨 뜻인가?

2 〈마태복음〉 19장 29절은 천국에 가서 누릴 상급에 관해 말한다. 그렇다면 천국도 차별이 있는가?

3 세상의 한복판에서 하나님의 나라를 실현한다는 것은 무엇인지 예를 들어 설명해 보자.

불의한 제물로 친구를 사귀라

한 부자와 불의한 청지기

부자가 있었습니다. 그런데 요즘 그의 심기가 많이 불편합니다. 자기의 전 재산을 관리하는 청지기에 대해 이런저런 좋지 않은 소문이 계속 들리기 때문입니다. 한마디로 청지기가 자기의 재산에 많은 손실을 끼치고 있다는 겁니다. 그래서 사실을 확인해 봤더니 역시 맞았습니다. 보통 손해를 끼친 게 아니었습니다. 결국 주인이 그 청지기를 불러 "네 보던 일을 셈하라"며 해고를 통보했습니다.

해고될 처지에 놓인 청지기가 독백을 합니다. "주인이 내 직분을 빼앗으니 내가 무엇을 할까, 땅을 파자니 힘이 없고 빌어먹자니 부끄럽구나"(눅 1:3) 하고 말입니다. 그런데 이렇게 한탄하던 청지기가 갑자기 무릎을 치더니 곧 이상한 짓을 하기 시작했습니다. 주인에게 빚진 채무자를 다 불러 모았습니다. 그러고는 그들의 빚을 탕감해 주기 시작합니다. 기름 100말 빚진 자는 50말, 밀 100석 빚진 자는 80석 …. 이렇게 각각 채무 증서를 고쳐 주었습니다.

그런데 이게 사실 보통 규모가 아닙니다. 여기서 말하는 감람유, 즉 올리브유 100말이란 100바트를 말하는데, 100바트의 기름을 얻기 위해서는 올리브 나무가 무려 146그루나 필요하다고 합니다. 그런데 50바트나 탕감해 준 겁니다. 밀 100석도 마찬가지입니다. '석'이란 '코르'라는 단위로, 1코르가 275kg이니 100코르는 2만 7,500kg입니다. 우리나라 추곡 수매용 쌀 한 가마가 80kg인데 그걸로 계산하면 343가마나 됩니다. 굉장한 물량입니다. 그런데 증서에 80석이라고 쓰라며 채무자들의 그 막대한 빚을 일방적으로 탕감해 준 것입니다. 주인에게 빚진 자들을 일일이 불러 그런 식으로 다 탕감해 줬습니다. 그렇지 않아도 엄청난 손실을 끼쳐 해고를 당하는 마당에 막판까지 이렇듯 주인에게 큰 손해를 안긴 겁니다.

대체 왜 그랬을까요? 어차피 쫓겨날 몸이니 마지막으로 남에게 선심이나 쓰자는 거였습니까? 아니면 자기를 해고하는 주인에게 보복하려는 것이었을까요? 4절을 보면 알 수 있습니다. 실직 이후를 대비해 주인의 재산으로 자선을 베푼 겁니다. 참으로 어처구니가 없습니다. 그런데 더욱 황당한 것은 이런 불의한 청지기의 말도 안 되는 짓을 알게 된 주인의 반응입니다.

주인이 이 옳지 않은 청지기가 일을 지혜 있게 하였으므로 칭찬하였으니 이 세대의 아

들들이 자기 시대에 있어서는 빛의 아들들보다 더 지혜로움이니라 _ 눅 16:8

이게 도대체 무슨 소립니까? 당장에 요절을 내도 시원찮을 마당에 "지혜 있다"며 칭찬까지 했다는 것입니다. 헛갈리지 않습니까? 마지막 9절 말씀 은 우리를 더욱 난감하게 합니다.

내가 너희에게 말하노니 불의의 재물로 친구를 사귀라 그리하면 그 재물이 없어질 때 에 그들이 너희를 영주할 처소로 영접하리라 _ 눅 16:9

불의한 재물로 친구를 사귀라는 말을 직역하면 "불의한 돈으로 친구를 사라"는 뜻입니다. 여러분은 이 대목을 어떻게 해석하십니까? 불의한 돈으 로 친구를 사라? "개같이 벌어 정승같이 쓰라"는 뜻입니까? 목적이 좋으면 방법이나 수단이나 과정은 좀 부조리해도 다 합리화되고 정당화된다는 뜻 입니까? "모로 가도 서울만 가면 된다"는 뜻입니까? 물론 그런 의미는 아닙 니다.

세상 종말을 의식하며 영생을 준비하라

먼저 채무자들을 불러 주인의 빚을 제멋대로 탕감해 준 청지 기의 소행에 대해 주인이 칭찬한 대목부터 보겠습니다. 물론 이것은 청지 기가 또 다시 주인에게 손해를 끼친 부분을 칭찬한 것은 아닙니다. 단지 당 장 쫓겨날 몸임에도 자신의 미래를 생각해 순발력 있게 모험을 감행한 청 지기의 그 발상을 높이 평가한 것입니다. 그 와중에도 주인의 돈으로 악착

같이 자기의 미래를 준비하는 청지기의 모습을 보십시오. 이게 참 대단하다는 겁니다. 주님이 오늘 이 난해한 비유를 우리에게 주신 이유가 바로 여기에 있습니다. 다시 말하면 자신의 영원한 운명에 대해 아무런 대책도, 위기의식도 없이 살아가는 제자들과 오늘 우리들을 깨우치기 위해 이 비유를 주셨다는 겁니다.

8절 하반절에 나오는 "이 세대의 아들들"은 이 시대의 세상 사람들입니다. 그리고 "빛의 아들들"은 우리 믿는 자들을 가리킵니다. 그런데 문제는 세상 사람들이 오히려 자신들의 미래에 대해 훨씬 더 적극적이고 책임적이고 모험적이라는 것입니다. 그들은 그게 불의한 방법이든 정당한 방법이든, 주인에게 손해가 되든 말든 그런 것은 전혀 아랑곳하지 않고 필사적으로 자신들의 미래를 준비하고 있다는 겁니다. 그런데 원래는 빛의 아들들이 그렇게 해야 맞다고 하십니다. 왜요? 빛의 아들들인 믿는 자들이야말로 현재보다는 미래에 살고 현세보다는 내세, 이 세상보다는 천국의 소망으로 사는 사람들 아닙니까?

그래서 믿는 자들을 '종말론적 실존'이라고 합니다. 언제나 세상 종말을 의식하며 영생을 준비하며 사는 존재들이라는 뜻입니다. 그러나 안 믿는 자들은 이 세상이 전부기 때문에 엄밀히 말하면 그들에게는 내일이 없고 사실상 오늘뿐입니다. 미래나 내세가 없고 현재와 현세가 전부입니다. 그럼에도 오히려 그들이 자신들의 미래에 대해 더 비상합니다. 정작 미래에 살고 천국을 준비하며 사는 게 삶의 궁극적인 과제라는 빛의 아들들은 너무도 미래에 대해 폐쇄적이고 천국과 영원을 준비하는 일에 무심하고 태만하다는 말씀입니다. 따라서 해고 이후를 생각해 불의한 모험을 단행한 청지기의 소행을 칭찬하시며 미래를 준비하는 데 무책임한 빛의 아들들을 역설적으로 고발하신 겁니다.

물론 천국을 가고 영생을 얻기 위해 빚진 자를 탕감해 주고 자선을 하고 구제를 할 필요는 없습니다. 천국은 보상이 아니라 하나님의 선물이요 은혜기 때문입니다. 그러나 천국에 가서 누릴 영광이나 영화는 은혜가 아니라 보상이요 상급입니다. 그래서 반드시 준비하고 대비해야 합니다.

수고하고 희생해야 합니다. 구원받은 하나님의 백성을 아직도 이 땅에서 살게 하시는 이유는 다른 데 있지 않고, 하나님 나라의 영광을 준비하라는 데 있습니다. 본문의 불의한 청지기처럼 마지막 순간까지 비상한 노력과 결단과 모험으로 최선을 다해야 우리의 영원한 삶이 복되고 영화롭다는 것입니다. 그럼에도 준비하지 않고 무책임하게 살면 은혜로 천국은 가겠지만 영원히 부끄러운 구원을 면치 못한다는 것입니다.

불의한 재물로 친구를 사귀라

그렇다면 빛의 아들은 어떻게 미래를 준비해야 합니까? 이에 대한 답이 바로 난해한 9절입니다. "내가 너희에게 말하노니 불의의 재물로 친구를 사귀라 그리하면 그 재물이 없어질 때에 그들이 너희를 영주할 처소로 영접하리라." 여기서 주님이 말씀하신 "불의한 재물"이란 어떤 재물을 가리키는 걸까요? 절도나 강도나 불로소득이나 도박, 투기를 해서 번 돈을 뜻합니까? 그렇지 않고, 이 세상 재물 일반을 가리킵니다. 놀랍게도 주님은 세상 모든 재화를 일단 부정하다고 보시고 "불의한 재물"로 규정하셨습니다. 물론 '재물' 그 자체는 악하지도 선하지도 않은 중성적인 것이지만 사람들이 그것을 언제나 불의한 방법으로 취하고 불의한 곳에 쓰기 때문에 결국 불의한 재물이라는 것입니다. 극단적으로 말하면 이 세상에는 정말 깨끗하고 정당한 재물이 없습니다. 아무리 양심껏 부를 축적했다고 자부하는 사람도 마찬가집니다. 이미 이 세상 자체가 구조악의 산물이고 나 역시도 그 구조악의 일익을 담당하고 있기 때문에 개인적인 도덕성과는 상관없이 유통되는 재물은 다 불의한 게 사실입니다.

그런데 주님이 여기에서 말씀하신 불의한 재물이라는 지적에는 그보다더 근본적인 의미가 있습니다. 모든 재물의 진정한 주인이신 하나님과의관계에서 볼 때 다 불의하다는 겁니다. 성경은 태초에 하나님이 '절대 무'에서 이 세상 모든 만물을 창조하셨기 때문에 물질의 참된 주권자는 하나님이시며, 우리는 다 그분의 청지기라고 합니다. 오너가 아니라 그분의 재물을 시한부로 관리하는 매니저라는 것입니다. 따라서 우리의 사명은 오직주인의 재물을 주인 뜻에 합당하게 관리하고 집행하는 데 있습니다. 주인은 우리에게 나 하나 잘 먹고 잘 살라고 재물을 맡기신 게 아닙니다. 그럼에도 우리는 주인의 재물을 오직 나와 내 가족만을 위해 씁니다. 그래서 우리는 오늘 본문의 이 청지기처럼 다 불의하고 악합니다. 아무리 정당하게 벌었다고 자부해도 그렇습니다. 주인의 뜻이 아니라 오로지 내 뜻대로 관리하고 내 뜻대로 집행하기 때문에 주님이 세상 재물을 다 불의하다고 규정하신 겁니다.

자, 그럼 이제 어떻게 해야 합니까? 어떻게 사는 게 미래와 영원한 내 운명에 대해 보다 책임적인 삶이 되고 천국의 영광을 준비하는 종말론적 삶이 되는 겁니까? 그게 비록 불의한 재물일지라도 그것으로 친구를 사귀라는 겁니다. 보십시오! 오늘 이 청지기는 불의한 재물, 즉 주인의 돈으로 친구를 샀습니다. 너희도 그렇게 하라는 겁니다. 그렇게 모험적으로, 도발적으로 공격적으로 과감하게 탕감해 주고 자선하고 기부하며 열심히 친구를 사귀라는 겁니다. "그리하면 저희가 나중에 너희를 자기 집으로 영접하리라", "영원한 처소로 너희를 영접하리라"는 말씀은 그게 곧 자신의 영원한 삶을 위한 가장 값진 투자가 된다는 뜻입니다. 여러분, 어리석은 청지기는 날마다 제 주인의 재물을 허비하지만, 지혜로운 청지기는 주인의 재물로 열심히 친구를 삽니다. 그 점에서 오늘 본문의 청지기는 가장 불의했지만 가장 지혜로운 청지기였습니다. 주님은 우리가 다 그렇게 살기를 바라십니다. 영원한 미래에 대해 좀 더 책임적인 존재가 되기를 기대하십니다.

✝️ 한걸음더

1 자신의 영원한 운명에 대해 아무런 대책도, 위기의식도 없이 살아가는 제자들과 오늘 우리들을 깨우치기 위해 주님께서 이 비유를 주셨다. 성경이 우리에게 주는 대책은 무엇인가?

2 세상 재물을 다 불의하다고 규정하신 근거는 무엇인가?

3 불의한 재물로 친구를 사귀라는 것은 무슨 뜻인가?

가라지의 비밀

^{24}예수께서 그들 앞에 또 비유를 들어 이르시되 천국은 좋은 씨를 제 밭에 뿌린 사람과 같으니 ^{25}사람들이 잘 때에 그 원수가 와서 곡식 가운데 가라지를 덧뿌리고 갔더니 ^{26}싹이 나고 결실할 때에 가라지도 보이거늘 ^{27}집 주인의 종들이 와서 말하되 주여 밭에 좋은 씨를 뿌리지 아니하였나이까 그런데 가라지가 어디서 생겼나이까 ^{28}주인이 이르되 원수가 이렇게 하였구나 종들이 말하되 그러면 우리가 가서 이것을 뽑기를 원하시나이까 ^{29}주인이 이르되 가만 두라 가라지를 뽑다가 곡식까지 뽑을까 염려하노라 ^{30}둘 다 추수 때까지 함께 자라게 두라 추수 때에 내가 추수꾼들에게 말하기를 가라지는 먼저 거두어 불사르게 단으로 묶고 곡식은 모아 내 곳간에 넣으라 하리라 … ^{36}이에 예수께서 무리를 떠나사 집에 들어가시니 제자들이 나아와 이르되 밭의 가라지의 비유를 우리에게 설명하여 주소서 ^{37}대답하여 이르시되 좋은 씨를 뿌리는 이는 인자요 ^{38}밭은 세상이요 좋은 씨는 천국의 아들들이요 가라지는 악한 자의 아들들이요 ^{39}가라지를 뿌린 원수는 마귀요 추수 때는 세상 끝이요 추수꾼은 천사들이니 ^{40}그런즉 가라지를 거두어 불에 사르는 것같이 세상 끝에도 그러하리라 ^{41}인자가 그 천사들을 보내리니 그들이 그 나라에서 모든 넘어지게 하는 것과 또 불법을 행하는 자들을 거두어 내어 ^{42}풀무 불에 던져 넣으리니 거기서 울며 이를 갈게 되리라 ^{43}그때에 의인들은 자기 아버지 나라에서 해와 같이 빛나리라 귀 있는 자는 들으라 _ 마태복음 13:24-30, 36-43

하나님의 정의로우심과 세상의 부조리

여러분은 가끔 이런 의문이 안 생기십니까?

"선하신 하나님, 그것도 절대적으로 선하시다는 하나님이 창조한 이 세상이 어째서 이렇게 악할까?"

일찍이 하박국 선지자도 이런 문제를 제기하며 하나님께 답을 요구한 적이 있었습니다. 하나님은 정의로우시고 공의로우신데 어째서 죄악이 이렇게 판을 칩니까? 어째서 의인이 고난을 당합니까? 이 모순을 대체 어떻게 이해해야 합니까? 그리고 이 부조리한 세상을 하나님은 왜 당장 심판하시지 않습니까? 사실 이런 문제는 우리에게 보통 시험거리가 되는 게 아닙니다. 정말 난해한 수수께끼입니다. 이런 주제를 신학적으로 신정론(神正論, theos + dike)이라고 합니다. 그러니까 '하나님의 정의로우심'과 '세상의 부조리'라는 난해한 주제를 어떻게 해명하고 조화시킬 것인가를 다루는 교의학적 과제가 바로 신정론인 셈입니다.

주님이 겟세마네에서 체포되실 때 많은 사람이 횃불과 몽둥이를 들고 나타났는데 그중에는 대제사장의 종 말고도 있었습니다. 베드로가 주님을 지키겠다는 충정에서 칼을 뽑아 그의 귀를 쳐서 떨어뜨리자, 주님이 칼을 쓰면 칼로 망한다며 다시 그의 귀를 붙여 주셨습니다. 그때 말고가 어떻게 했습니까? 감동하여 당장 주님 편에 붙었습니까? 성경 어디에도 그가 회심해 주님 쪽으로 왔다는 기록은 없습니다. 오히려 더 열심히 주님을 체포했을 뿐입니다. 이게 세상 모순입니다. "선하고 공의로우신 하나님이 창조하신 세상이 왜 이 모양일까?"라는 물음이 바로 신정론입니다.

오늘 본문의 주제도 바로 그런 겁니다. 주인은 고르고 뽑아 좋은 씨앗을 옥토에 뿌렸는데, 나중에 보니 뿌리지도 않은 가라지가 밀과 함께 자라더라는 겁니다. 가라지가 어디서 왜 생겼을까요? 가라지는 벼와 함께 자라는 피와 같고, 보리밭의 깜부기와도 같은 잡초입니다. 종들이 깜짝 놀라 주인에게 보고하고 당장 뽑아 버리겠다고 하자 주인의 대답이 뜻밖입니다. "추수 때까지 가만 두라"는 것입니다. "추수 때 가서 내가 추수꾼들에게 명하여 가라지는 거두어 불사르게 하고 곡식은 모아 곳간에 들이겠다"고 합니다.

그런데 오늘 본문은 여기서 끝나지 않고 다시 36절 이하에서도 계속되는데 거기에 보면 제자들이 주님께 가라지 비유를 좀 설명해 달라고 합니다. 그러자 주님이 아주 상세하게 풀어 주시는데 "좋은 씨를 뿌린 자는 인자, 곧 주님 자신이고 밭은 세상이고, 좋은 씨는 천국의 아들, 가라지는 악한 자의 아들, 가라지를 심은 원수는 마귀, 추수꾼은 천사, 추수 때는 세상 끝 날이라"고 하셨습니다. 단순하고도 명쾌한 해설이십니다.

> [40]그런즉 가라지를 거두어 불에 사르는 것같이 세상 끝에도 그러하리라 [41]인자가 그 천사들을 보내리니 그들이 그 나라에서 모든 넘어지게 하는 것과 또 불법을 행하는 자들을 거두어 내어 [42]풀무 불에 던져 넣으리니 거기서 울며 이를 갈게 되리라 _ 막 13:40-42

가라지의 최후와 함께 세상 종말을 밝히신 말씀인데 여기 나오는 풀무 불은 쇠를 녹이는 대장간의 불을 가리킵니다. 하나님의 마지막 심판의 불은 이렇게 무서운 불인데 가라지로 하여금 그 불구덩이 속에서 이를 갈며 영원히 고통받게 하시겠다고 합니다. 그런데 가라지의 이런 최후와는 달리 알곡들은 "자기 아버지 나라에서 해와 같이 빛나리라"고 하며 "귀 있는 자는 들으라"고 말씀하십니다. 지금 알곡과 가라지가 함께 섞여 살 때는 구분이 잘 안 되지만, 추수 때가 되면 이 둘의 운명이 극적으로 갈린다는 것입니다. 지금은 주인이 추수 때까지 가만 두라고 하셨기에 알곡과 가라지가 뒤섞여 살지만, 추수 때가 되면 알곡은 주인의 곳간에, 가라지는 영원한 풀무 불로 들어갑니다.

가라지의 비밀, 주인의 처방

　자, 그럼 우리가 여기서 확인해야 할 중요한 몇 가지 비밀을 짚어 보겠습니다. 우선 왜 밭에는 심지도 않은 가라지가 나고 선하신 하나님이 창조하신 이 세상에는 온갖 악이 넘쳐나느냐 하는 겁니다. 교회 밭에서 작물을 재배해 보면, 잡초들 때문에 농사를 못 짓습니다. 농사는 곧 풀과의 전쟁입니다. 아주 지독하고 무섭습니다. 가라지는 심은 적도, 비료를 준 적도 없는데 알곡보다 더 잘 자랍니다.

　세상도 마찬가지입니다. 악이 얼마나 공격적이고 파괴적입니까? 우리가 날마다 접하는 소식은 훈훈한 미담보다 끔찍하고 흉악한 소식이 더 많습니다. 온통 죽이고, 토막 내고, 훔치고, 사기 친 얘기뿐입니다. 그래서 우리는 자주 좌절하고 회의에 빠집니다. 하나님이 계시다면 세상이 왜 이 모양인가? 정말 하나님은 선하고 의로우신가? 하나님이 심판주라면 왜 마냥 지켜만 보고 계시는가? 또 세상이 얼마나 불공평합니까? 하나님이 역사의 주인이신데 왜 역사는 자꾸 거꾸로만 가고 있을까? 이게 다 신정론입니다.

　태초에 하나님이 천지를 창조하시고 보시기에 좋았다고 하셨습니다. 본문도 주인이 분명 좋은 씨만 뿌렸다고 합니다. 그런데 어째서 뿌리지도 않은 가라지가 나느냐는 겁니다. 교회도 원래는 알곡만 있어야 하는데 현실은 결코 그렇지 못합니다.

　주님은 그 이유를 이렇게 설명하십니다. "사람들이 잘 때에 그 원수가 와서 곡식 가운데 가라지를 덧뿌리고 갔다"는 것입니다. 그리고 그 원수를 마귀라고 하십니다. 마귀가 주인의 밭을 유린한 주범이라고 하십니다. 세상 사람들은 다 하수인일 뿐 마귀가 진범입니다. 주님이 알곡을 뿌리듯 마귀도 밤을 틈타 자기의 종자들을 뿌립니다. 왜 심지도 않았는데 가라지라는 못된 독초가 나는 줄 이제 아시겠습니까? 마귀의 짓입니다. 알곡들을 해치고, 자기의 세력을 확장하려는 사탄의 공작입니다. 이게 바로 가라지의 비밀입니다. 이게 바로 세상 악의 비밀입니다.

그렇다면 가라지에 대한 주인의 처방은 무엇입니까? 종들이 당장 가라지를 뽑자고 제안하자 주인은 추수 때까지 가만 두라고 합니다. 추수 때란 세상 종말, 심판의 때를 말합니다. 사실 이게 우리에게 가장 답답한 부분입니다. 당장 낫을 대거나 뿌리를 뽑으면 좋겠는데 주님은 가만 두라고 하십니다. 그것도 추수 때까지 말입니다. 이게 주님과 우리가 덜 맞는 부분입니다. "하나님이 어디 있느냐? 하나님을 믿느니 내 주먹을 믿으라"는 사람도 주님은 일단 가만 두십니다. 그러나 가만 두라고 하신 주님 말씀의 진정한 목적은 가라지를 위해서가 아닙니다. 알곡을 위해서입니다. 가라지는 알곡보다 뿌리를 더 넓고 깊게 내리고 있어서 자칫 가라지 한 포기를 뽑다 알곡을 몇 포기나 잃을 수도 있습니다. 그래서 추수 때까지 그 심판을 유보하신 겁니다. 추수 때 추수꾼들에게 시켜 가라지를 베어 풀무 불에 던지시겠다는 겁니다.

그러므로 우리는 악이 아무리 득세하고 가라지가 승승장구한다 해도 억울해하거나 속상해할 필요가 없습니다. 왜냐하면 가라지들의 운명은 이미 정해져 있기 때문입니다. 그러나 심판 때까지는 기다려야 합니다. 세상 끝날까지는 운명적으로 가라지와 함께, 마귀의 자식들과 함께, 모순 속에서 긴장 속에서 부조리 속에서 서로 부대끼며 상처를 받으며 살아갈 수밖에 없습니다. 고통스럽겠지만 그건 어쩔 수 없습니다. 그게 하나님의 방침입니다. 따라서 교회와 사회에 대한 지나친 낙관주의도 금물이지만 현실 교회에 대해 너무 좌절하는 것도, 세상에 대해 너무 절망하는 것도 바람직하지 않습니다. 가라지들 때문에 어떤 일도 다 일어날 수 있다고 생각하며 살아야 합니다. 말이 안 되는 일도 얼마든지 벌어질 수 있다고 예상하며 사셔야 합니다.

깨어 근신하라

자, 그럼 마귀의 장난에 더는 희생되지 않기 위해서 어떻게 해야 합니까? 반드시 깨어 있어야 합니다. 두 눈을 부릅뜨고 살아야 합니다. 원수는 사람들이 잘 때 가라지를 덧뿌리고 갔습니다. 마귀는 사람들이 잘 때 교회에도 사회에도 가라지를 뿌립니다. 성도들이 잘 때 개인의 심령에도 그 가정에도 가라지를 뿌립니다. 그래서 늘 영적으로 신앙적으로 근신해야 합니다. 그래야 마귀에게 당하지 않습니다. 졸거나 자다가는 그야말로 무방비로 당합니다. 마귀는 야행성입니다. 기억하십시오. 우리가 깨어 있으면 방어선을 뚫지 못하지만 자면 당합니다. 사람들이 잘 때 마귀가 자기의 종자를 뿌렸다는 사실을 잊지 마십시다. 이렇게 하는 마귀의 궁극적인 목적이 뭘까요? 어떻게든 알곡들을 넘어뜨리려는 겁니다. 병들게 하고 미혹에 빠지게 하려는 것입니다. 주님께서 "모든 넘어지게 하는 것과 또 불법을 행하는 자"(마 13:41)들을 거두어 내신다고 합니다. 마귀는 알곡을 가라지로 만들지는 못합니다. 그러나 마귀는 하나님의 자녀인 알곡을 무자비하게 해치고 넘어뜨릴 수 있습니다.

그러므로 항상 깨어 있어야 하고 한시도 방심해서는 안 됩니다. 우리는 누구도 내가 알곡이라는 사실 하나로 안도할 수 없습니다. 혹 내가 졸 때 마귀가 내 안에 가라지를 뿌리고 가지나 않을까 하는 마음으로 경계하며 자신을 잘 단속해야 합니다. 깨어 기도해야 합니다. 성령 충만해야 합니다. 그래야 훗날 더는 그 어떤 모순이나 갈등도, 아픔이나 부조리도 없는 아버지의 나라에서 영원한 알곡으로 살아갈 수 있습니다.

✝한걸음 더

1 선하고 정의로운 하나님이 만드신 세상이 부조리로 가득하다. 역사는 발전하는 것이 아니라 퇴보하는 것 같다. 하나님은 왜 이런 세상을 가만히 두실까?

2 좋은 씨를 뿌린 밭에 가라지가 자라고 있다. 주인은 알곡을 지키기 위해 추수 때까지 기다렸다가 가라지를 모아 풀무 불에 던지겠다고 한다. 그렇다면 알곡은 어떻게 자라야 할까?

양과 염소

[31]인자가 자기 영광으로 모든 천사와 함께 올 때에 자기 영광의 보좌에 앉으리니 [32]모든 민족을 그 앞에 모으고 각각 구분하기를 목자가 양과 염소를 구분하는 것 같이 하여 [33]양은 그 오른편에 염소는 왼편에 두리라 [34]그때에 임금이 그 오른편에 있는 자들에게 이르시되 내 아버지께 복 받을 자들이여 나아와 창세로부터 너희를 위하여 예비된 나라를 상속받으라 [35]내가 주릴 때에 너희가 먹을 것을 주었고 목마를 때에 마시게 하였고 나그네 되었을 때에 영접하였고 [36]헐벗었을 때에 옷을 입혔고 병들었을 때에 돌보았고 옥에 갇혔을 때에 와서 보았느니라 [37]이에 의인들이 대답하여 이르되 주여 우리가 어느 때에 주께서 주리신 것을 보고 음식을 대접하였으며 목마르신 것을 보고 마시게 하였나이까 [38]어느 때에 나그네 되신 것을 보고 영접하였으며 헐벗으신 것을 보고 옷 입혔나이까 [39]어느 때에 병드신 것이나 옥에 갇히신 것을 보고 가서 뵈었나이까 하리니 [40]임금이 대답하여 이르시되 내가 진실로 너희에게 이르노니 너희가 여기 내 형제 중에 지극히 작은 자 하나에게 한 것이 곧 내게 한 것이니라 하시고 [41]또 왼편에 있는 자들에게 이르시되 저주를 받은 자들아 나를 떠나 마귀와 그 사자들을 위하여 예비된 영원한 불에 들어가라 [42]내가 주릴 때에 너희가 먹을 것을 주지 아니하였고 목마를 때에 마시게 하지 아니하였고 [43]나그네 되었을 때에 영접하지 아니하였고 헐벗었을 때에 옷 입히지 아니하였고 병들었을 때와 옥에 갇혔을 때에 돌보지 아니하였느니라 하시니 [44]그들도 대답하여 이르되 주여 우리가 어느 때에 주께서 주리신 것이나 목마르신 것이나 나그네 되신 것이나 헐벗으신 것이나 병드신 것이나 옥에 갇히신 것을 보고 공양하지 아니하더이까 [45]이에 임금이 대답하여 이르시되 내가 진실로 너희에게 이르노니 이 지극히 작은 자 하나에게 하지 아니한 것이 곧 내게 하지 아니한 것이니라 하시리니 [46]그들은 영벌에, 의인들은 영생에 들어가리라 하시니라 _마태복음 25:31-46

해가 지면 목자가 양과 염소를 가르듯

이 본문은 유명한 '양과 염소' 비유이자 마지막 심판에 대한 계시입니다. 주님 시대 팔레스타인의 목자들은 대개 양과 염소를 함께 방목했다고 합니다. 그런데 낮에는 그렇게 방목하다가도 해가 지면 양과 염소를 구분해 각각 다른 우리에서 재웠습니다. 양은 털이 길어서 추위에 강한 반면 염소는 털이 짧아 추위에 약했기 때문에 양은 밤에도 공기가 잘 통하는 곳에, 염소는 사방이 막힌 따뜻한 우리로 모아 들였다고 합니다. 이렇게 해가 지면 양과 염소를 둘로 나누는 당시 목자들의 목축 방식을 보며 주님은 최후의 심판을 생각하셨습니다. 양과 염소를 구분하는 모습에서 세상 종말에 있을 최후 심판의 모형을 떠올리신 겁니다.

아직 해가 있는 동안에는 모든 사람이 다 함께 섞여 살지만 마지막 때, 해가 저물어 역사의 종말이 임할 때는 마치 팔레스타인의 목자가 양과 염소를 가르듯 그렇게 의인과 악인을 칼처럼 구분하여 각각 심판주의 오른편과 왼편에 두신다는 말씀입니다.

인자가 모든 천사와 함께 올 때에 그분의 영광의 보좌에 앉을 것인데, 목자가 양과 염소를 분별하는 것같이 모든 민족을 모아 분별하여 오른편과 왼편으로 구분합니다. 그리고 오른편의 양들에게 선고합니다. "내 아버지께 복받을 자들이여 나아와 창세로부터 너희를 위하여 예비된 나라를 상속하라"(마 25:34). 그리고 왼편의 염소들에게는 "저주를 받은 자들아 나를 떠나 마귀와 그 사자들을 위하여 예비된 영영한 불에 들어가라"(마 25:41)고 선고합니다. 오른편 양들은 '영생'에, 왼편 염소들은 '영벌'에 처해진다는 것이 오늘 이 비유의 결론입니다. 그런데 이 최후 심판의 비유에서 심판주가 적용한 양과 염소, 의인과 악인을 가르는 잣대는 무엇이었습니까? 무엇을 기준으로 양과 염소를 분류한 겁니까? 사실 그게 오늘 우리들의 최대 관심사입니다.

> [35]내가 주릴 때에 너희가 먹을 것을 주었고 목마를 때에 마시게 하였고 나그네 되었을 때에 영접하였고 [36]헐벗었을 때에 옷을 입혔고 병들었을 때에 돌보았고 옥에 갇혔을 때에 와서 보았느니라 _ 마 25:35-36

이것이 그들이 의인으로, 양으로 분류된 근거입니다. 모두 다 선행이요 자선이요 구제입니다. 주린 사람에게 먹을 것을 주고, 목마른 사람에게 마실 것을 주고, 나그네 된 사람을 영접하고, 헐벗은 사람에게 옷을 주고, 감옥에 갇힌 사람을 면회했다는 겁니다. 염소로 분류된 사람들에 대한 심판주의 말씀도 보십시오.

> [42]내가 주릴 때에 너희가 먹을 것을 주지 아니하였고 목마를 때에 마시게 하지 아니하였고 [43]나그네 되었을 때에 영접하지 아니하였고 헐벗었을 때에 옷 입히지 아니하였고 병들었을 때와 옥에 갇혔을 때에 돌보지 아니하였느니라 하시니 _ 마 25:42-43

이들은 자선을 하지 않고 구제를 하지 않고 남을 동정하지 않았다는 것입니다. 한마디로 아무런 선행도 없었다는 겁니다. 여러분은 이 기준을 어떻게 생각하십니까? 옳습니까? 원래 이런 구제나 자선이나 기부 같은 선행이 양과 염소를 가르고, 의인과 악인의 기준이고, 지옥과 천국을 결정합니까?

선행이나 자선은 기준이 아니라 결과

그것은 기독교가 아닙니다. 그건 도덕주의, 윤리주의인 유교나 율법주의인 유대교지 복음주의인 기독교가 아닙니다. 기독교는 선행에 의해 천국과 지옥이 결정되는 게 아니잖습니까? 그렇다면 이 비유의 참된 뜻은 어디에 있을까요? 만일 이 잣대를 그대로 수용한다면 기독교도 유교나 유대교 같은 율법 종교와 조금도 다를 바가 없습니다. 공덕을 축적하고, 고행을 해야 구원 얻는다고 가르친 중세 가톨릭과도 아무런 차이가 없게 됩니다.

오늘 이 본문의 진정한 뜻은 자선하고 구제하고 선행함으로써 비로소 양이 되고 의인이 된다는 뜻이 아닙니다. 자선을 안 하고 구제를 안 하고 선행을 안 하면 결국 염소로 전락하여 지옥 간다는 뜻도 아닙니다. 최후 심판 때 심판주 오른편의 양들로 분류되는 사람들은 평소 이 세상에 살 때 필연적으로 자선하며 구제하며 선행을 베풀며 산다는 뜻입니다. 열매로 그 나무를 알 듯 그런 선한 열매들을 맺으며 산다는 것입니다. 따라서 이 본문은 선행이나 자선을 많이 하자는 말씀이 아닙니다. 자선하지 않고, 구제하지 않으면 염소가 된다거나 지옥 간다는 뜻도 아닙니다. 다만 마지막 때 염소로 분류되는 사람들은 평소 이 세상에 살 때 염소답게 아무런 선행도 없이 오로지 악한 열매, 비정한 열매만 맺으며 산다는 것입니다.

염소와 양은 이미 태생적인 것입니다. 처음부터 양으로 태어나고 염소로 태어나는 겁니다. 염소로 태어나서 자선을 하므로 양이 되거나 양으로 태어나도 비정하게 살면 염소가 되는 게 아닙니다. 사과가 열어서 비로소 사과나무가 되는 게 아니고 사과나무이기 때문에 사과가 열리는 것입니다. 열매가 나무를 결정하지 않고 나무가 열매를 결정합니다. 열매란 그 나무에 결과물일 뿐입니다. 우리는 선행을 하므로 의인이 되는 게 아니고 의인이므로 선행을 하는 것입니다. 구제, 자선, 기부 같은 선행은 다 의인들의 삶의 열매지 의인이 되기 위한 조건이나 전제가 아닙니다. 우리는 다 처음부터 하나님 자녀로 태어납니다. 이미 양으로 태어났기에 자선하고 구제하는 것입니다. 그것은 우리의 선행과는 아무런 상관이 없습니다. 그것은 그야말로 순수한 하나님의 은혜요 선택이요 일방적인 주권 행위입니다. 누구도 본인이 원해서 양으로 혹은 염소로 태어날 수는 없습니다. 누구도 자신이 원해서 이 세상에 태어난 게 아니듯 양이나 염소냐도 우리의 선행, 의지, 삶과는 아무런 상관없이 결정되는 태생적인 것입니다.

그것은 믿음과도 같습니다. 우리는 누구도 믿어서 구원 얻은 게 아니고 이미 구원을 얻었기에 믿는 것입니다. 구원 얻지 못한 사람은 결코 믿지 못합니다. 왜 우리가 기독교 신앙을 갖게 됐을까요? 구원받은 하나님의 자녀로 태어났기 때문입니다. 믿음은 다만 열매일 뿐입니다. 구원받은 하나님의 자녀이기에 우리가 지금 믿는 것입니다. 하나님의 자녀가 아닌 사람은 결코 믿지 못합니다. 하나님의 자녀는 아무리 극악한 박해가 가해져도 믿습니다. 믿음은 열매요 결과지 원인이 아닙니다. 그래서 지금 내가 믿음을 가지고 있다는 사실은 곧 내가 하나님의 자녀요 백성이라는 사실의 확증이요 보증이지 전제나 조건이 아니라는 것입니다. 내가 양이라는 사실에 대한 물증입니다. 사과나무에 사과가 열리고 배나무에 배가 열리듯 의인들의 삶에는 자연스럽게 믿음의 열매, 자선과 구제의 열매가 열린다는 겁니다.

그렇다면 틀림없는 양임에도 자선과 구제와 각종 선행의 열매를 못 맺거나 안 맺으면 어떻게 됩니까? 설령 그렇다고 해도 양이 염소 되는 법은 없습니다. 단지 양답지 못한 못난 양, 악한 양일 뿐 양이 아닌 것은 아닙니다.

못난 자식도 자식이듯 못난 양도 양이라는 것입니다.

연말이 되면 우리는 1년 동안의 삶을 되돌아봅니다. 임종을 앞두면 온 삶을 돌아보겠지요. 어떻습니까? 내가 의인이요 양이라는 사실을 선하신 삶을 통해 주님 앞에서 증명할 수 있겠습니까? 자선하고 선행하고 구제하며 사셨습니까? 열매를 맺지 못해도 사과나무는 사과나무지만 참으로 딱한 사과나무입니다. 열매가 없으니 사과나무임을 증명할 길이 없습니다. 양이 양처럼 살지 않고 염소 흉내를 낸다면 얼마나 꼴불견입니까? 양이 염소 행세를 하는 것은 참 부끄러운 노릇입니다. 자선하고 선행하고 기부하고 구제하며 양처럼, 양답게 삽시다.

✝ 한걸음 더

1 역사의 종말에 심판주는 모든 민족을 모아 분별하여 양과 염소, 의인과 죄인을 갈랐다. 어떤 기준으로 분류하였나?

2 기독교는 선행으로 천국과 지옥이 결정되는 게 아니다. 그렇다면 이 비유의 참된 뜻은 무엇인가?

3 하나님의 자녀답게 살기 위해 지금 결단할 수 있는 것은 무엇인가?

홀연히
변화되리라

Chapter

빈 무덤을 자랑하는 기독교

이슬람을 믿는 아랍권 사람들은 저 사우디아라비아 메카에 있는 거대하고도 화려한 모하메드의 무덤을 절대 신성시하며 자랑스러워합니다. 또 인도 가비라성에는 석가의 진신 사리가 봉안된 '스투파'라는 탑이 있어서 모든 불자의 소중한 성지가 되고 있습니다. 그리고 중국 산둥성 취푸에는 유림의 성지인 거대한 공자의 묘소가 있고 신주를 모신 사당이 있어서 해마다 수많은 유가의 순례자가 찾습니다.

이렇게 이슬람, 불교, 유교가 다 그들 교조의 시신이 안치된 크고도 화려한 무덤을 자랑으로 삼고 있다면 우리 기독교는 과연 무엇을 자랑할 수 있을까요? 그렇습니다! 그들과는 달리 우리의 자랑은 '빈 무덤'입니다. 왜 빈 무덤이죠? 맞습니다. 주님이 부활하셨기 때문입니다.

오늘 본문인 이 〈고린도전서〉 15장은 부활장입니다. "보라 내가 너희에게 비밀을 말하노니" 하며 51절 말씀이 시작되는데 여기서 비밀이란 곧 '부활의 비밀'을 가리킵니다. 따라서 오늘 본문은 〈고린도전서〉 15장 중에서도 가장 중요한 대목입니다.

부활이 무엇입니까? 죽은 사람이 다시 살아나는 게 부활입니까? 죽었다가 다시 산 사람은 얼마든지 있습니다. 나인 성 과부의 아들도 있고, 회당장 야이로의 딸도 있고, 주님의 '절친'인 나사로도 있습니다. 그러나 그 사람들을 부활했다고는 하지 않습니다. 그들은 단지 죽었다가 되살아난 사람, 회생 혹은 소생한 사람들일 뿐입니다. 부생(復生)이라고는 해도 부활이라고는 하지 않습니다. 이 〈고린도전서〉 15장 20절도 주님을 부활의 "첫 열매"라고 합니다. 어째서 그럴까요? 주님 외에 다른 회생자들은 부활의 조건에 맞지 않기 때문입니다. 부활은 단순히 죽었다가 살아나는 사건이 아닙니다. 부활의 진정한 의미, 부활의 참된 비밀은 무엇일까요?

보라 내가 너희에게 비밀을 말하노니 우리가 다 잠잘 것이 아니요 마지막 나팔에 순식간에 홀연히 다 변화되리니 _ 고전 15:51

"마지막 나팔"은 세상 종말을 고하는 천사들의 최후의 나팔을 의미합니다. 주님의 재림을 알리는 천사들의 나팔 말입니다. 그런데 그 마지막 나팔 소리와 함께 "순식간에 홀연히 다 변화"된다고 합니다. 그렇습니다! 다시 살아나는 사건이 아니라 '변화'가 부활입니다. 변화가 부활의 핵심이고 비밀입니다. 그렇다면 어떻게 변화된다는 겁니까?

[52]나팔 소리가 나매 죽은 자들이 썩지 아니할 것으로 다시 살아나고 우리도 변화되리라 [53]이 썩을 것이 반드시 썩지 아니할 것을 입겠고 이 죽을 것이 죽지 아니함을 입으리로다 _고전 15:52-53

지금은 우리가 살다가 죽으면 육체는 썩어 다 흙으로 환원됩니다. 그러나 마지막 나팔 소리와 함께 부활하면 그때는 절대 썩지도 죽지도 않는 신비한 몸으로 변합니다. 이렇듯 썩지도 죽지도 않는 신비한 몸으로 변화되는 사건이 곧 부활입니다. 지금 우리 몸은 죽습니다. 부활체가 아니기 때문입니다. 그런데 천사의 마지막 나팔과 함께 우리가 다 변화하여 부활체가 되면, 신비한 몸으로 변하면, 그때는 영원히 썩지도 죽지도 않습니다. 그게 부활입니다.

여러분, 죽은 자만 부활합니까, 산 자도 부활할까요? 52절 하반절에 "우리도 변화되리라"고 말씀합니다. 여기서 '우리'는 누구입니까? 쉽게 말하면 마지막 나팔 소리가 울릴 때 아직 살아 있는 자들을 말합니다. 주님이 재림하실 때 죽지 않고 살아 있는 사람들입니다. 죽은 자들은 다시 살아나며 변화하고 살아 있는 자들은 산 채로 홀연히 변화된다는 것입니다. 죽은 자들만 부활하는 게 아닙니다. 그래서 나사로나 야이로의 딸, 나인 성 과부의 아들은 부활이 아닙니다. 그 사람들은 죽었다 살아나 살다 다시 죽었습니다. 부활한 사람은 다시 죽을 수 없습니다. 부활체는 더 이상 죽지 않습니다. 그래서 그들은 부활이 아니라 소생이라는 것이고, 주님이 부활의 첫 열매라는 것입니다. 주님은 영으로 천국 가신 게 아닙니다. 부활체로 천국 가셨고, 지금도 천국에서 영으로 계신 게 아니라 부활체로 계십니다.

부활의 핵심

그렇다면 왜 부활의 핵심이 변화일까요? 지금 우리의 이 몸으로는 영원히 살 수가 없기 때문입니다. 부활한 이후 영원히 살기 위해서는 그 조건에 맞는 몸으로 변화되어야 합니다. 그래서 "이 썩을 것이 반드시 썩지 아니할 것을 입겠고 이 죽을 것이 죽지 아니함을 입으리로다"고 한 것입니다. 곤충이 탈피를 하듯, 계절에 따라 옷을 갈아입듯 영원히 살기 위해서는 "반드시" 신비한 부활체로 갈아입어야 합니다. 낡지 않고 죽지 않을 몸으로 갈아입는 게 바로 부활의 핵심입니다.

그러면 우리가 부활을 통해 새롭게 갈아입을 그 신령한 몸, 부활체란 어떤 것일까요? 바울은 〈고린도전서〉 15장 35절 이하에서 이를 씨앗과 꽃에 비유합니다. 씨앗은 어떤 것이든 참 볼품이 없습니다. 나팔꽃 씨는 쥐똥처럼 생겼고, 봉숭아 씨는 들깨처럼 생겼습니다. 그런데 그걸 땅에 심어 꽃이 피면 어떻게 됩니까? 코스모스는 하늘하늘 얼마나 청순하고 나팔꽃은 또 얼마나 여리고 순수합니까? 봉숭아는 얼마나 소박하고 빛깔이 곱습니까? 다 씨앗과는 비교할 수 없습니다. 씨앗에서 꽃을 상상하기는 쉽지 않습니다. 지금은 우리가 이를테면 씨앗처럼 볼품이 없습니다. 그러나 나중에 부활하면 지금과는 비교할 수 없을 정도의 아름다운 몸으로 변화됩니다. 애벌레와 나비를 비교해 보십시오. 배추벌레가 나중에 노랑나비가 됩니다. 굼벵이와 매미를 비교해 보십시오. 계란과 병아리를 비교해 보십시오. 상상이 안 됩니다. 우리가 부활하면 그렇게 변합니다.

꽃씨처럼 못난 육의 몸을 심고 꽃처럼 신령하고 아름다운 몸으로 다시
피어나는 게 부활입니다. 그때는 누구나 가장 완전하고 가장 이상적이고
아름다운 모습으로 변화됩니다. 그때는 장애인도 없습니다. 키가 작아 고
민하거나 다이어트를 할 필요도, 성형을 할 필요도, 뱃살 때문에 고민할 필
요도 없습니다. 전쟁터에 나가 사지를 잃은 사람도, 화장(火葬)을 해 골분을
산에 뿌리고 강에 뿌리고 바다에 뿌린 사람도, 수목장을 한 사람도 다 걱정
할 필요가 없습니다. 마지막 나팔 소리와 함께 이 우주 어딘가에 있을 원자
와 분자가 홀연히 다 모여 가장 아름답고도 완전한 모습의 부활체로 변화
합니다. 그게 부활입니다.

그때는 우리의 정신도, 우주관도, 인간관계, 가족관계도 다 변합니다. 가
장 이상적이고 아름다운 관계로 변합니다. 물론 의식의 연속성은 있습니
다. 그래서 부활 세계에서도 저 분들이 내 부모였고, 내 아내와 남편이었고,
내 자식이었다는 것은 서로 다 압니다. 그러나 그때는 더 이상 지금과 같은
혈연관계가 연장되지 않습니다. 아버지 하나님을 중심으로 다 한 형제자매
가 됩니다. 어떤 분은 부활한 후에도 지금의 남편, 지금의 아내와 같이 살까
봐 부활하고 싶지 않다는 분도 있습니다. 또 자기가 배신한 첫사랑을 만날

까 두렵다는 분도 있고, 지금의 시어머니를 만나고 빚쟁이를 만날까 겁난다는 분도 있습니다. 그런데 그때는 이미 그런 이해관계나 인간관계, 감정의 앙금 같은 것은 다 해소되고 단지 기쁨과 영광으로만 재회하는 겁니다. 주님은 부활 때는 장가도 시집도 안 가고 천사처럼 산다고 하셨습니다. 부부관계, 가족관계의 질서도 완전히 새로워집니다. 너무나 완전하고 신비한 세계여서 우리의 머리로는 도저히 상상이 불가능합니다. 자연도 신령하게 변합니다. 그래서 새 하늘과 새 땅이 됩니다.

[11]그때에 이리가 어린 양과 함께 살며 표범이 어린 염소와 함께 누우며 송아지와 어린 사자와 살진 짐승이 함께 있어 어린아이에게 끌리며 [12]암소와 곰이 함께 먹으며 그것들의 새끼가 함께 엎드리며 사자가 소처럼 풀을 먹을 것이며 [13]젖 먹는 아이가 독사의 구멍에서 장난하며 젖 뗀 어린아이가 독사의 굴에 손을 넣을 것이라 _사 11:6-8

주님의 부활_내 구원의 확실한 담보, 내 부활의 선취요 소망

주님은 왜 사흘 만에 부활하셨을까요? 이틀이나 나흘이 아니고 왜 굳이 사흘이었을까요? 더도 덜도 아닌 꼭 사흘이 필요하셨기 때문입니다. 다시 말해 이틀을 계시기에는 우리 죄가 너무 중했고, 나흘을 계시기에는 주님의 피가 너무 귀했기 때문에 딱 사흘을 계신 겁니다. 따라서 이제 우리는 주님의 부활을 통해 다음과 같은 두 가지 사실을 확증합니다. 먼저는 주님의 부활이야말로 내 구원의 확실한 담보라는 겁니다. 주님이 십자가에서 죽으시고 또 부활하심을 통해 내 죄 문제, 내 죽음의 문제를 완전하고 완벽하게 해결해 주셨다는 사실을 확신해야 합니다. 주님의 부활은 내 구원의 보증입니다. 주님의 부활은 그분의 몸값으로 내 죗값을 다 치르셨다는 부동의 물증입니다.

뿐만 아니라 주님의 부활은 내 부활의 보증이라는 것입니다. 부활의 첫 열매가 되사 내 앞에 부활의 새 시대를 개막해 주신 사건입니다. 과수원 하시는 농민들은 묘목을 심어 놓고 첫 열매를 간절히 기다립니다. 왜냐하면 첫 열매는 앞으로 계속 열매를 수확할 수 있다는 사실을 뜻하므로 대단히 중요한 의미를 가집니다. 마찬가집니다. 주님의 부활이야말로 내 부활의 선취요 확신이요 소망입니다. 주님이 부활하셨기에 이제 우리도 주님처럼 부활하게 된 것입니다.

오늘 이 글을 통해 부활에 대한 신앙을 새롭게 확립하기 바랍니다. 이제 우리 앞에는 부활의 길이 활짝 열렸습니다. 마지막 나팔만 울리면 우리도 다 주님처럼 신령한 몸으로 변화되어 부활합니다. 늘 부활의 산 소망 속에서 살아가는 우리가 되기를 기원합니다.

✝ 한걸음더

1 부활은 다시 살아나는 사건이 아니라 '변화'를 의미한다. 어떤 변화를 말하는가?

2 주님의 부활과 죽었다가 살아난 사람들의 소생은 서로 어떻게 다른가?

3 주님의 부활을 통해 우리가 확증하는 두 가지는 무엇인가?

종말의 징조

³예수께서 감람 산 위에 앉으셨을 때에 제자들이 조용히 와서 이르되 우리에게 이르소서 어느 때에 이런 일이 있겠사오며 또 주의 임하심과 세상 끝에는 무슨 징조가 있사오리이까 ⁴예수께서 대답하여 이르시되 너희가 사람의 미혹을 받지 않도록 주의하라 ⁵많은 사람이 내 이름으로 와서 이르되 나는 그리스도라 하여 많은 사람을 미혹하리라 … ¹³그러나 끝까지 견디는 자는 구원을 얻으리라 ¹⁴이 천국 복음이 모든 민족에게 증언되기 위하여 온 세상에 전파되리니 그제야 끝이 오리라 … _ 마태복음 24:3-18

시대의 징후를 보고 때를 분별하라

요즘 이단들이 참 극성입니다. 전에는 은밀히 암약했는데 요즘은 전략을 바꾸었습니다. 노골적이고 굉장히 공격적입니다. 목사도 직접 찾아옵니다. 목사 앞으로 문서와 편지를 보내기도 하고 예배 시간에 맞춰 교회 앞에 와서 포교도 합니다. 교회 홈페이지에 들어와 자신들의 주장이나 입장을 적극적으로 개진하기도 합니다. 그래서 기성 교회들이 비상입니다. 과거 어느 때보다도 이단들에 대한 경계수위가 높아졌습니다.

그런데 이런 현상은 이미 예견된 것이고 또 대표적인 종말 현상으로 성경이 예언하고 있기 때문에 사실 새삼스러운 것은 아닙니다. 교회는 지난 2,000년 동안 줄곧 종말 얘기를 해왔습니다. 그래서 이제는 내성이 생기고 종말 불감증에 걸려 성경이 말하는 여러 가지 종말 현상에 대해서도 많이 둔감해졌습니다. 성경이 말하는 종말 현상 중 특히 적그리스도의 출현은 종말 말기에 나타날 대표적인 징조입니다. 아무튼 우리는 시대의 징조를 잘 읽어야 합니다. 종말 의식에 보다 예민해야 합니다. 아무 생각도 없이 맹목적으로 살다가는 큰코다칩니다.

〈누가복음〉 10장 38절 이하를 보면 어느 날 주님이 마르다와 마리아 자매의 집을 방문합니다. 그런데 마르다는 주님을 대접하기 위해 분주하게 뛰어다녔지만 마리아는 주님 발치에 앉아 꼼짝도 하지 않고 주님의 말씀만 들었습니다. 주방에서 바삐 움직이던 마르다가 그런 마리아 때문에 마음이 상했습니다. 그래서 불평을 터뜨리는데, 아닌 게 아니라 우리가 볼 때도 마리아가 참 얌체처럼 보입니다. 그런데 뜻밖에도 주님은 마리아의 손을 들어 주셨습니다. "마리아가 오히려 좋은 편을 택했다"고 하신 겁니다. 이게 무슨 뜻입니까? '일하는 것보다 말씀 듣는 게 더 낫다'는 이야기입니까? 아닙니다. 주님이 마리아의 편을 드신 것은 그녀의 '때'에 대한 놀라운 감수성을 평가하신 것입니다.

〈누가복음〉에 따르면 당시 주님의 그 방문은 십자가를 지시기 위해 예루살렘으로 올라가는 길에 이루어진 주님 생애 마지막 방문이었습니다. 그러니 그것은 일상적인 게 아니라 비상한 최후의 만남이었습니다. 그럼에도 마르다는 이번에도 그저 또 한 번의 방문쯤으로 알고 오직 대접하기에만 분주했던 것이고, 마리아는 주님의 이번 방문이 마지막일 수도 있다는 사실을 눈치채고 무엇보다도 주님의 말씀을 듣는 일에 집중했던 겁니다. 마르다와 마리아의 이런 차이는 곧 영성의 차이입니다. 마리아의 영성은 투명했기에 그때를 감 잡았고, 마르다는 영성이 탁해 때를 분별하는 감각이 무뎠던 것입니다.

> [32]무화과나무의 비유를 배우라 그 가지가 연하여지고 잎사귀를 내면 여름이 가까운 줄을 아나니 [33]이와 같이 너희도 이 모든 일을 보거든 인자가 가까이 곧 문 앞에 이른 줄 알라 _ 막 24:32-33

시대의 징후를 보고 때를 바르게 분별하라는 말씀입니다. 우리는 마리아처럼 시대를 읽을 줄 알아야 합니다. 때를 분별할 줄 아는 종말론적 영성을 지녀야 합니다. 그래서 늘 깨어 근신해야 하고, 내 영성을 늘 맑고 투명하게 관리해야 합니다. 영적 감각이 무뎌지면 시대에 대한 분별이 불가능하기 때문입니다. 부디 이 시대의 징후들을 놓치거나 허투루 보지 마십시오. 그게 무엇을 계시하는지를 진지하게 고민하십시오.

세상 끝에 일어날 징조들

어느 날 감람산에서 제자들이 주님께 "주의 임하심과 세상 끝에는 무슨 징조"가 있느냐고 조용히 물었습니다. 주님은 여러 가지를 말씀하십니다.

> [6]난리와 난리 소문을 듣겠으나 너희는 삼가 두려워하지 마라 이런 일이 있어야 하되 아직 끝은 아니니라 [7]민족이 민족을, 나라가 나라를 대적하여 일어나겠고 곳곳에 기근

과 지진이 있으리니 ⁸이 모든 것은 재난의 시작이니라 ⁹그때에 사람들이 너희를 환난에 넘겨주겠으며 너희를 죽이리니 너희가 내 이름 때문에 모든 민족에게 미움을 받으리라 _막 24:6-9

〈마가복음〉 24장 12절에서는 불법이 성할 것이라고도 합니다. 그런데 가장 많이 언급하신 종말의 징후는 역시 거짓 그리스도, 거짓 선지자의 출현입니다.

⁴예수께서 대답하여 이르시되 너희가 사람의 미혹을 받지 않도록 주의하라 ⁵많은 사람이 내 이름으로 와서 이르되 나는 그리스도라 하여 많은 사람을 미혹하리라 … ¹⁵그러므로 너희가 선지자 다니엘이 말한바 멸망의 가증한 것이 거룩한 곳에 선 것을 보거든 (읽는 자는 깨달을진저) … ²³그때에 사람이 너희에게 말하되 보라 그리스도가 여기 있다 혹은 저기 있다 하여도 믿지 마라 ²⁴거짓 그리스도들과 거짓 선지자들이 일어나 큰 표적과 기사를 보여 할 수만 있으면 택하신 자들도 미혹하리라 ²⁵보라 내가 너희에게 미리 말하였노라 ²⁶그러면 사람들이 너희에게 말하되 보라 그리스도가 광야에 있다 하여도 나가지 말고 보라 골방에 있다 하여도 믿지 마라 _막 24:4-5, 15, 23-26

이렇듯 주님이 종말의 징조 가운데서 가장 많이 말씀하시며 경계하신 게 바로 이 사이비 이단에 관한 것입니다. 사탄이 자기의 때가 얼마 남지 않은 것을 알기에 마지막으로 갈수록 더 많은 하수인을 풀어 최후의 발악을 한다는 겁니다. 그래서 믿는 자들도 미혹하여 어떻게든 실족하게 하려 한다는 것입니다. 오죽하면 말세에는 사탄이 우는 사자처럼 두루 다니며 삼킬 자를 찾는다고 했겠습니까? 이 시대 이단들의 호전적인 모습들도 다 이런 성경 말씀의 성취입니다. 따라서 적그리스도가 출현하여 혼란을 조장하고,

재림 예수가 여기 있다 저기 있다며 사람들을 미혹하면 그때가 바로 종말의 말기인 줄을 알라는 것입니다. 이게 주님 말씀의 요지입니다. 심지어는 무엇이라 하셨습니까? 문 앞에까지 이른 줄 알라고 하셨습니다.

특히 "너희가 선지자 다니엘이 말한바 멸망의 가증한 것이 거룩한 곳에 선 것을 보거든"(막 24:15)이라는 말씀은 구약 〈다니엘서〉 9장에 나오는 내용입니다. 그것을 주님이 인용하신 것입니다. 〈다니엘서〉 9장의 말씀은 주전 167년에 있었던 사건을 예언한 것입니다. 수리아의 왕 안티오쿠스 에피파네스가 이스라엘을 점령하고 예루살렘 성전에 제우스 신상을 세운 후 유대인들에게 예배를 강요했습니다. "멸망의 가증한 것이 예루살렘 성전에 선" 사건이란 바로 그것을 가리킵니다. 그런데 종말에도 다시 이런 일이 발생한다는 겁니다. 멸망받아 옳은 가증한 우상이 주님께 바쳐야 할 예배를 가로챈다는 것입니다. 지금 우리나라에는 이단이 약 100여 개나 된다고 하고, 약 100만 명 정도가 그들 집단에 빠져 있다고 합니다. 그런데 수입된 외래 이단 말고 우리나라에서 생겨난 자생 이단이 약 50개, 그중에서 40개 이상이 지난 1990년대 이후에 생겼다고 합니다. 그러니까 최근에 발호한 신종 이단이 많다는 겁니다. 이것은 결코 우연이 아닙니다. 시대의 기상도입니다. 주님의 재림이 박두했다는 뜻이요 세상 종말이 그만큼 가까웠다는 얘깁니다.

종말의 때, 우리 삶의 방식

그렇다면 이런 때 우리는 과연 어떻게 해야 할까요? 주님이 제자들에게 당부하신 말씀이 무엇입니까? "그때에 유대에 있는 자들은 산으로 도망할지어다"(막 24:16) 하고 주님은 말씀하십니다. 유대 지방의 산이란 시온 산을 뜻합니다. 그리고 시온 산은 곧 예루살렘 성전을 가리킵니다. 따라서 시온 산으로 도망하라는 말씀은 성전을 종말의 도피처로 삼으라는 말씀과 다름없으며, 더욱 교회 중심의 삶을 극대화하라는 뜻입니다. 종말에는 필히 교회를 내 삶의 구심으로 삼아야 합니다. 종말의 때 우리가 피할 곳은 오직 시온 산이기 때문입니다. 마지막 시대 우리가 숨어야 할 도피성, 구원의 방주는 교회입니다. 아무리 좁고 갑갑하고 냄새나고 시끄러워도 교회가 방주고 도피성이지 세상은 그 어디에서도 우리의 구원을 보장하지 못한다는 사실을 잊지 마시기 바랍니다.

그리고 "지붕 위에 있는 자는 집 안에 있는 물건을 가지러 내려가지 마라"(막 24:17)고 하셨습니다. 유대인들의 가옥 구조는 지붕이 평평합니다. 그리고 그들은 하루 세 번씩 기도하는데 매번 성전에 올라갈 수는 없으므로 자기 집 지붕 위에 올라가 예루살렘 성전을 향해 기도했습니다. 지붕이 곧 그들의 기도처였습니다. 〈사도행전〉 10장에 보면 베드로도 기도하려고 지붕에 올라갔습니다. 그러니 이 말씀은, 종말에는 더욱 기도에 정진하라는 것입니다. 집 안의 물건에 연연해 쉽게 기도를 포기하거나 기도처를 떠나지 마라는 당부입니다. 우리가 기도에 집중하지 못하는 이유는 다 집안의 물건 때문입니다. 소유 때문입니다. 그러나 적어도 이 마지막 때를 살아가는 성도들은 집 안의 물건 때문에, 재산 때문에 기도하지 못하는 일이 있어서는 안 된다는 것입니다. 더욱 기도 생활에 힘쓰십시오. 그것이 마지막 때를 사는 성도들의 본령입니다.

마지막으로 "밭에 있는 자는 겉옷을 가지러 뒤로 돌이키지 말지어다"(막 24:18) 하십니다. 이것은 "내게 주신 사명에 충실하라"는 겁니다. 쟁기를 잡고 뒤를 돌아보면 안 된다는 것입니다. 종말의 때에는 겉옷에 미련을 갖지 말고 주어진 과제에 최선을 다해야 옳다는 말씀입니다. 겉옷은 유대인들의 개인 재산 목록 제1호입니다. 낮에는 겉옷이지만 밤에는 꼭 필요한 이불입니다. 그런데 그런 겉옷조차 미련을 갖지 마라는 것입니다. 그것 때문에 하던 일을 쉬거나 포기하지 마라는 것입니다. 구원의 성인 소알을 향해 열심히 뛰어야 하는데, 롯의 아내는 견딜 수 없는 미련 때문에 불타는 소돔 성을 돌아보다 그만 소금 기둥이 되고 말았습니다. 주님이 일러 주신 마지막 시대의 삶의 방식과 지혜가 우리에게 큰 깨달음이 되고 이단들에 대한 엄중한 경계의 메시지가 되기를 진심으로 바랍니다.

✝ 한걸음·더

1 주님이 가장 많이 언급하신 종말의 징후는 거짓 그리스도, 거짓 선지자의 출현이다. 지금은 과연 어느 때인가?

2 종말론적 영성은 시대의 징후를 보고 때를 바르게 분별하는 영성을 말한다. 영적 감각을 예민하게 하려면 어떻게 해야 하나?

알파와 오메가

주 하나님이 이르시되 나는 알파와 오메가라 이제도 있고 전에도 있었고 장차 올 자요 전능한 자라 하시더라 _ 요한계시록 1:8

역사의 주체에 대한 이해

역사에 대한 이야기로 책을 마무리하려고 합니다. '예수 믿는 사람들에게 역사 얘기가 왜 필요할까' 하고 생각하실 수도 있으나 사실 이건 대단히 중요합니다. 역사에 대한 이해가 곧 그 사람의 가치관, 인생관, 세계관을 결정하기 때문입니다. 그래서 역사에 대한 이해나 신념은 우리가 생각하는 것보다 훨씬 더 중요하고 심각한 것입니다.

역사를 이야기할 때 우리가 가장 먼저 생각해야 할 주제는 '주체' 문제입니다. "역사의 주인이 누구냐"는 겁니다. 여러분, 역사의 주인이 인간입니까? 인간이 원하고 바라는 대로, 인간의 의지대로, 인간의 능력으로 역사를 오늘 여기까지 이끌어 왔습니까? 앞으로도 인간이 역사를 계속 발전시켜 나갈 거라고 생각하십니까? 적어도 우리 신자들은 그렇게 생각지 않습니다. 우리는 당연히 하나님이 역사의 주인이시라고 믿습니다. 하나님이 역사의 진정한 주체시라고 고백합니다.

하나님이 태초에 시간을 창조하셨습니다. 원래는 시간이 없었습니다. 하나님의 시간인 영원만 있었습니다. 그런데 하나님이 이 우주를 창조하실 때 시간도 함께 창조하신 것입니다. "태초에 하나님이 천지를 창조하시니라"(창 1:1)에 나오는 '태초'가 바로 시간의 기원입니다. 역사의 시원입니다. 원래는 영원하신 하나님이 영원 안에 계셨는데, 이 우주를 창조하시면서 만물을 시간 안에 두셔야 했기에 역사를 출발시키신 겁니다. 그리고 그 구체적인 시점이 바로 〈창세기〉 1장 1절의 "태초에"(in the beginning, Am Anfang)입니다. 우리는 하나님의 '창조 사역' 하면 공간 창조, 이 우주와 그 안에 담긴 만물들만 생각하는데, 사실 엄밀히 따지면 시간을 먼저 창조하셨습니다. "태초에"(베레쉬트)란 "원초적인 시간 안에서"란 뜻입니다. "하나님이 원초의 시간 안에서 이 천지를 창조하셨다"(베레쉬트 바라 엘로힘)는 것입니다. 따라서 역사는 순수 하나님의 것입니다. 하나님이 시간의 참된 주인이십니다.

오늘 본문은 구약의 선지자나 신약의 사도가 하나님에 관해 진술한 게 아니라, 하나님 자신의 고백입니다.

"나는 알파와 오메가이다."

무슨 뜻입니까? 헬라어 알파벳의 첫 자가 알파이고, 마지막 글자가 오메가입니다. 나는 처음과 마지막이요, 창조와 종말이라는 뜻입니다. 나는 역사를 창조한 존재이고, 마지막으로 역사를 심판할 자라는 겁니다. 오늘 본문은 하나님이 시간과 역사의 진정한 주체라는 사실을 아주 명쾌하게 밝히신 말씀입니다. 역사의 창조자요 심판자로서 말입니다.

그러나 세상은 그것을 인정하지 않습니다. 인간이 역사의 주체라고 주장합니다. 그래서 흔히 인류사니 정신사, 실존사니 하며 오로지 인간 중심의 역사만을 얘기합니다. 물론 하나님이 인간을 역사라는 무대의 주연으로 세우신 것은 사실입니다. 그렇다고 인간이 곧 역사의 주인이라는 뜻은 아닙니다. 주연 배우도 감독의 연출에 따라야 합니다. 그럼에도 현대 사상, 특히 실존주의는 인간이 역사의 주인이라는 사실을 강하게 주장하면서 오로지 인간 중심의 세계관, 가치관만을 가르칩니다. 인간이 세계와 역사의 주인이라는 겁니다. 결코 그렇지 않습니다. 어림도 없는 얘깁니다. 역사는 인간의 의지, 노력이 아니라 철저하게 하나님의 뜻에 달렸습니다. 알파와 오메가 되신 하나님의 손에 의해 좌우됩니다.

역사는 하나님의 계시, 잘 분별해야

볼프하르트 판넨베르크(W. Pannenberg)라는 현대 신학자는 "역사로서의 계시"라는 말을 썼습니다. 역사가 곧 하나님의 계시라는 것입니다. 역사가 하나님 계시의 가장 보편적인 장(場)이라는 주장입니다. 역사 속에서 날마다 발생하는 크고 작은 사건들이야말로 하나님이 그분의 뜻을 드러내시는 가장 구체적이고도 현실적인 계시라는 것입니다. 세상 사람은 그런 사건들을 그저 피상적으로 현상적으로만 볼 뿐 그 사건 배후에 감춰져 있는 하나님의 뜻을 헤아리지 못합니다. 그러나 우리는 그것을 봐야 합니다. 이것을 꿰뚫어 볼 수 있는 눈을 가져야 합니다. 왜냐하면 역사가 곧 가장 보편적인 하나님의 계시의 장이기 때문입니다. 하나님이 그때그때 필요한 그분의 뜻을 역사를 통해 계시하시기 때문입니다. 우리는 모든 역사적 사건 속에 깃든 이 하나님의 메시지를 들을 수 있는 귀를 가져야 합니다. 이게 바로 '때'에 대한 분별입니다. 우리의 영성이 둔감해서, 무뎌서 그렇지 모든 역사적 사건 속에는 반드시 그 시대 인생들에게 주시는 하나님의 메시지가 깃들어 있습니다. 반 푼에 팔리는 참새 한 마리도 하나님 허락 없이는 절대 떨어지지 않는다는 주님의 말씀은 역사를 주관하시는 하나님의 섭리와 경륜이 얼마나 세심하고 치밀하고 철저한가를 깨닫게 하는 대목입니다. 절대 우연은 없다는 말씀입니다. 역사의 모든 사건이 다 하나님의 뜻에 의해 발생한다는 것입니다. 그래서 역사가 곧 하나님의 계시라는 것입니다.

> [26]노아의 때에 된 것과 같이 인자의 때에도 그러하리라 [27]노아가 방주에 들어가던 날까지 사람들이 먹고 마시고 장가들고 시집가더니 홍수가 나서 그들을 다 멸망시켰으며 [28]또 롯의 때와 같으리니 사람들이 먹고 마시고 사고팔고 심고 집을 짓더니 [29]롯이 소돔에서 나가던 날에 하늘로부터 불과 유황이 비오듯하여 그들을 멸망시켰느니라 [30]인자가 나타나는 날에도 이러하리라 _ 눅 17:26-30

노아가 하나님의 계시를 받고 방주를 지으면서 세상을 향해 아무리 하나님의 심판을 경고하며 외쳐도 사람들은 끝까지 믿지 않고 비웃었습니다. 롯도 마찬가지입니다. 롯이 아무리 하나님의 심판을 호소해도 사위들마저

장인을 비웃으며 결코 그의 말을 듣지 않았습니다. 그러면서 마지막까지 먹고 마시고 집 사고 논 사고 시집가고 장가가다 결국은 다 홍수에 유황불에 멸망하고 말았습니다. 그런데 문제는 인자의 때, 장차 주님이 다시 오실 때도 그와 똑같은 일이 벌어진다는 것입니다. 아무리 외쳐도 사람들이 노아의 때, 롯의 때와 같이 종말을 비웃으며 역사의 마지막을 제멋대로 살면서 먹고 마시고 시집가고 장가가다 망할 것이라는 경고입니다. 그리고 그것은 하나님이 역사의 주인 되심을 부인하는 자들의 피할 수 없는 최후 운명이라는 게 오늘 주님의 가르침입니다. "인자가 나타나는 날에도 이러하리라"(눅 17:30) 하고 주님은 말씀하십니다. 사람들은 예나 지금이나 똑같습니다.

역사는 발전하고 진화하는가

다음은 '역사 발전'에 관한 문제입니다. 대개 사람들은 역사가 점점 더 발전하고 진화할 것이라고 믿습니다. 그러니까 기본적으로는 역사적 낙관주의입니다. 역사가 점점 더 진보한다고 생각하는 생각입니다. 비록 테제(명제)와 안티테제(반명제) 간의 긴장과 갈등이 반복되면서 계속 투쟁하게 되겠지만 궁극적으로는 신테제(합일, 종합)로 나간다는 것입니다. 이게 소위 헤겔의 변증법적 사관이고, 사회주의자, 공산주의자들의 진보적 사관, 유물사관입니다.

물론 성경도 헤겔의 사관처럼 진보적 사관의 모습을 보이며 역사가 때로는 발전하고 때로는 후퇴하면서 결국은 앞으로 나아간다고 가르칩니다. 창조로부터 종말을 향해 끊임없이 가고 있다는 것입니다. 본래 신학도였던 헤겔이 성경의 사관을 원용해 그의 변증법적 역사철학을 수립한 만큼 헤겔의 사관과 성경의 사관은 구조적으로 유사한 점이 많습니다. 그럼에도 성경과 헤겔의 철학은 서로 다릅니다. 끝도 없고 시작도 없는 일정한 궤도를 끊임없이 회귀하고 윤회한다는 동양적 사관과는 달리 역사가 역동적으로 앞으로 나간다는 점에서는 같지만, 성경의 사관은 절대 낙관적이거나 진화론적이지 않다는 점에서 결정적인 차이가 납니다.

오히려 성경의 사관은 종말과 심판으로 나아갑니다. 따라서 위기적이지 결코 낙관적이지 않습니다. 성경은 헤겔 철학이나 유물론자들의 사관처럼 그걸 발전이나 진화로 보지 않습니다. 역사는 유토피아가 아니라 하나님의 준엄한 심판을 향해 앞으로 나아가고 있습니다. 시간이 알파에서 출발하여 오메가에 이르면 하나님이 그간의 모든 역사 과정과 내용을 엄정히 결산하고 심판하십니다. 그래서 역사는 우리로 하여금 늘 종말을 대비하며 깨어 있어야 한다고 가르칩니다. 성서적 사관, 기독교적 사관은 결코 진화론적이지 않고 종말론적입니다.

종말론적 삶의 자세

그렇다면 이번에는 하나님이 역사의 주인 되심을 부정하는 사람들의 사관이 구체적으로 그들의 삶에 어떻게 반영되고 그들의 삶을 어떻게 규정하는지를 한번 확인해 보겠습니다. 우선 그런 사람들의 삶의 특징은 철저하게 물질적입니다. 그들은 오로지 육적인 삶에만 몰두합니다. 하나님의 심판을 믿지 않았던 노아 시대의 사람들이 어떻게 살았다고 합니까? 노아가 방주에 들어가던 날까지 먹고 마시고 장가가고 시집가며 오직 물질적인 삶만 탐닉했다는 것입니다. 그러다 폭우가 쏟아졌는데 그게 하나님의 심판인지도 모른 채 다 수장되고 말았다는 것입니다. 소돔과 고모라 시대도 마찬가지였습니다. 온갖 물질적 향락을 다 누리다 하늘에서 불과 유황이 쏟아져 멸망했습니다.

신자들 가운데도 유난히 물질적 삶에 집착하는 분들이 있습니다. 바울은 그런 사람을 육에 속한 그리스도인이라고 했습니다. 신자이긴 하지만 영적인 데는 관심이 없고 지나치게 물질 지향적이라는 겁니다. 그런데 육에 속한 그리스도인들이 기억해야 할 사람이 있습니다. 바로 롯의 아내입니다. 그녀는 롯과 함께 소돔과 고모라를 탈출해 구원의 성인 소알을 향해 뛰다 말고, 절대 뒤를 돌아보지 마라는 천사의 경고에도 불구하고 뒤를 돌아보다 그만 소금 기둥이 되고 말았습니다. 롯의 아내가 왜 뒤를 돌아봤을까요? 금은보화가 가득한 성이 불타고 있었으니 얼마나 아깝습니까? 그래서 돌아본 겁니다. 물질에 대한 지나친 관심은 세속적 사관을 가진 불신자들의 삶의 행태지 종말론적 사관을 가진 우리 믿는 자들의 가치관이 아님을 다시 한 번 깊이 깨달을 일입니다.

다음으로 하나님이 역사의 주인이심을 부정하는 사람들은 당연히 내세를 부정합니다. 현세만이 전부라고 생각합니다. 그들의 안중에는 오직 인간 중심의 현세만 있지 절대 영원한 내세는 없습니다. 하나님의 역사의 주인 되심과 역사의 종말에 있을 하나님의 심판을 부정하는 사람들이 어떻게 내세를 믿을 수 있겠습니까? 여러분, 사람들이 왜 향락과 쾌락에 빠질까요? 다 현세가 전부라고 믿기 때문입니다. 그래서 쾌락주의, 향락주의는 명백한 현세주의의 산물입니다. 그러나 우리는 절대 현세의 이익이나 육적 향락을 위해 내세를 팔 수 없습니다. 오히려 내세를 위해 현세의 고난을 견디고 참습니다. 세상 사람들은 현세가 전부이기에 그렇게 악착같을 수 없습니다. 그러나 신자는 아닙니다. 내세를 믿기에 현세에서 아득바득하지 않습니다.

내세가 멀리 있다고 생각하지 마십시오. 내세를 막연하게 생각하지 마십시오. 지금이라도 심장이 멎으면 내세는 준엄한 현실이 됩니다. 내세는 우리 가장 가까이에 있습니다. 누구도 큰소리치지 마십시오. 누구도 내세를 비웃지 마십시오. 이것이 바로 하나님이 역사의 주인이심을 믿는 자들의 종말론적인 삶의 자세입니다. 시간의 주인은 하나님이시기에 내게서 시간을 회수하시는 그 순간 나의 현세는 곧 나의 내세가 됩니다.

부디 하나님이 역사의 알파와 오메가 되심을 확신하며, 또 역사를 통한 하나님의 계시에 민감하게 응답하며 늘 종말과 심판을 진지하게 준비하기를 기원합니다.

✝ 한걸음 더

1 "역사의 주인은 누구인가" 하는 주제는 오래된 것이다. 그런데 적어도 그리스도인은 하나님이 역사의 진정한 주체시라고 고백한다. 진심으로 동의할 수 있는가?

2 종말론적 삶의 자세란 구체적으로 무엇인가?

3 지금까지의 삶을 돌아보자. 나의 삶은, 나의 생각과 내가 추구하는 것은 세상 사람들과 다른 점이 있는가? 왜 그럴까?

믿음인가,
미신인가